Klaus Kunze

Das rechte Weltbild

Klaus Kunze

Das rechte Weltbild

Freiheit – Identität – Selbstbehauptung

LINDENBAUM VERLAG

IMPRESSUM:

Klaus Kunze, Das rechte Weltbild

Titelseitengestaltung: Hanno Borchert, Hamburg
Internetadresse: www.lindenbaum-verlag.de
E-Brief: lindenbaum-verlag@web.de
Druck: Eigendruck
Printed in Germany

Inhalt

Vorwort

Erkenne dich selbst – Γνῶθι σεαυτόν – stand auf dem Tempel des Apollon zu Delphi. Wer „rechts“ denkt, mag sich fragen, welche Merkmale eigentlich „rechtes“ Denken begründen. Noch neugieriger ist die zahlreiche Schar des Publikums, dem tagtäglich ein eindrucksvolles mediales Schauspiel aufgeführt wird: „Sucht die Rechten. Sie verstecken sich überall!“

Nur für die Drehbuchschreiber dieses Bühnenstückes „gegen Rechts“ ist nicht so wichtig, wie und was Rechte denken. Sie verstehen es nicht und müssen es auch nicht verstehen. Wichtig ist ihnen nur: Das Wahlvolk soll sich von „Rechten“ genau das Bild machen, das die linke Konkurrenz gern von ihnen malt. Mehr ist für linken Machterhalt nicht nötig.

Mit diesem Zerrbild geben wir uns nicht in jedem Detail ab. Es beruht, verkürzt gesagt, auf der vollständigen Gleichsetzung von rechts mit Extremismus, womöglich mit nationalsozialistischem. Mit demselben durchschaubaren Propagandatrick könnte man links mit linksextrem und mit stalinistisch gleichsetzen oder behaupten, Christen seien Hexenverbrenner. Intellektuell redlich wäre das nicht. In Wirklichkeit hatten führende Nationalsozialisten wie Hitler und Goebbels die damaligen Rechten abgrundtief gehaßt. Zu Recht verwies der liberale Historiker Rainer Zitelmann darauf, daß Hitler seine Einordnung als rechts oder links entschieden ablehnte und sich für „seinen Sozialismus“ aus dem Ideengut beider Gegner bediente.[1] Bei Hitlers Sozialismus werden wir also nicht fündig, wenn wir nach den eigentlichen Grundlagen rechten Denkens fragen.

Ob und welche Grundannahmen das rechte Weltbild begründen, werden wir auch nicht *ex negativo* aus dem linken ableiten können, was auch immer konkret dies im einzelnen besagen mag. Wir werden nämlich erkennen, daß das rechte auf eigenständigen Voraussetzungen und in einem in bestimmter Weise strukturierten Denken beruht. Es hat sich nicht reaktiv erst in Ablehnung linksideologischer Zumutungen als deren jeweiliges Gegenbild entwickelt, sondern fußt

1 ZITELMANN (1998).

auf rationalem und realistischem Denken, dessen Begündung und Tradition wir spätestens seit dem 16. Jahrhundert verfolgen können. Damals, in der Blütezeit der Renaissance, hatten bedeutende Denker ihrerseits auf große antike Vorbilder zurückgegriffen und das Ende der tausendjährigen christlichen Scholastik eingeleitet. Hier liegen die tieferen Wurzeln rechten Denkens.

Es ist ein weit verbreiteter und verständlicher Irrtum, die Triebfedern unserer Welt-Anschauungen in vernünftigem Denken zu vermuten. Wo der Verstand urteilt, hat gewöhnlich das Herz schon lange entschieden. Nachträglich „rationalisieren" wir gern, was wir bereits intuitiv erfaßt haben. Wir umhüllen und verbergen die emotionale Vorentscheidung mit einem dicht gewobenen Mantel rationaler Erwägungen und übersehen leicht die tiefer liegenden Gründe..

Die emotionalen Grundbedürfnisse eines jeden und seine individuellen Erfahrungen führen unweigerlich zu einem bestimmten Weltbild, das halbwegs kohärent sein muß, um wirkungsvoll zu sein. Es sollte uns nämlich instand setzen, die Welt und das Leben als etwas geordnetes Ganzes aufzufassen und uns zu orientieren. Wir können darum die Frage nach einem spezifisch rechten Weltbild nicht vollständig beantworten, ohne nach diesen emotionalen Bedürfnissen zu fragen. Gibt es übereinstimmende Gefühlsgrundierungen, die – auf die Ebene rationalen Denkens gehoben – ein eher rechtes Weltbild erzeugen?

Das ist oft der Fall, aber nicht zwangsläufig. Wir dürfen das rechte Weltbild keinesfalls verwechseln mit einem nur emotionalen Hängen am bildungsbürgerlich Gewohnten oder mit den Konventionen unsere traditionelle Kultur nur konsumierender bürgerlicher Kreise. Nur weil denen die linken Kulturkämpfer abscheulich sind, sind sie noch lange nicht rechts, sondern gewöhnlich bürgerliche Liberale.

Aber enttäuscht sein könnten hier nach genauerer Analyse auch, die sich für rechts halten, bei Lichte betrachtet aber höheren Göttern dienen. Es bestehen unüberbrückbare Klüfte zwischen den Weltbildern eines Rechten und dem eines Gläubigen, der sich in eine göttliche Sinnstiftung eingebunden wähnt. Für ihn gibt es nichts mehr frei zu entscheiden. Über sein Gut und Böse ist schon höheren Ortes entschieden – meint er. Schließlich werden wir sehen, warum kein

Weltbild mit dem Rechten vereinbar ist, das die freie Willensentscheidung verneint und sie unter die Aufsicht irgendeiner uns angeblich eingebauten metaphysischen, also über-irdischen, Fremdbestimmung stellt.

Ein Rechter reagiert allergisch gegen alle Heilspropheten und Sinnstifter, die sich überheben, ihm etwas vom Sinn seines Lebens zu erzählen Er reagiert rebellisch auf jeden Versuch, ihm die Selbstbestimmung darüber zu nehmen. Eine Priesterherrschaft über sein „Seelenheil" läßt er nicht zu. Er hat nämlich die religiöse Priesterherrschaft nicht abgeschüttelt, um sich nun der „Priesterherrschaft der Intellektuellen" zu unterwerfen: zur Zeit der Linksintellektuellen. Nach ihrem Marsch durch die Institutionen prägen diese aber unser staatliches Handeln und beherrschen als neue Sinnstifter unseren staatlichen und staatsnahen politmedialen Komplex. „Im Grund genommen geht es hier wieder um den in der Geschichte Europas uralten Widerstreit von weltlicher und geistlicher Herrschaft in einem modernen Gewande."[2] Rechtes Denken repräsentiert heute die weltliche Seite, linkes hat die Stelle der früheren geistlichen eingenommen.

2 Schelsky (1975), S.13.

Die rechte Denkstruktur

Erst empfinden Menschen, danach beginnen sie mit dem Nachdenken. Sie erzeugen für sich mit den Mitteln ihrer Vernunft ein Weltbild, das ihren tiefsten Wünschen und Ängsten entspricht. Es sagt ihnen, daß dasjenige vernünftig ist, was sie schon lange als richtig gefühlt hatten.

Zu welchem Ergebnis diese Rationalisierung gelangt, steht niemals vorher abstrakt fest. Es wäre ein intellektualistischer Trugschluß, ohne solche emotional motivierten Denkvoraussetzungen ließe sich irgendein zusammenhängendes Weltbild erzeugen. Kein Mensch beginnt sein Nachdenken mit einem „Ich denke, also bin ich." Andernfalls müßten alle Menschen dasselbe Weltbild teilen. Vor jedem Nachdenken stehen aber, zunächst unreflektiert, Gefühle, Bedürfnisse, Ängste und Hoffnungen. Treffend schrieb Nietzsche: „Ich kenne den Atheismus durchaus nicht als Ergebnis, noch weniger als Ereignis: Er versteht sich bei mir aus Instinkt."[3] Genau so herum ist es immer: Was sich der Verstand zur Rechtfertigung konstruiert, hat das „Herz" schon lange entschieden. Nietzsche hatte sich intuitiv heftig gegen jedwede moralische Instanz „über" ihm entschieden, darum war er Atheist, und nicht etwa umgekehrt. Er hatte das Herz auf dem rechten Fleck und sprach aus, was viele seiner Zeitgenossen nicht wagten.

Es wäre überheblich, jedem den Verstand abzusprechen, der ein anderes Weltbild hat als man selbst. Ein Theologe wie Thomas von Aquin war kein minder scharfsinniger Denker als ein Atheist wie Friedrich Nietzsche. Jedes Weltbild hängt von emotionalen Grundbedürfnissen ab. Diese bestimmen die Denkvoraussetzungen, die sogenannten Axiome, und prägen die Denkstruktur vor. Sie werden geglaubt, nicht hinterfragt. Auf ihrer Grundlage setzen erst die inhaltlichen Denkbemühungen ein und basteln sich ein rational mehr oder weniger widerspruchsfreies Weltbild mit konkretem Gedankengut zusammen.

---

3 NIETZSCHE, Ecce homo, S.107 der Goldmann-Ausgabe.

Der Verstand erlaubt es jedem Menschen, sich auf der Basis höchstpersönlicher emotionaler Bedürfnisse und Axiome ein solches Weltbild zu zimmern. Wie vernünftig und widerspruchsfrei es ist, hängt nicht von der Stichhaltigkeit der Axiome ab, sondern der höchstpersönlichen Qualität des jeweiligen Verstandes. Im Idealfall ist gegen die innere Logik eines ganz linken Weltbildes ebensowenig einwendbar wie gegen die eines Rechten, eines Christen, Moslems oder eines uigurischen Schamanen.

Wenn wir hier nach dem Weltbild eines Rechten fragen, legen wir darum die kohärente Ideenwelt zugrunde, die er hat oder jedenfalls bei in sich widerspruchsfreiem Denken haben müßte. Wir würden ja fairerweise auch nicht die innere Logik idealtypisch linken Denkens beurteilen anhand der Denkbemühungen einer Ricarda Lang oder gar die Brillanz katholischer Dogmatik früherer Epochen abtun mit dem Verweis auf kinderschändende Priester. Intellektuell wäre das unfair. Wie weit ein jeder Mensch im Einzelfall die Voraussetzungen, Zusammenhänge und Konsequenzen seines Weltbildes selbst verstanden hat, hängt von seinem persönlichen Vorwissen und seiner Bildung ab, und wie weit er sich im Leben von seinem Weltbild leiten läßt, steht noch einmal auf einem ganz anderen Blatt.

Grundlagen und Werkzeuge des Denkens

Vor der Frage, was jemand denkt, steht die Überlegung, wie er denkt. Die Denkstruktur kann zu bestimmten Denkinhalten führen oder sie ausschließen. Unsere Suche nach einem spezifisch rechten Weltbild führt darum von der Frage nach der Denkstruktur über die typisch rechte emotionale Bedürfnisse hin zu den typisch rechten Denkinhalten.

Unser Ich bedient sich vieler Denkwerkzeuge und -modelle, um sich den Durchblick durch das verwirrende Getümmel der Ereignisse zu verschaffen. Nicht jedes Denkmodell funktioniert, und nicht jedes Werkzeug paßt. Wir bezeichnen sie herkömmlich als Ismen wie Sozialismus oder Liberalismus, und jedes möchte die Welt in seiner Weise erklären. Leider kommen wir sprachlich nicht aus ohne Ismen. Jeder Ismus steht ja für ein komplexes Gedankengebilde. Man kann in einem Text nicht ständig statt *Kommunismus* von den Leuten schreiben, die an die – womöglich näher zu erläuternde – Utopie glauben.

Wir können alle sprachlich ungeliebten Ismen aber bildhaft betrachten als Koffer voller einzelner Behauptungen und oft von Verhaltensanweisungen. Alle Menschen suchen nach „der Wahrheit" und „der Wirklichkeit", aber mit sehr verschiedenen Werkzeugkoffern. Magisches Denken hatte die Welt völlig anders gedeutet als ein Mormone, der den Schlüssel zur Wahrheit im Buch Mormon gefunden zu haben meint.

Wer konsequent alle Aspekte der Welt von einer Grundannahme her deutet, kann sich natürlich schrecklicher irren, wenn diese in einer bloßen Wunsch- oder gar Wahnvorstellung besteht. Die Folgerichtigkeit seines Denkens steht dabei nicht in Frage. Man kann sich sogar für Napoleon halten und ganz folgerichtig für befugt, alle Deserteure erschießen zu lassen. Im Gegensatz dazu gibt es auch Wirrköpfe, die einander widersprechende Denkmodelle gleichzeitig verwenden möchten. Sie brauchen für Spott nicht zu sorgen.

Tatsächlich stehen die brauchbaren Denkmodelle und gegebenenfalls -inhalte je nach der Problemstellung, zu deren Lösung sie aufgeboten wurden, in einem logischen, geradezu ursächlichen Zusammenhang. Wie die Zacken einer Krone ergänzen sie sich. Es folgt eine ziemlich zwangsläufig auf die andere. Sie dürfen sich nicht selbst widersprechen. Wer aber von Beginn an von falschen Voraussetzungen ausgeht, kann am Ende leicht zum Unsinn gelangen statt zum Sinn. Auch wer meint, der Antichrist regiere die Erde, und der jüngste Tag sei nahe, mag in sich folgerichtig argumentieren. Er geht aber einen falschen Weg, wenn es einen Antichristen nicht gibt.

Wir wollen hier den richtigen Weg begehen. Bevor wir gedanklich den rechten Weg suchen, machen wir uns bewußt, daß solche Wege sich vielfach verzweigen. An den Gabelungen errichten wir Positionen und formulieren Begriffe als Wegweiser. Sie kennzeichen Grundmöglichkeiten des Denkens. Es liegt immer nah, sie in Form einer These und Antithese zu formulieren. „Die beste Art, eine bestimmte Philosophie geistesgeschichtlich zu begreifen, ist [...] ihren Gegner klar ins Auge zu fassen und zu erwägen, was sie beweisen muß bzw.

will, um diesen Gegner außer Gefecht zu setzen."[4] Wenn wir nach Merkmalen rechten Denkens fragen und die These formulieren, daß dieses Denken ein in sich kohärentes Weltbild in sich trägt, sollte dieses auch in seinen Bestandteilen die jeweilige Gegenposition zum linken Weltbild einnehmen.

Je deutlicher sich diese These bestätigt, desto tragfähiger wird die vielfach angezweifelte Rechts-Links-Unterscheidung sich bestätigen. Die methodische Schwierigkeit liegt auf der Hand: In den vergangenen 200 Jahren wechselten die Erscheinungsformen der Rechten wie auch der Linken und paßten sich den jeweiligen Zeitumständen an.

Rationales Denken

Zu den Grundlagen rechten Denkens gehört die Rationalität. Ihr Gegenbegriff wäre das irrationale Denken.

Natürlich ist es erlaubt, allein von einem tödlichen Autounfall auf das geheime Wirken eines Geheimdienstes zu schließen. Wer an dieser Abzweigung des Denkens schon falsch abbiegt, denkt nicht rechts. Die rationale Vernünftigkeit unseres Denkens bildet eine Grundvoraussetzung jedes gedanklichen Schrittes. Die Denkgesetze der Logik bilden den Schlüssel zu unserem geistigen Werkzeugkoffer, ohne den wir ihn noch nicht einmal öffnen können.

Wir verwenden diesen Rationalismus als Denkmethode und vergessen nicht, daß der neuzeitliche Rationalismusbegriff sich historisch lange auch mit bestimmten Denkinhalten verbunden hatte, die wir nicht übernehmen müssen. Bevor die Aufklärung vollendet war, enthielt der damalige Rationalismus noch hoch moralische, stark normative Denkinhalte. So behaupteten Naturrechtler, jeder Mensch trage gewisse moralische Gesetze in sich, und weil sie jedem „immanent" seien, müsse jedermann sich an sie halten. Welche Moralvorstellungen jeweils gemeint waren, hing vom Zeitgeist und dem Geschmack des jeweiligen Naturrechtlers ab. Diese leiteten sie aus vernünftig klingenden, „rationalen" Überlegungen ab.

---

4 KONDYLIS, Die Aufklärung (1986), S.20.

Rationalismus als Denkmethode besagt dagegen nur, daß folgerichtig gedacht werden muß. Auf Axiome und Vorannahmen kommt es dabei nicht an. Nicht logisch und folgerichtig wären etwa in sich widersprüchliche Sätze wie die liberale Phrase „Keine Freiheit den Feinden der Freiheit!“ oder die linke Phrase „Haß ist keine Meinung, sondern ein Verbrechen“. Tatsächlich ist Haß beides nicht, sondern ein allgemeinmenschliches Gefühl. Wer Gefühle nicht von Meinungen und von Straftaten unterscheiden kann, denkt irrational. Darauf reagieren Rechte allergisch. Sie sind nämlich Lieblingsopfer von Irrationalisten.

Skeptisches Denken

Die rationale Verarbeitung unserer Erfahrungen verfällt auch nicht in den Fehler jener alten Verstandesmenschen, die wähnten, sie könnten sich eine Weltdeutung quasi mit verbundenen Augen aus dem Nichts ausdenken. Intellektualismen sind ausgeklügelte Denkgebilde, die von Axiomen ausgehen und von ihnen durch Deduktion immer weitere Schlußfolgerungen ableiten, ohne sich zunächst in der empirischen Realität umzusehen.

Der nette Begriff Intelligibilitätswahn trifft Leute, die sich für die handgreifliche Wirklichkeit gar nicht interessieren. Sie erfanden in ihrer Studierstube ein „Ding an sich“. Sie denken, also sind sie. Schön und gut. In ihrem Intellektualismus dachten sich solche Leute auch viele Kampfbegriffe aus für Dinge, die es gar nicht gibt, um sie mit ernster Miene als zu glaubende Lehre zu verkünden. Sie sind die geistigen Nachkommen jener mittelalterlichen Scholastiker, über die sich Pufendorf 1667 belustigte: „Besonders befällt diese Krankheit die Männer im Dämmer der Studierstube, die im Bücherstaub der Scholastik aufgewachsen sind und einsam ihren Spekulationen nachhängen. Bei denen gilt als Todfeind, wer ihre Überzeugungen nicht als Orakelsprüche nimmt.“[5]

Heute sind es andere Orakelsprüche und scheinbare Zauberworte, mit denen die geistigen Nachfahren der alten Scholastiker alles

5 Pufendorf, S.249.

erklären möchten: Sesam-öffne-dich für die ebenso staubtrockene Zunft der Politologen oder Soziologen. Sie nennen sie gern mit ernster Miene „Prinzipien“ wie den Diskurs, die Kommunikation, die Dekonstruktion, die Humanität, die Moral und deren viele Verwandte. Hier richten Skeptiker steil die Ohren auf, runzeln die Brauen und fragen mit Michel de Montaigne: Gibt es jedes dieser Gedankenmonster wirklich? „Jede Wissenschaft hat ihre vorgegebenen Prinzipien, die das menschliche Urteil rundum einengen. Falls ihr gegen diese Schranke, diesen Irrtum des Prinzipiellen einmal anrennt, ertönt aus dem Mund der Prinzipienreiter sogleich der Spruch entgegen, mit Leuten, die keine Prinzipien ritten, debattiere man nicht. Dabei kann es für die Menschen gar keine Prinzipien geben, es sei denn, die Gottheit habe sie ihnen offenbart. Alles andre, Anfang, Mitte und Ende, ist Traum und Schaum. Jenen, die mit Postulaten in den Kampf ziehen, muß man deren jeweilige Umkehrung ins Gescht postulieren.“[6]

Nun gibt es solche und solche Prinzipien: Die einen engen das Denken dogmatisch ein, andere hingegen besagen, eine kritische, skeptische Überprüfung müsse jedes Dogma sich gefallen lassen. Die eine Denkweise stillt ihr Bedürfnis nach Orientierung und Sicherheit in einem Gehäuse frei erfundener Begriffe. Was sie für real hält, konstruiert sie sich anhand starrer Vorurteile. Die andere möchte den stets unbefangenen Blick auf die offenkundige eine Realität bewahren. Es gibt zwar Menschen, die in Traumwelten leben und sich vielleicht für Napoleon halten. Real ist dann aber nur der reale Mensch mit seinen Wahnvorstellungen im Kopf, nicht aber sein „Napoleon“.

Skeptiker möchten erst wissen, welche realen Dinge es überhaupt gibt und wie sich diese Dinge tatsächlich verhalten. Gegenüber jeder Sinndeutung verhalten sie sich erst einmal skeptisch und akzepieren sie nie ohne den Vorbehalt jederzeitiger Nachprüfung. Wenn jemand mit Begriffsgespenstern einzuschüchtern sucht, fragt ein Skeptiker zunächst, ob dem Wort aus dessen Mund etwas Reales entspricht. Worte sind nichts als ein Hauch der Stimme. Bezeichnen sie Namen realer Personen wie Hans und Willi, haben die Bezeichnungen eine

---

6 Montaigne, II, 12, S.270.

reale Grundlage. Bei Oberbegriffen wird es schon problematisch. Ihr Realitätsgehalt ist geringer. Gibt es wirklich „die Männer“, gibt es „die Menschheit“, gibt es „die Bösewichter“? Wer gehört dazu? Das ergibt sich erst aus einer Abstraktionsleistung unseres Denkens.[7] Skeptische Prüfung ist ein Gegengift für alle Gedankengespenster aus der moralinischen Hexenküche. Sie durchschaut auch, daß Gegensatzpaare wie heiß und kalt, rechts und links oder gut und böse nur Maßstäbe sind, die unser Denken erzeugt und die unsere Orientierung erleichtern. Sie sind intellektuelle Begriffsschöpfungen, nur vorhanden in unseren Köpfen. „Froschperspektiven“ hatte Friedrich Nietzsche sie genannt.[8]

Ein Moralfrosch benötigt kaum empirische Fakten, um sich von seiner moralischen Wahrheit zu überzeugen. „Corey Cusimano und Tania Lombrozo von der Princeton University untersuchten das Phänomen an Beispielen aus Alltag und Privatleben. [...] Und umso moralischer eine Ansicht in den Augen der Versuchspersonen war, desto weniger Belege befanden sie für nötig. ‚Die Versuchspersonen hielten moralische Erwägungen für legitime Gründe, eine Ansicht zu vertreten, die nicht dem objektiven, evidenzbasierten Urteil entspricht‘, erläutern Cusimano und Lombrozo in der Zeitschrift ‚Cognition‘.“[9] Moralisten überzeugen sich anhand vieler hübscher Worte, die in der Realität oft keine Entsprechung haben.

Sprachlich vermögen wir selbst Tätigkeiten oder komplexe Vorgänge und Verhältnisse auf abstrakte Begriffe zu bringen. Sie erleichtern die Verständigung, aber auch das Lügen mit metaphorischen Worten. Die Arbeit, das Elend, die Liebe und die Gerechtigkeit sind keine Personen. Man darf nicht ohne Notwendigkeit alles als eine „Wesenheit“ betrachten, was wir uns so ausdenken, hatte Wilhelm von Ockham (1288-1347) gemahnt.[10] In seiner Tradition steht der

---

7 Vgl. Konrad Lorenz (1979), S.128.

8 Nietzsche (1886), S.10 der Goldmann-Ausgabe.

9 Cusimano pp. (2021), Übersetzung Christiane Gelitz, https://www.spektrum.de 1.3.2021.

10 *Entia non sunt multiplicanda praeter necessitatem*, Dazu eingehend Kunze (1995), S.22 ff.

große französische Skeptiker Michel de Montaigne (1533-1592). Er ließ keine heilige Kuh unangetastet, selbst nicht das hübsche Wort „Seele". Noch niemand hat eine gesehen. Gibt es sie wirklich? „Es ist erstaunlich, daß sogar die verbohrtesten Anhänger des Glaubens an die Unsterblichkeit der Seele sich unfähig und außerstande sahen, sie, die sie derart einleuchtend und überzeugend fanden, kraft ihres menschlichen Vermögens zu beweisen. Das sind Träume von Wünschenden, nicht von Wissenden, sagten die Alten." (II, 12).[11]

Eine abgestorbene Gehirnstruktur denkt nicht mehr, und ohne Gehirnstruktur gibt es kein Denken. So sehen das heutige Naturwissenschaftler. Der Biologie Adolf Heschl steuert dieser Absage an den spiritistischen Seelenglauben ein köstliches Zitat bei: „Struktur ohne Funktion ist eine Leiche, und Funktion ohne Struktur ist ein Gespenst."[12] Aber schon Montaigne verwarf die christlich-platonische Vorstellung, an Gott als „großen Geist" müsse man eben glauben und könne daraus deduktiv ableiten, auch in Menschen müsse ein kleines Geistlein wohnen. Skeptisches Denken beflügelt alles empirische Nachforschen und führt folgerichtig dazu, geistige Erzeugnisse immer einer Vorprüfung durch Naturwissenschaft zu unterziehen. Wie Montaigne in der Realität keine Entsprechung der Idee von Seelen fand und die Venus sich zur Verärgerung der Astrologen nicht als machtvolle Frau entpuppte, sondern als Planet, so ist heute für einen Empiriker unbegreiflich, wie ein geisteswissenschaftlich Beseelter auf die Schnapsidee kommen kann, es gäbe weitere Geschlechter als das männliche und das weibliche.

Skeptizismus und Empirismus bilden darum weitere Grundvoraussetzungen für jeden weiteren Schritt und führen folgerichtig zum naturwissenschaftlichen Weltbild. Typischerweise sind es äußerst links stehende Fakultäten, die zum Beispiel anthropologische Fakten ignorieren.[13] Sie werden weggewischt, wenn sie zu einem Ergebnis führen würden, daß die jeweils gewünschte Sozialideologie wider-

---

11 Montaigne (1580), Buch II, 12, S.276.

12 Heschl S.120 nach S.Vogel & Steve Wainwright, 1969, Einleitung.

13 Vgl. eingehend Kunze (2019), S.264 ff.

legt. Rechte bemühen sich dagegen um ein realistisches Menschenbild und weisen typischerweise auf Naturwissenschaft hin.

Wie wir noch sehen werden, verkörpern sie mit dieser und ihren weiteren Denkgrundlagen geradezu beispielhaft die philosophische „Aufklärung", nämlich Aufklärung sowohl über mittelalterliche theologische Konstrukte wie die Scholastik als auch über neuzeitliche Bemühungen, einen Ersatz für die verlorengegangenen „Gebote" aus dem Jenseits in einem Naturrecht zu finden, das moralische Gebotstafeln gleichsam immanent in „den Menschen" eingebaut sieht. Immanent – das stellen sich Metaphysiker etwa so vor wie einen von einem bösen Geist Besessenen. Der Bösewicht stecke dann *immanent* in seinem Opfer. Neuzeitliche Naturrechtler glauben ganz ähnlich, nur treibe sich nichts Böses im Menschen herum, sondern eine übersinnliche Moral, deren berufene Interpreten sie selbst seien. Rechtes Denken verkörpert dagegen die Aufklärung in ihrer ausgereiften Form. Sie verwirft jede Übersinnlichkeit als Phantasterei, Fantasy oder Science Fiction, womit sie den Abscheu sämtlicher Metaphysiker auf sich zieht.

Naturwissenschaftliches Denken

Statt dessen erklärt es Phänomne wie Moralvorstellungen aus evolutionstheoretischer Sicht: „Alles, was wir hute als *moralisch* oder *unmoralisch* ansehen, (hat sich) ällmählich entwickelt und dient in erster Linie dem Überleben. So wie die Verhaltensforschung einen entscheidenden Beitrag zu einer Naturalisierung des (menschlichen) Denkens und Erkennens leistet, so leistet sie analog dazu auch einen wichtigen Beitrag zu einer Naturalisierung der Moral."[14] Wer rational und skeptisch denkt, wird eher eine naturwissenschaftliche Erklärung für die überall unter Menschen vorhandenen, aber unterschiedlichen Moralen finden als in beliebigen und nicht nachprüfbaren theologischen oder übersinnlichen Spekulationen.

Ziel jeder Wissenschaft ist es, zu erforschen, was ist. Was dagegen „sein soll" oder sollte, überläßt sie gern der Religion. Heute haben

---

14 Franz M. Wuketits 1995, S.159, zit. nach Heschl S.332.

vielfach Ideologien diese alte Rolle der Religionen übernommen, deren Grenzen wiederum gegenüber halbreligiösen Ideenwelten fließend sind. Wissenschaft erforscht und beschreibt, was tatsächlich ist. Ihre Methode ist „deskriptiv“, nicht normativ. Deskriptiv ist auch das rechte Weltbild. Es erfreut sich der Buntheit dessen, was ist, aber es stellt keine Ansprüche, die Welt solle sich ändern. Wozu auch? Nach Meinung Rechter „will“ sie das nicht und „kann“ sie es auch nicht. Die Hybris aller Ideologen, die Welt grundsätzlich verändern zu können, teilen sie nicht. Damit vertreten Rechte keine Ideologie; sie verweigern sich ihr. Ihre Wissenschaftlichkeit ist eine Methode zur Erforschung unbekannter Fakten, keine Ideologie. Es wird nämlich kein „Sinn“ gesucht und „gedeutet“.

Wer wissen will, wie die Welt und die Menschen beschaffen sind, muß sie erforschen und nicht über ein gänzlich anderes Sollen spekulieren. Der unbestreitbare Vorteil der empirisch vorgehenden Wissenschaft und ihre letzte Rechtfertigung besteht darin, daß sie funktioniert – Zaubern oder Gesundbeten gewöhnlich aber nicht. Wenn das Wünschen und Sollen die Schwerkraft aufheben würde, könnten Frauen fliegen. Die Natur hört uns aber nicht zu, und wir können ihre Naturgesetze nicht verändern. Als Bestandteil „der Natur“ gilt das auch für „den Menschen“.

Der Weg zu jeder Erkenntnis führt von der empirischen Prüfung des Realen über die Hypothese einer Erklärung bis zur umfassenden Theoriebildung, die jederzeit widerlegbar bleibt. Glauben ist dagegen niemals ein Weg zur Erkenntnis der uns umgebenden Welt, sondern weist nur in die Innenwelt unserer Vorstellungen, Wünsche oder Ängste. Glauben gerinnt zum Vorurteil und lähmt nur den Wissensdrang. Er sucht Erkenntnis nicht, sondern meint sie schon zu haben. Wer glaubt, hört auf, nach Erkenntnis zu suchen. Glauben ist ein Irrweg. Wissenschaft darf an allem zweifeln, sondern wäre sie keine mehr. Dieses Credo aller Wissenschaft wurde durch den Skeptizismus möglich, wie er im Morgenrot der Neuzeit von Montaigne formuliert worden war.

Sie sucht immer nach Beweisen: Bei empirischer Betrachtung des Naturgeschehens und nach seiner rationalen Verarbeitung ergibt sich für sie der zwingende Erfahrungssatz: Der Kosmos ist von einem

Bündel in sich widerspruchsfrei wirkender Naturgesetze erfüllt. „Die Natur" verläuft kausal mit Notwendigkeit und verletzt nie ihre eigenen, objektivierbaren Regeln[15], auch wenn wir diese wohl noch lange nicht alle kennen. Diese Regeln mögen nicht vollständig menschlicher Erforschung zugänglich sein. Gleichwohl schließen sie alle nicht naturwissenschaftlichen Antworten wie Magie prinzipiell aus. Das läßt durchaus die Möglichkeit akausalen Teilchenfluges und damit des Zufalles als Erklärung zu, schließt aber Zauberei als Ursache aus.

Auf das damals noch rätselhafte Gesetz der Kausalität war der Philosoph Leukippos aus Milet gekommen. Schon im 5. Jahrhundert v. Chr. erkannte er, daß alles infolge schicksalhafter (εἱμαρμένη) Notwendigkeit (ἀνάγκη) geschähe. Nichts geschieht von selbst, sondern alles infolge eines begreiflichen Grundes unter dem Druck der Notwendigkeit.[16] Leukippos erklärte den Kosmos, die Welt und uns Menschen bereits vollständig ohne Götter oder andere übersinnliche Konstrukte. Seine genauen Beobachtungen brachen späterer empirischer Naturwissenschaft Bahn.

Jede Schlußfolgerung steht nämlich auf tönernen Füßen, die mit empirisch gewonnenen Fakten etwa der Chemie, der Physik oder der Biologie unvereinbar ist. Wir verbieten uns darum alle Spekulationen, mit denen man vor Zeiten seine Wissenslücken füllte: Es ist nicht Donar, wenn es donnert, nicht Pharao, der die Sonne aufgehen läßt, kein Poltergeist, wenn es im Gebälk mal knackt, nicht „die Humanität" stimmt uns mildtätig, und wer tot ist, bleibt tot, kommt in keinen „Himmel" und kein Nirwana.

Es versteht sich dabei für rechtes Denken von selbst, daß jede Wissenschaft sich stetig weiterentwickelt. Es orientiert sich beispielsweise in der Astronomie niemand mehr am Erkenntnisstand des Jahres 1500, sondern dem heutigen, und in der Anthropologie nicht an dem der Zeit von Charles Darwin. Darum sind biologische Fehlvorstellungen des 19. Jahrhunderts von einem naturgesetzlichen Überleben

---

15 Galileo Galilei, Opere, VII, 43 und Brief vom 21.12.1613, zit nach Kondylis (1990), S.177; Kunze (1995), S.30 ff.

16 Zitate bei Capelle S.303.

„des Stärkeren“ und erst recht normative Forderungen, so solle es unter Menschen zugehen, für rechtes Denken obsolet.

Besonders gilt das für rassentheoretische Ideen wie der des Franzosen Joseph Arthur de Gobineau (1816-1882). Die seiner Zeit bekannte Naturwissenschaft konnte noch nicht auf die Genetik zurückgreifen, die ein viel differenzierteres Bild entwirft und in der es abgrenzbare Rassen einfach nicht gibt. Lebewesen entwickeln sich nicht zwangsläufig „höher“, denn auch hochdifferenzierte Arten sterben aus, wenn sie sich geänderten Umweltverhältnissen nicht anpassen können oder auch nur, weil ihre Konkurrenz eine höhere Fortpflanzungsrate hat. Damit fehlt auch jeder Ideologie die Faktengrundlage, die vor hundert Jahren noch „höhere“ und „niedrigere“ Menschenrassen hatte unterscheiden wollen und darauf Herrschaftsansprüche stützte.

Die Fragen, ob jenseits der Naturgesetze ein „gestiftetes“, ein metaphysisches Ordnungsprinzip die Welt im Innersten zusammenhält und woher diese Ordnung etwa kommt, sind nur spekulativ zu beantworten. Schon als Frageformulierungen entstammen sie unserem Erfahrungshorizont und setzen bereits menschliche Denkmaßstäbe voraus. Denen muß das kosmische Geschehen aber durchaus nicht unterliegen. Letzte Sinnfragen stellen sich allenfalls hinter der Ordnung in sich widerspruchsfreier Naturgesetze, denen wir unsere Existenz verdanken, aber nicht in ihr. „Unsere Bestimmung war nicht ausgemacht,“ faßt Monod die philosophische Quintessenz des naturwissenschaftlichen Weltbildes zusammen, „bevor nicht die menschliche Art hervortrat, die als einzige in der belebten Natur ein logisches System symbolischer Verständigung benützt.“ Dieses „einmalige Ereignis“ solle uns vor jeglichem Anthropozentrismus warnen. Der alte Bund zwischen Mensch und mythisierenden Ontologien sei zerbrochen. „Der Mensch weiß endlich, daß er in der teilnahmslosen Unermeßlichkeit des Universums allein ist, aus dem er zufällig heraustrat. Nicht nur sein Los, auch seine Pflicht steht nirgendwo geschrieben.“[17]

---

17 Monod, S.157.

Haben auch Linke ein naturwissenschaftliches Weltbild, oder dürfen Rechte es für sich allein reklamieren? Dabei ist zu fragen, wie folgerichtig der eine oder andere Linke denkt. Der harte Kern glaubt an sinnhafte Ideen jenseits des Naturgeschehens. Wer einem vorgegebenen „Sinn“ allen Geschehens folgt wie etwa an eine sich zwangsläufig am Ende einstellende kommunistische Gesellschaft Gleicher, oder wer die empirische Ungleichheit der Menschen mit der Behauptung wegwischt, alle seien gleich, der ordnet die naturwissenschaftlich belegbaren Fakten seinen utopischen Vorurteilen unter. Marxistisches und linkes Denken ist mit seinen utopischen Heilsversprechungen eine säkularisierte Variante der christlichen Utopie eines Endzustandes in einem Paradies an der Seite Gottes, in der es keine Ungleichheit und Not mehr gibt. Es sind „universale Religionsersatzformen des Denkens“, die in dogmatisch-materialistischen Gesellschaften und ihren Heilslehren immer noch wirksam sind.[18]

Alle Wissenschaft will aber erkennen. Ein Wissenschaftler sucht die Wahrheit, und zwar keine eingebildete oder nachgebetete, sondern die Realtät, von deren Existenz er sich selbst überzeugt hat. „Es ist mit Priestern und Göttern zu Ende, wenn der Mensch wissenschaftlich wird! – Moral: die Wissenschaft ist das Verbotene an sich, – sie allein ist verboten. Die Wissenschaft ist die erste Sünde, der Keim aller Sünde, die Erbsünde. Dies allein ist Moral. – ‚Du sollst nicht erkennen‘: – der Rest folgt daraus.“[19] Von solchen Worten fühlt rechtes Denken sich angesprochen, weil es sich nicht gern einer geistlichen oder geistigen Autorität unterwirft.

Es ist darum wenig anfällig für eine Reihe von Gefühlen, die aus einer angenommenen Verletzung moralischer Normen stammen: „Scham, Schuldgefühl, Reue, Zorn und Empörung sind deshalb unstrittig „moralische“ Gefühle, weil sie die Übertretung moralischer Normen sanktionieren können.“[20] Wie der Sozialpsychologe Jonathan Haidt bestätigt hat, sind linke Studenten dagegen hoch anfällig

---

18 Schelsky (1975) S.62.

19 Nietzsche, Der Antichrist, 48, S.62 der Goldmann-Ausgabe.

20 Landweer (2021).

gegenüber moralisierenden Vorurteilen. „Soziale Gerechtigkeit und Gleichheit werden heute in vielen Bereichen – insbesondere in den Geisteswissenschaften – höher gewichtet als Wahrheit. Mit der leidenschaftlich geführten Diskussion über derzeit kontroverse Themen wie Ethnie, Geschlecht, LGBTQ und Einwanderung drängt die Öffentlichkeit in die Universität. Soziale Netzwerke reißen die Mauern weiter ein. Studenten und Fakultätsmitglieder vertreten private politische Anliegen einzig unter dem Gesichtspunkt von Gleichheit und Gerechtigkeit.“[21]

Auf eine moralisch abweichende Ansicht reagieren sie wie Angehörige eines Stammes auf Fremde mit anderen Stammesabzeichen. Die Moralisierung und Politisierung selbst der Naturwissenschaften erklärt Haidt mit der strukturellen Gleichheit von Moral und Religiosität: Haidt mahnt: „Wir sind tribale Geschöpfe, verehren Objekte und Personen, um die wir dann in der Gruppe tanzen. In der kollektiven Verehrung werden wir zum Team und vertrauen einander. Das ist wesentlich menschlich. Innerhalb der Universität dagegen sollten wir uns einzig an den sakralen Gegenstand der Wahrheit halten, um angeborene Beschränkungen, individuelle und kollektive Vorurteile zu überwinden.“

Religiös und moralisch unbeschwert pochen Rechte politisch auf ein naturwissenschaftlich fundiertes Menschenbild. Dabei ziehen sie Aggressivität und „Stammeshaß“ der tribalen Moralfraktion an wie ein Magnet. Wir erkennen ihr strukturell rechtes Weltbild überall, wo sie moralisierender Empörung empirische Fakten entgegenhalten. Der typisch woke Gestus äußerster Empörung – worüber auch immer jeweils – entspringt dem Gefühl, durch eine „moralische“ Grenzüberschreitung im Kern seiner Identität angegriffen worden zu sein. Wo ein ideologisch-moralisches Weltbild mit dem innersten Kern der eigenen Identität verschmilzt, wird jede Kritik an diesem Weltbild als Angriff auf das persönliche Selbst aufgefaßt. auf die eigene Existenz.

Jeder „Leugner“ dieses Weltbildes erscheint dann als wahrer Teufel, als Gottesleugner, als Klimaleugner oder welche jeweils modi-

21 Haidt (2020).

sche heilige Kuh gerade skeptisch angezweifelt wird. Traditionell religiöse oder moderne moralisierende Gebote stellen sich ihm als letztlich genetisch angelegte Neigungen dar, die einen Überlebensvorteil in der Konkurrenz mit konkurrierenden Gruppen verschaffen. Zu diesen Eigenschaften gehört auch unsere Fähigkeit zur kulturellen Weitergabe. Jede naturwissenschaftliche Erklärung menschlichen Verhaltens bringt aber religiöse und linke Gemüter zum Kochen. Ein naturwissenschaftliches Weltbildes wird die biblischen zehn Gebote inhaltlich nach ihrem überwiegend arterhaltenden Nutzen beurteilen: Viele haben sich in einer bestimmten Lebenswelt lange bewährt, sind genetisch verankert und zusätzlich kulturell tradiert. Die empirische Sozialanthropologie sieht in aus ihnen gebildeten „physiologischen Tugenden" nichts primär Moralisches.

Erst ihre moralische Sanktionierung oder Ächtung hebt sie aus der rein biologischen in die kulturelle Sphäre.[22] Wer die Grundlagen unseres Sozialverhaltens aber in den Genen gefunden hat, braucht nicht mehr im Himmel nach ihnen zu suchen. „Die Erfahrungswissenschaftliche Anthropologie erklärt heute die empirische Verfassung des Einzelnen als ein vielschichtiges Ineinandergreifen biologischer und kulturell-gesellschaftlicher Einflüsse, wobei sie sorgsam darauf zu achten hat, daß jeder dieser Einflüsse seinem empirischen Stellenwert gemäß Beachtung findet."[23]

Die Sozialpsychologen Charles Percy Snow (1959) und Peter Robert Hofstätter (Gruppendynamik, Hamburg 1957) hatten eine Zweikulturentheorie aufgestellt, die sich mit unserem Befund deckt. Die naturwissenschaftliche Methode streitet demnach gegen eine rein geisteswissenschaftliche, die „Sinn- und Ideologieproduktion einer Gesellschaft[24] fest in die Hand einer politisch-literarischen Tradition legt. Ihr „nicht naturwissenschaftliches Denken und Handeln ist die wichtigste Voraussetzung der Machtausübung."[25] Dieser Macht ver-

---

22 GEIGER S.39 mit Hinweis auf Arnold Gehlen, Probleme eines soziologischen Handlungslehre.

23 GEIGER, S.49.

24 SCHELSKY (1978), S.54.

25 ADLER (1990), S.158.

weigert sich rechtes Denken konsequent, weil es auf der naturwissenschaftlichen Seite des Zweikulturengegensatzes steht und nicht auf derjenigen der Ideologieproduzenten.

Diese hat der Soziologe Helmut Schelsky treffend als Priesterherrschaft bezeichnet: „Nicht jeder einzelne Mensch ‚führt sein Leben' nach eigenem Kopf, sondern sein Leben wird geführt durch andere Menschen, die über jene Leitbilder im sozialen Zusammenhang verfügen. Es entsteht eine neue, typisch menschliche Form von Macht: Während der Einfluß durch physische Gewaltanwendung, die ‚politische Macht', in gewissem Sinne auch gegenüber Tieren und im Tierreich vorhanden ist, stellt der ‚psychische Zwang' im Sinne eines Einflusses auf das Handeln anderer durch Vermittlung oder Verfügung seiner lebens- und handlungsleitenden Vorstellungswelt eine im Wesen gewaltlose, aber genauso über Leben und Tod gebietende eigentümliche menschliche Machtausübung dar."[26]

Weil der überwältigende Teil unserer Entscheidungsträger aus geisteswissenschaftlichen Fakultäten hervorgegangen ist, wird der Kurs unseres Landes faktisch von der Kaste der Ideologieträger, Heilsstifter und Sinnvermittler gelenkt. „So haben wir, nach 300 Jahren Naturwissenschaft, das erstaunliche Ergebnis, daß alles in unserer Gesellschaft durch Naturwissenschaft sachlich bestimmt wird, die Entscheidungsstruktur mit dazugehörender Philosophie (sprich Ethik) aber fest in der Hand einer anderen Kultur ist, deren Tradition in das Zeitalter magischen Denkens reicht."[27]

Ist eine althergebrachte und liebgewordene Spekulation einmal naturwissenschaftlich widerlegt, kann man auf ihr kein „geisteswissenschaftliches" Gedankengebäude errichten. Aberglauben beizubehalten und ihm ein modernes sozialwissenschaftliches Mäntelchen umzuhängen, ist Voodoo und keine Wissenschaft, und unsere selbsternannten Heilsbringer sind ihre modernen Schamanen.

---

26 Schelsky (1975), S.40.

27 Adler (1991), S.125.

Realistisches Denken

In gewisser Weise ist jede Abstraktion „magisch". Helmut Schelsky hat die in Frage kommenden Zauberwörter aufgezählt: „Alles Gefühl, alles Denken, das sich von unserem konkreten Werke löst, gehört der magischen Welt an ... Alles, was den Menschen aus der Begrenzung unmittelbarer Wirklichkeit herausführen will, gehört solchem Idealismus (sokratisch-platonischer Prägung) an ... Der Mensch zieht sich in der spiritualistischen Haltung auf ein Mythisch-Allgemeines hinter den Dingen und den gegebenen ‚historischen' Ordnungen zurück, ob dieses nun Gott, Vernunft, Geist, Blut, Rasse, Menschheit, ‚Leben', ‚Geschichte', Schicksal, Gerechtigkeit, Humanität' – und wir fügen hinzu: Emanzipation, Progressivität, klassenlose Gesellschaft, herrschaftsfreie Kommunikation oder wie es immer neumetaphysisch benannt wird – heißt."[28]

Gegen das naturwissenschaftliche Weltbild zieht sich eine verhängnisvolle Tradition spekulativen Denkens durch die Geistesgeschichte. Sie behandelt Ideen, als wären sie reale Gebilde außerhalb unserer Köpfe. Seit der Epoche des Schamanismus zieht sich über Platon und christlichen Platonismus bis hin zu spekulativen Utopien der Neuzeit ein roter Faden. Er beruht auf der Idee, es gebe über oder im physischen Kosmos eine unsichtbare überirdische, nämlich meta-physische Welt. Der Schamanismus beruhte auf der Idee, alle physischen Wesen, ja selbst Quellen oder Berge seien „beseelt". Diesen Vorstellungen verhaftet[29] entwickelte Platon seine Ideenlehre: Die uns umgebenden Dinge seien nur Abbilder, empirischer Nachforschung unwürdig. Erzeugt würden sie durch Ideen, die Platon irgendwo im Jenseits vermutete.

Für naturwissenschaftliches Denken gibt es aber kein Jenseits. Gäbe es eines in einer „anderen Dimension", dann wäre es mitsamt dieser Dimension Teil der per definitionem alles umfassenden Realität und prinzipiell der Erforschung zugänglich. Versuche, einem

28 Schelsky (1975), S.80.

29 Kondylis (1986), S.9; Capelle, S.31 f.: „.. dem Gedankengut des orphisch-pythagoreischen Kultes eng verbunden..."

„Jenseits“ empirisch auf die Spur zu kommen, hat es durchaus gegeben: Séancen mit Mesmerismus und Scharlatanerie mit „Ektoplasma“ waren ihre Begleiter. Vielleicht gibt es noch unerforschbare Phänomene, aber es gibt keine Hinweise, ein himmlisches Paradies in einem „Jenseits“ habe jemals woanders existiert als in menschlichen Köpfen. Jede der Physik widersprechende „metaphysische Weltdeutung“ beruht auf Illusionen.

Unser Denken hatte schon vor Jahrhunderten eine entscheidende Hürde genommen und Platons Vorstellung[30] widerlegt, Ideen seien realer als die empirischen Dinge. Wir sind aus dem geistigen Zwielicht von Platons „Höhle“ ins Licht der Erkenntnis der realen Welt getreten: Anders als in seinem Höhlengleichnis gibt es Ideen durchaus: aber nur in unseren Köpfen.

Nicht nur Platons Ideenlehre verwirft rechter Realismus als Unfug, sondern mit ihm alles spekulativ-phantasierende Denken, das sich „Dinge hinter den Dingen“ zurechtspinnt. Ob da der Täufer Jan van Leiden seinen Gläubigen in Münster 1534 „einen neuen Himmel und eine neue Erde“ prophezeite oder ein Karl Marx ein historisch unvermeidbares Paradies auf Erden nach Durchführung des Kommunismus: Bei utopischen Heilsversprechen wendet sich realistisches Denken mit Grausen ab.

Genügsam nimmt es mit dem Diesseits vorlieb. Für Utopisten ist unser Diesseits nur eine unvollkommene Zwischenhaltestelle auf dem Weg in eine bessere Welt. Sie suchen Erlösung aus diesem Jammertal. Die Realität schneidet immer schlecht ab, wenn jemand sie mit seinen Wunschträumen vergleicht. Von solchen Wunschträumen erfüllt ist bis heute alles linke Denken. Es dreht sich um die Idee, gerecht sei eine Welt ohne Konflikte, in der alle gleich wären und das Gleiche besäßen.

Rechte stellen sich eine Welt, in der alle gleich sind, aber allenfalls als Albtraum vor. Sie begrüßen unsere Welt, wie sie ist, und erfreuen sich an ihrer Vielfalt und der Ungleichheit. Sie vertrauen auf ihre Kraft, auch in einer konfliktreichen Welt durch ihre Tüchtigkeit bestehen zu können. Als Preis ihres Ringens einen ungleich

---

30 Platon, Der Staat, 514-518.

größeren Anteil vom Kuchen zu beanspruchen, entspricht darum ihrer Gerechtigkeit. „Auseinandersetzungen oder Kämpfe zwischen denjenigen, die den Wohlstand groß angelegt umverteilen wollen, und den Gegnern einer solchen Umverteilung sind unvermeidlich.“[31] Ideologische Lager wie die Rechte oder die Linke sind häufig erst aus solchen realen Interessenkonflikten erklärbar.

Im allgemeinen bildet Realismus den Gegenbegriff zum Idealismus. Platon hatte alle für uns realen Dinge von gedanklichen Urbildern abgeleitet. Ihm galten diese Ideen als realer als die Dinge.[32] Hat ein Schiffbrüchiger in seinem Nachen auf hoher See eine noch so glänzende Idee, wie man den Schiffbau verbessern könnte, wird seine Idee ihn nicht überleben, wenn er ertrunken ist. Platon hätte hier vermutet, die glänzende Idee habe es schon ewig gegeben, und vielleicht sei ihm nur eine Art Inspirationspartikelchen zugeflogen, das morgen wieder einen anderen treffen könnte.

Landläufig spricht man heute von Idealismus, wenn sich jemand begeistert für eine gute Sache einsetzt. Das gilt allgemein als Tugend. Es ist eine gefährliche Tugend, wenn man die gute Idee nicht als das erkennt, was sie real ist: ein Produkt menschlichen Denkens und planender Voraussicht. Die Gefahr besteht, wenn man sie mit Platon für eine ewige, unzerstörbare übersinnliche Wesenheit hält und ihr sein Leben weiht. Sie wird zur „überwertigen Idee“, wenn ihr jemand sein eigenes Ich oder gar das seiner Mitmenschen aufopfert. Wer sein gesamtes Weltbild von einer oder mehreren Ideen ableitet und ihnen alles andere unterordnet, ist ein Ideologe.

Daß Linke sich in solchen Ideengespinsten ihrer komplexen Ideologien verfangen, liegt auf der Hand. Doch sind auch Rechte Ideologen? Wenn man den Begriff weitestmöglich dehnt, könnte man auch die realistische Sicht auf die Welt als „Ideologie“ bezeichnen. Sie intepretiert alles uns umgebende Geschehen und ordnet es erklärend ein, zum Beispiel als ein den Naturgesetzen unterworfenen kausalen Ablauf. Das folgt aber aus Erfahrungssätzen und nicht aus unüber-

31 Dalio, S.52.

32 Terminologisch nennt die Philosophie Platons Vorstellungen „Ideenrealismus“, weil er jede Idee für ein reales Gebilde für sich hält.

prüfbaren Glaubensannahmen. Prägnanter ist der Ideologiebegriff darum nur in einem engeren Sinne zu verwenden auf in sich geschlossene Weltbilder mit typischen Sinndeutungen. Wer naturwissenschaftlich denkt und auf eine kosmische oder humane Sinndeutung verzichtet, bleibt offen für die Realität. Jeder Ideologieverdacht ist bei ihm fehl am Platze.

Darum haben auch Rechte einen grundsätzlich anderen Wahrheitsbegriff als die Linke: Rechte verstehen unter Wahrheit alles, was faktisch zutrifft. Linke dagegen suchen ihre Wahrheiten nicht im profanen Diesseits, sondern in utopischen Heilserwartungen. Sie sind die historischen Nachfolger transzendenten, metaphysischen Denkens. Greifbar wird dieser Unterschied, wenn Rechte für wahr halten, daß es biologisch zwei Geschlechter gibt, während manche Linke sich schon in Utopia angekommen wähnen und für wahr halten, jeder könne sein objektiv vorhandenes Geschlecht selbst durch subjektive Einschätzung oder freie Entscheidung ändern.

Links inspirierte Politologen vermissen bei Rechten gelegentlich naserümpfend, diese hätten keine in sich geschlossene Theorie. Dabei verkennen sie, daß ein normatives Ideengebäude mit feststehenden Zielmarkierungen zwar ein Merkmal linker Ideologie, Rechten in ihrem Realismus aber durchaus fremd ist.[33] Rechte haben kein Bedürfnis nach „prinzipieller" Weltverbesserung, weil sie sich in dieser Welt pudelwohl fühlen und sie nicht ständig als minderwertig betrachten, verglichen mit einer idealistischen Wunschwelt. Darum weisen Rechte auch kein gesteigertes Bedürfnis auf, die Diskrepanz zwischen ihrer realen Erlebniswelt und ihrer Traumwelt durch ausgeklügelte geistige Freiübungen zu überbrücken. Sie wollen die Welt als Ganzes durchaus nicht verändern, nicht umkrempeln, sie sehnen sich nicht nach einer besseren Welt, erfüllt von ihren normativen Idealen. Rechte sind potentiell glückliche Menschen.

Wenn es einen „Sündenfall" im Denken gab, hatte er sich mit der Erfindung eines himmlischen Paradieses ereignet, aus dem Adam und Eva vertrieben worden sein sollen, weil sie vom Baum der Erkenntnis gegessen hätten. Seitdem spukt die fixe Idee in Köpfen herum,

---

33 Im Ergebnis ähnlich Mohler (1978), S.32.

es gebe außer unserem irdischen Leben irgendwo noch eine bessere Welt. Unglücklich alle, die es „hier unten" noch aushalten müssen! Auch Linke gehören zu den ewig Unglücklichen, die sich nach Erlösung in einer besseren Welt sehnen. Diese möchten sie aber „hier unten" schaffen. Dafür haben sie viele hübsche Wörter erfunden, die aber erst und nur innerhalb ihres Glaubenskosmos einen Sinn ergeben. Zum Beispiel erfüllt das Wort Emanzipation für sie dieselbe psychische Funktion wie einst für Christen das Wort Erlösung. Weil sich die von Linken erträumte bessere Welt hienieden leider niemals einstellt, leiden sie an ihr in gleicher Weise wie Christen, die unsere Welt als Diesseits und als Jammertal beschrieben hatten. –

Entscheidungsdenken

In mancher Ideenwelt führen Wertvorstellungen zuweilen ein idealistisches Eigenleben: Scheinbar quälen sie uns mit Geboten und Verboten, piesacken uns mit Gewissensbissen und fordern unseren Gehorsam. Sie geben sich gern als universell und absolut geltende moralische Pflichten aus: „Du sollst unbedingt!"

Tatsächlich enthält jedes Sollen einen Befehl. Ohne jemanden, der befohlen hat, gibt es kein Sollen. Jede Norm entsteht, wenn sich jemand dazu entschließt, daß sie gelten soll und sie dann erläßt. Darin liegt der Unterschied zu Naturgesetzen. Nichts mit Sollensnormen hat auch alles zu tun, was wir bereits aus Neigung tun. Was wir uns im Familienkreis kulturell angeeignet haben wie zum Beispiel Gastfreundschaft, erfordert kein „Du sollst!" und keinen Normengehorsam, wenn wir es von Herzen gern befolgen.

Wo Menschen über die Macht verfügen, verkünden sie ihre moralischen Gebote als staatliche Gesetze. Da erklärten Könige Majestätsbeleidigungen für strafbar. Staaten entscheiden gesetzlich, wieviele Frauen ein Mann heiraten darf oder wieviele Geschlechter es gibt. Solche Normen sind nur Befehle.[34] Man muß sie vielleicht befolgen,

34 Hobbes, 26.Kapitel, bei Reclam S.240.

aber nicht glauben.[35] Besonders gilt das für angebliche moralische Normen, die sich jeder Mensch unschwer auch selbst geben kann.

Die rechte Vorstellungswelt kommt ohne normative Komponenten aus. Ein Rechter folgt moralischen Normen, wenn er das will und sie sich selbst gesetzt hat. Diese Entscheidung trifft er zum Beispiel, wenn er sich einer Sache anschließt und Treue verspricht. Den Entschluß kann ihm niemand abnehmen und darf ihm niemand vorgeben oder befehlen. Er wehrt alle Prediger und Propheten ewiger, universeller oder absoluter Werte und Normen ab. Er bleibt selbst Herr seiner eigenen Entscheidungen. Über sich sieht er nur den hohen Himmel, in dem aber niemand wohnt, der ihm etwas zu befehlen hätte, und er findet auch in keiner „Natur des Menschen" etwas Übersinnliches, das ihn zu zwingen oder zu binden vermag.

Eine normativ aufgeladene Welt wäre erfüllt von moralischen Anstrengungen, wie wir Menschen angeblich sein sollen: Gerecht, hilfreich, edel und gut vielleicht. Gerade auch linke Traumwelten strotzen vor normativer Kraft. Der realistische rechte Blick schaut sich dagegen in der Natur und der Gesellschaft um, sucht aber vergeblich nach für ihn verbindlichen normativen Anforderungen. Die für ihn geltenden Normen setzt er sich selbst, wenn er welcher bedarf.

Das bedeutet nicht, daß er die Anstrengungen solcher Entscheidungen dauernd auf sich nehmen muß. Wer sich geborgen fühlt in der ihn prägenden Gefühlswelt seiner familiären Herkunft und mit den ihm als Kind vermittelten Einstellungen zum Leben erfolgreich ist, wird wenig Anlaß sehen, aus seinem kulturellen Umfeld auszusteigen und bewußt eigene Entscheidungen zu treffen. Er vermag das aber, und nur um diese Fähigkeit geht es hier. Das typische Lebensalter, in der man die elterliche Erziehung in Frage stellt, liegt zwischen dem 15. und 25. Lebensjahr. Auch die mündige Entscheidung für die als Kind empfangenen kulturellen Werte und Normen ist eine Entscheidung. Niemand muß sie in einem gleichsam heroischen Willensakt treffen. Gerade bei jungen Leuten ist das aber häufig, wenn sie sich bewußt vom Lebensstil ihres Elternhauses distanzieren. Der Verhaltensforscher Konrad Lorenz betrachtete das sogar als evolutionär notwen-

35 Hobbes, 26.Kap., S.234 f.

digen und der Arterhaltung dienenden Schritt, dem allerdings oft viel später das „Phänomen des späten Gehorsams“ folge: Hat man erst einmal Lebenserfahrungen gesammelt wie die Eltern, kehrt man vielfach auch zu deren Einstellungen zurück, denn auch dazu kann er sich wieder frei entscheiden.

„Du sollst!“, tönt es laut von vielen Seiten, gerade auch von links. „Wer sagt das? Wieso soll ich?“, würde ein freier Mensch antworten, und Rechte sind auf ihre Freiheit stolz. Jedes „Du sollst“ erfordert jemanden, der es befiehlt. Die Stimme erschallt nur scheinbar aus dem Jenseits, tatsächlich bildet sie unseren persönlichen Denkprozeß. Es gibt kein Gesetz ohne Gesetzgeber, keine Norm ohne Normengeber, keinen Befehl ohne Befehlsperson. Im Diesseits haben wir menschliche Gesetzgeber. Ein Jenseits als Quelle übersinnlicher Normen gibt es nicht. Jeder selbst bildet sich seine innersten Überzeugungen davon, was man „soll“ und was nicht. Mein Gewissen und meine Moral gehören mir allein, und ich kann mit ihnen machen, was immer mir beliebt.

Genau das ist die Grundvoraussetzung für unsere persönliche Freiheit, uns selbst zu entscheiden, welche geistigen Leitplanken unser Handeln bestimmen sollen. Uns ist kein „Sinn gestiftet“, das kann nur jeder selbst. Befehle aus dem Jenseits bilden wir uns vielleicht ein oder verkünden sie unseren Jüngern. Tatsächlich sind das Denken und das Sinnstiften aber rein menschliche Tätigkeiten.

Freilich taugen alle Ideen auch als Waffen des um seine soziale Selbsterhaltung kämpfenden Individuums. Dazu sind sie ja da. Wer als Sklave die Idee durchsetzt, alle Menschen seien gottgewollt gleich und müßten gleich viel zu essen haben, hat das wohl verstanden. Es kämpfen niemals Ideen gegen Ideen oder Ideologien gegen Ideologien, sondern immer Menschen gegen Menschen, und um ihre Machtansprüche zu legitimieren, berufen sie sich dabei auf die Geltung ihrer Ideen. Wer die Macht dazu hat, formuliert seine Ideen als Normen und befiehlt ihre Geltung; wenn er es schafft: absolut und universell.

Rechtes, also kritisches Denken durchschaut, daß hinter jeder angeblich „allgemeingültigen“ Verhaltensnorm bloß Menschen stehen, die sich auf sie berufen und Gehorsam verlangen: Autoritas, non veritas facit legem (Die Macht, nicht die Wahrheit schafft Gesetze), schrieb Thomas Hobbes.[36] Schon vor ihm hatte Machiavelli betont, daß Gut und Böse Produkte von Setzungen und als solche Funktionen von Herrschaft sind.[37] Die Ideologen und Moralisten jeder Couleur haben ihnen diese Aufklärung niemals verziehen.

Geschichtliches Denken

Soziale Phänomene und kulturelle Schöpfungen wie Religionen und Weltanschauungen zu beobachten und zu beschreiben, ist eine empirische Methode. Man kann die überlegene Warte dcs Beobachters umso leichter einnehmen, wenn man nicht persönlich auf dem Scheiterhaufen steht und nicht die eigenen Bücher mit verbrannt werden.

Dann kann man gelassen die Epochen der Geschichte vor dem inneren Auge Revue passieren lassen und fordern, jedes Volk und jede Epoche ohne Vorurteile aus sich selbst heraus zu verstehen. Historisches Denken verweigert sich der eindimensionalen Perspektive des Augenblicks, ohne der Versuchung einer Geschichtsmetaphysik zu erliegen: Utopien sind nicht Sache des wahren Historikers. Er fragt danach, wie es eigentlich gewesen ist. Die Vergangenheit mit heutigen Maßstäben abzuurteilen, hält er für einen fatalen Fehler.

In diesen Fehler verfallen Ideologen, die unsere Geschichte nur von ihrem mutmaßlichen Endpunkt her interpretieren. So schildert ein „Geschichtsbuch für die deutsche Jugend“ 1943 die Geschichte als ständigen Prozeß zwischen einer starken und einer schwachen Reichsgewalt und behauptet: „Was Friedrich d. Gr. begonnen und Bismarck weitergeführt hatte, war durch Adolf Hitler vollendet worden.“[38] Die alliierte Kriegs- und Nachkriegspropaganda nahm diese Geschichtsklitterung willig auf und wendete sie gegen Deutschland, um eine von alters her bestehende Verschwörung gegen den Rest der Welt zu konstruieren.[39] Strukturell unhistorisch sind alle Geschichts-

36 Hobbes, Leviathan, 2.Teil, 26.Kap., S.234 f.

37 Machiavelli, Discorsi I.2., S.13, Kondylis (1981 / 1986), S.136 f.

38 Ulrich Haacke, Ernst Ziemann (1943).

39 Belege vgl. Schrenck-Notzing z.B. S.59 ff.

bilder, die an einen quasi vorprogrammierten Geschichtsverlauf hin zu einem seligen Ende glauben, zum Beispiel der historische Materialismus der Marxisten und das 1989 von dem Liberalen Francis Fukuyama proklamierte „Ende der Geschichte", das aber nicht eingetreten ist.

Wer sollte einen zwangsläufigen Ablauf auch in die Weltgeschichte einprogrammiert haben? Freilich glauben Christen an einen gottgegebenen paradiesischen Urzustand, der nach dem Abfall der Menschen von Gott in ein irdisches Jammertal geführt habe, aus dem sich aber die Guten und Gerechten am Tage des jüngsten Gerichts wieder erheben und zu Gottes ewiger Seligkeit zurückkehren können. Sie verstehen die reale Geschichte als Heilsgeschichte, die am jüngsten Tag Gottes Heilsversprechen einlösen wird. Mit einer strukturell ähnlichen Geschichtsphilosophie prophezeit der Marxismus: Nach der kommunistischen Urgesellschaft, dem Sündenfall der Erfindung von Eigentum und Produktionsmitteln und eine zwangsläufig eintretende Revolution werde es schließlich eine paradiesische herrschaftslose Gesellschaft geben. Solche Vorstellungen entspringen derselben Denkstruktur. „Der ‚himmlische Sozialismus' tritt an die Stelle einer christlichen Jenseitsverheißung, ja, die so entstandenen neuen Sozialreligionen verschmelzen vielfach mit den alten Jenseitsreligonen."[40] Auffällig sind Lebensläufe bekannter, als rechts gehandelter Publizisten, die vielleicht als Meßdiener anfingen, in ihrer Jugend von Karl Marx und Fidel Castro schwärmten und schließlich wieder als Erzkatholiken endeten. Wer dagegen mit aufgeklärtem Denken auf naturwissenschaftlicher Basis angefangen hat, bleibt gewöhnlich immun gegenüber allen utopischen Versuchungen und vermag sie vielleicht nur mit Hilfe eines intellektuellen Kraftakts überhaupt zu begreifen.

Auf einem ganz anderen Blatt stehen die Geschichte nur beschreibende und analysierende Betrachtungen wie die Oswald Spenglers oder Ray Dalios.[41] Er ging empirisch vor und beobachtete in der Geschichte der Völker wiederkehrende Phänomene. Werke wie „Der

---

40 Schelsky (1975), S.42, 59.

41 Spengler (1923), Dalio (2022).

Untergang des Abendlandes“ gehören damit eigentlich in die Soziologie und keinesfalls ins Reich der Geschichtsmetaphysik, ähnlich Ray Dalios Analyse zur Volkswirtschaftslehre. Historisierende Metaphysik erkennen wir dagegen daran, daß sie die Weltgeschichte von lenkenden Absichten erfüllt glaubt. Diese können einer Gottesperson im Jenseits zugeschrieben werden. Andere stellen sie sich vor wie der Geschichte immanente und steuernde Gesetzmäßigkeiten. Doch wird dadurch das Problem nur um eine Stufe verlagert, denn wer hätte denn der Geschichte diese steuernden Gesetzmäßigkeiten eingegeben?

Es gibt keinen Beleg dafür, die Weltgeschichte hätte jemals irgendwelche sie steuernden Regeln empfangen. Freilich verlockt die einseitige Kenntnis der einen oder anderen historischen Fakten, interpretiert aus Sicht irgendeiner Ideologie, manchen Pseudohistoriker dazu, sich einen wie nach einem bestimmten Plan zielgerichteten Geschichtsverlauf vorzustellen und ein planvoll angesteuertes Ziel (griechisch τέλος) hineinzuinterpretieren. Wer an einen großen Geschichts-Steuermann glaubt, mag sich gern vorstellen, die Saurier seien ausgestorben, „damit“ wir Menschen entstehen konnten, der Vesuv sei ausgebrochen, „damit“ wir Pompeji heute in staunender Demut vor den Leistungen der Römer besichtigen können, oder Kolumbus habe Amerika entdeckt, „damit“ sich die Segnungen der Demokratie dort in so wunderbarer Weise entfalten konnten. Phantastische Teleologien dieser Art sagen allerdings nichts über die Geschichte aus, aber sehr viel über die Teleologen.

Mit der Kenntnis der Geschichte wachsen Staunen und Ehrfurcht vor ihren überragenden Persönlichkeiten, Verständnis für vergangene Epochen und Wertschätzung ihres materiellen und geistigen Erbes. Alles zu verstehen heißt zwar nicht alles zu verzeihen. Aber mit dem zeitlichen Abstand läßt die persönliche Betroffenheit nach. Das begreift vor allem, wer sich klar macht, daß oft an vergangenen Konflikten auf beiden Seiten persönliche Vorfahren teilgenommen haben. Wenn beide Großväter derselben Person etwa in der Weimarer Zeit auf gegensätzlichen Seiten gestanden haben, also Nationalsozialist der eine, Kommunist der andere, wird ihr Enkel bei echtem historischen Verständnis die tiefe Tragik jener Zeit und zugleich der eigenen Existenz empfinden, welche er doch den Ereignissen jener Zeit verdankt.

„Die Wirklichkeit kennt nur Ereignisse und nicht deren normativ inspirierte Beurteilungen. Wirklich sind nur die Existenzen, die solche Beurteilungen unternehmen, sowie die Folgen ihres Handelns, das solche Beurteilungen in Bewegung setzen.“[42] So besitzt das rechte Weltbild eine weite und verständnisvolle Perspektive auf unsere Vergangenheit. Weil es nicht moralisiert, schwingt es sich nicht zum Richter über sie auf. Die Geschichte ist kein Weltgericht. So erscheint es nur aus Sicht moralisierender Arroganz oder mancher metaphysischer Geschichtsbilder. Alles „moralisch-normativistisch inspirierte Philosophieren und konsequente historische Betrachtung sind daher Erzfeinde und müssen es bleiben“[43]

Vergleichendes Denken

Rechte gehen von der „elementaren, durch nichts wegzuinterpretierenden Tatsache der historisch überlieferten Vielfalt aus.“[44] Freiheit gebiert immer Vielfalt. Von ihrer geistigen Freiheit haben Menschen schon immer gern Gebrauch gemacht und sich passende Götter und ihre angeblichen Gebote oder ein „Naturrecht“ ausgedacht, um innergesellschaftliche Ansprüche auf Gehorsam wirksamer durchzusetzen.

Darum gab und gibt es ja so viele ganz unterschiedliche Kulturen mit gänzlich verschiedenen Normen, die für sich aber oft absolute Geltung beansprucht haben. Rituelle Menschenopfer, Kannibalismus, Kreuzigungen und Verbrennungen für einen einzig wahren Gott gehörten ebenso zum Repertoire menschlicher Ideenvielfalt wie die fixen Ideen rassischer Höherwertigkeit oder „menschlicher Gleichheit“: Gegen die versündigt man sich, wenn man ihr die empirische Ungleichheit entgegenhält. Alle Menschen seien gleich geboren, ist

42 Kondylis (1991), S.288.

43 Kondylis (1984), S.39.

44 Kondylis (1984), S.39.

aus Sicht des Verhaltensforschers und Nobelpreisträgers Konrad Lorenz „zur Religion geworden."[45]

Weil die Welt aber nun einmal so ist und die Menschen sind, wie sie immer waren, kann man das nur fasziniert oder gelegentlich auch gruselnd zur Kenntnis nehmen. Unterschiedliche Ideen, Werte und Normen gehören zum Menschen, weil wir von Natur aus Kulturwesen sind[46] und uns immer wieder aufs neue gern ideologisch aufmunitionieren.

Die Zuschauerrolle in diesem ewigen Schauspiel kann höchst amüsant sein. Den Schiedsrichter spielen zu wollen, ist dagegen müßig. Schon Herodot war als Reisender fasziniert von der Vielfalt kultureller Besonderheiten. Auch Montaigne schrieb sich geradezu die Finger wund, indem er dem christlichen Abendland noch die entlegensten und abseitigsten Kulte und Bräuche vor Augen führte. Er schlußfolgerte daraus, daß es keine allgemeinmenschliche Kultur gibt und daß alle relativ gleichwertig sind. Für Montaigne beruhen alle Kulturen, Werte, Gesetze, Staatsformen[47] nur auf verschiedener Mode.[48]

Indem Montaigne sich mit Vergnügen die Vielfalt kultureller Möglichkeiten auf der Zunge zergehen ließ, richtete sich die Spitze seiner Argumente unausgesprochen gegen die Konfessionskämpfe im Frankreich des 16. Jahrhunderts und ihre mörderischen Auswirkungen. Er relativierte die Absolutheitsansprüche der Fanatiker ebenso, wie Skeptizismus auch heute eine Abwehrwaffe geistig freiheitsliebender Menschen ist, die sich einer ideologischen Konformität verweigern. Jede Macht, die andere beherrschen will, sucht ihre Kultur und Ideologie als allgemeinverbindlich hinzustellen, als absolut und universell. Vor ihrem Absolutheitsanspruch gelten „Relativierer" als Abtrünnige. „Wer nicht zu den ‚Glaubigen' gehört, wer nicht bereit ist, sich in der Hingabe an das gemeinsame Heil unter Rückstellung

45 Lorenz (1973), S.56.

46 Gehlen, S.9.

47 Montaigne, II 17, S.326; III 9 S.481.

48 Kondylis (1981 / 1986), S.137 ff., 140, Montaigne z.B. II 12, S.285 ff., 287.

aller anderen Lebensbezüge einzufügen, ist in einem metaphysischen Sinne ,un-gleich', er ist, je nachdem wie man die Gemeinschaft der Glaubigen bestimmt, ,Ungläubiger', ,Heide', ,Ketzer', aber auch ,in einer Irrlehre Befangener', z.B. ,Reaktionär', ,Imperialist', einer, der sich aus der ,Volksgemeinschaft' ausschließt usw., und wenn man die Glaubensgenossenschaft als ,Humanitat', als ,die Menschen schlechthin', definiert, ist er ,Un-Mensch', ein Feind des Menschengeschlechts."[49]

Die solchen Machtgelüsten entgehen wollen, verweisen darauf, daß vieles Menschliche relativ, nämlich zeit- und kulturabhängig ist. In der gegenwärtigen Lage unseres Kulturkampf sind das die Rechten. Sie erkennen mit Oswald Spengler: „Das ist es, was dem abendländischen Denker fehlt und gerade ihm nicht fehlen sollte: die Einsicht in den historisch-relativen Charakter seiner Ergebnisse, die selbst Ausdruck eines einzelnen und nur dieses einen Daseins sind, das Wissen um die notwendigen Grenzen ihrer Gültigkeit, die Überzeugung, daß seine ,unumstößlichen Wahrheiten' und ,ewigen Einsichten' eben nur für ihn wahr und in seinem Weltaspekt ewig sind und daß es Pflicht ist, darüber hinaus nach denen zu suchen, die der Mensch anderer Kulturen mit derselben Gewißheit aus sich heraus entwickelt hat."[50]

---

49 Schelsky (1975), S.46.

50 Spengler, S.57.

Kohärentes oder polyideologisches Denken?

Das kohärente Weltbild

Jede persönliche Identität formt sich anhand eines individuellen Weltbildes. Ohne geordnete Welt gibt es keine Identität.[51] Bereits das Kleinkind beginnt mit dem Ordnen, wenn es lernt, zwischen sich selbst und seiner Umwelt zu unterscheiden. Von Anfang an wird die Person mit Erscheinungen ihrer Außenwelt konfrontiert und muß diese verstehen und in Bezug auf sich selbst einordnen. So kann sie ein schlüssiges, geordnetes Weltbild aufbauen. In seinem Rahmen findet man seine Identität und bewertet alles Umgebende als für seine Selbsterhaltung gut, schlecht oder gleichgültig. Jeder Mensch „bedarf normativer Lebensziele und Handlungsregeln, er bedarf des Selbstverständnisses und der Selbstbestätigung, d. h., das geistige und gefühlsgesteuerte Antriebsgefüge des Menschen muß auf eben die Welt ausgerichtet und ihr angepaßt werden, in der er zu leben gezwungen ist."[52]

Durch eigene Interpretation und Bewertung verschiedener Dinge und Personen eignet sich das Kind ein bescheidenes Proto-Weltbild an. In dessen Rahmen hat alles seinen geordneten Platz. Diese Ordnung bildet einen untrennbaren Teil des Ichs. Sie sagt, was gilt, was geschehen soll und was nicht. Durch dieses Wollen artikuliert sich ein Machtanspruch: Schon das Kind bemächtigt sich seiner Umwelt, indem es sie deutet und beeinflussen möchte. Dieser „Machtanspruch zerhaut den gordischen Knoten der chaotischen Vorwelt, um an deren Stelle eine organisierte Welt zu setzen, die seinen eigenen Wünschen Rechnung trägt. Entwerfen des Weltbildes auf der Grundlage der eigenen Machtansprüche heißt aber ebensoviel wie Entwerfen desselben im Hinblick auf das, was den eigenen Machtansprüchen

---

51 Kondylis (1984), S.17.

52 Schelsky (1975), S.120.

im Wege steht – nämlich mit Rücksicht auf einen aktuellen oder potentiellen Feind.“[53]

Jede Entscheidung für ein konkretes Weltbild erhebt in der Sache einen Machtanspruch, wie die Welt gefälligst zu funktionieren habe. Insofern bildet sich jedes Weltbild auch in Hinblick auf ganz weltliche Gegner heraus. Jeden Angriff auf eine Grundannahme des eigenen Weltbildes interpretieren viele Menschen als Angriff auf ihre Identität und wehren ihn empört ab. „Die existenzielle Intensität kann demnach auch bei der bloßen Verteidigung eines vorgegebenen Weltbildes einen Höhepunkt erreichen.“[54] Gelingt ein solcher Angriff aber, kann eine zynische oder gebrochene Persönlichkeit zurückbleiben: Wen man überzeugt, daß es seinen lieben Gott nicht gibt, der sucht sich lieber einen Ersatzgott, als mit seinem Glauben die eigene Identität aufzugeben. Er sucht sein geistig vorsortiertes, geordnetes Weltbild unbedingt aufrechtzuerhalten.

Wie die meisten menschlichen Weltbilder beruht auch das rechte auf einer inneren Ordnung, in der die einzelnen Elemente einander nicht widersprechen sollten. Andernfalls verleiht es keine überzeugende Orientierung. Diese benötigt das Individuum aber, um sich in einer ihm häufig widerstrebenden Welt durchzusetzen. Es muß schon einen beträchtlichen inneren Spagat schaffen, wer konträre Ideologeme in sein Weltbild aufnimmt. So besteht im Christentum ein offenkundiger Widerspruch zwischen dem Gebot, seinen Nächsten zu lieben, und der 1000 Jahre lang vorherrschenden Ansicht, Hexer und Ketzer müsse man verbrennen. Nur mit bemerkenswertem Scharfsinn ist es der theologischen Dogmatik gelungen, den Widerspruch scheinbar wegzuinterpretieren.

Wenn doch Gott alles geschaffen habe, allmächtig und darum für alles verantwortlich sei: Wie erklärt man sich dann die von Christen behauptete Existenz von Bösem in der Welt? Nur mit gewagten Konstruktionen hat die Kirche vermocht, diese Widersprüche scheinbar aufzulösen. In einem rechten Weltbild, wie es hier umrissen wird, gibt es solche inneren Widersprüchlichkeiten nicht. Seine innere

53 Kondylis (1984), S.35.

54 Kondylis (1984), S.28.

Kohärenz beruht vor allem darauf, daß es gänzlich auf einander widerstreitende „Prinzipien" verzichtet, die angeblich in einen „ewigen Kampf" miteinander verstrickt seien: das Gute gegen das Böse, die Freiheit gegen die Unfreiheit und dergleichen mehr.

Dem Vorwurf, die Behauptung eigener Ideologiefreiheit müsse selbst eine Ideologie enthalten, weisen Rechte für sich zurück. Sie haben kein geschlossenes Weltbild und keine starre Ideologie. Vor allem aber erfinden sie sich keine Götter, auf deren Gebote sie sich berufen, und unterliegen auch keinen naturrechtlichen Zirkelschlüssen. Die Naturrechtler hatten nämlich behauptet, in „der Natur des Menschen" lägen bereits moralische Eigenschaften verborgen, an die wir uns zu halten hätten, weil wir sie nun einmal verkörpern würden. Der Zirkel besteht darin, die angebliche Moral erst in „den Menschen" hineinzuinterpretieren, um ihn danach als Sollensvorschrift wieder hervorzuzaubern. Aus einem schlichten Sein kann aber logisch niemals ein moralisches Sollen folgen.

Die hier aufgezeigten proto-rechten Denkelemente zur Erklärung bestimmter Phänomene stimmen harmonisch miteinander überein. So gelangt folgerichtig zum Historismus, wer an absolute Geltungsansprüche irgendwelcher kulturellen Werte und Normen nicht glaubt, und wer umgekehrt einen werterelativistischen Standpunkt vertritt. Die Indifferenz gegenüber angeblich höheren Werten ist wiederum die konsequente Folge, wenn man aus den verzwickten Deutungen des sozialen Lebens alle metaphysischen, spiritistischen oder esoterischen Faktoren löscht. Das liegt umso näher, wenn man auch für die Erklärung der physischen Welt keine Urriesen, Heilsbringer, Schöpfer oder Uhrmacher bemüht, die das Ganze – für uns natürlich – geschaffen und so fein gefügt haben sollen.

Die skeptische Einstellung, ob es metaphysische Wesenheiten oder absolut geltende Normen gibt, muß folgerichtig alle existenten Normen auf einen persönlichen Urheber zurückführen. Normen sind Befehle, und ohne Befehlsgeber existieren sie nicht. Damit folgt der oben dargestellte Dezisionismus zwangsläufig aus der skeptischen, im Zweifel empirisch nachforschenden Grundhaltung. Aus radikaler Skepsis folgt notwendig normative Gleichgültigkeit und wertfreie

Betrachtung.[55] Erst diese wertfreie Betrachtung ermöglicht es rechtem Denken, seine Umwelt anhand seiner subjektiven Bedürfnisse und individuellen Interessen zu bewerten. Jede Bewertung ist eine Tätigkeit. Niemand kann Werte vorfinden, weil es außerhalb der bewertenden Person keine objektiven Werte gibt – nur abstrakte Vorstellungen, unter denen jeder verstehen kann, was er mag. Wer das verstanden hat, ist frei, nämlich frei zu eigener Sinnstiftung und Bewertung.

Genau diese Freiheit öffnet rechtem Denken erst den Freiraum, anhand eigener emotionaler und rationaler Bedürfnisse und ohne Gewissensbisse die eigenen, höchstpersönlichen Werte für sich selbst zu setzen. Es wäre ein intellektualistischer Trugschluß, Rechte seien Nihilisten in dem Sinne, daß sie keinen Ideen, Idealen, Werten oder Normen folgen würden. Sie folgen durchaus, aber nur den eigenen. Sie können auch hoch moralisch handeln. Aber ihre Moral gehört nur ihnen allein. Sie können mit ihr anstellen, was immer sie wollen. Ein Rechter ist ein freies, ja geradezu „autonomes, übersittliches" Individuum,[56] stets imstande und bereit, sich seinen passenden Wertmaßstab selbst zu schaffen.

Ihren letzten Rückzugsort haben esoterische Hypothesen in pantheistischen und panpsychistischen Weltbildern. Die einen erklären den ganzen Kosmos in seiner Gesamtheit für göttlich und behaupten, weil dieses All-Göttliche moralisch sei, sollten auch Menschen moralisch handeln. Die andere Variante glaubt, alle Materie habe vom Urknall an zweckgerichtete Gebrauchsanweisungen enthalten, wie sie sich entfalten solle. Kraft einer geheimnisvollen Finalität sei das endliche Ziel, der intelligente Mensch, schon in der amorphen Masse der ersten Elemente und ihrer Teilchen enthalten gewesen. Ein solcher sogenannter Finalnexus ist aber falsch, wo es keinen Vorausplaner gibt und tatsächlich nur ein Kausalnexus zulässig wäre.

Der Grund für die Stimmigkeit des rechten Weltbildes liegt in einer bestimmten Denkstruktur und realistischen Grundannahmen. Sie entspricht dem Credo des abendländischen, forschenden, skeptischen

---

55 Kondylis (1984), S.10.

56 Nietzsche, Zur Genealogie der Moral, 2.Abhandlung, S.801.

Menschen, wie er in Europa seit Menschengedenken in Erscheinung tritt. Alte, weise Männer haben die Nebelschwaden von Mystizismus, Spiritualismus, Irrationalismus und Unwissenheit gelichtet.

Rechte Würze in fadem Eintopf

Aus linker Perspektive ist alles andere rechts. Wenn wir uns die politische Gedankenwelt vereinfachend als Spektrum vorstellen, nehmen rechte Elemente – von links betrachtet, langsam zu, bis sie ganz rechts in Reinform erscheinen.

Die Liberal-Konservativen

So weist sogenanntes liberal-konservatives Denken mehr rechte Elemente auf als linkes. Rechte Versatzstücke verbinden sich in ihm aber nicht zu einem kohärenten Weltbild. Liberal-Konservative sind Liberale, die den liberalen Status quo der alten Bundesrepublik konservieren möchten. Liberale teilen mit Rechten die Wertschätzung der individuellen Person, deren Tüchtigkeit belohnt werden mag. Staatliche Umverteilung und Gleichmacherei ist ihnen ein Greuel. Konservative Liberale entstammen zumeist bürgerlichen Verhältnissen und schätzen unsere hergebrachte Kultur und Bildung. Weil sie aber liberal sind, vermögen sie häufig weder die Kraft noch den Willen aufzubringen, beides gegen woken Linksextremismus, Gleichmacherei und die seit Jahren schleichende linke Kulturrevolution zu verteidigen. Das würde nämlich gegen liberale Grundpositionen verstoßen.

Wer nur festhalten will, was zufällig gerade da ist, kann durchaus ein Liberaler sein, der sich im Liberalismus wohlfühlt. Er kann aber kein Rechter sein. Ein starres Festhalten am Gegenwärtigen kritisierte Oliver Gorus in einem Kommentar zum Gründungsmanifest der Werte-Union: „Der nostalgische rote Faden des Festhaltens und Bewahrens von allen bestehenden Systemen zieht sich durch das ganze Programm. Festgehalten werden soll eben auch an der Parteiendemokratie, am Netzwerkdurchsetzungsgesetz und am Digital Services Act, am staatlichen Schulsystem, am Verfassungsschutz, an der Umverteilung und am Sozialstaat, am Euro und an der EZB, sogar die Einführung eines digitalen Euros wird lediglich skeptisch gesehen, nicht aber abgelehnt. Bewahrt werden sollen die progressive Einkommensteuer, die Staatsverschuldung, der Länderfinanzausgleich, die EU, das staatliche Schulsystem, die Uno, die Entwicklungshilfe, die Nato und die Wehrpflicht."[57]

Rechts ist aber ein Konservativer, der realistisch zum Bewußtsein seiner selbst gekommen ist. Dann hat er begriffen, daß Jahrzehnte des radikalen Neoliberalismus ihn in eine Epoche katapultiert haben, in der das Bewahrenswerte vernichtet wurde oder nicht mehr gilt. Im Liberalismus gilt in letzter Konsequenz nur das Geld. Sobald Liberal-Konservative bemerken, daß ihr Herz eigentlich nicht an der liberalen Auflösung alles Wertvollen in Beliebigkeit oder in bare Münze hängt, denken sie um. Der Liberalismus hat den linken Zeitgeist geheiratet und schützt uns nicht mehr vor Kulturkampf und Transformation in eine woke Regenbogenzukunft.

Die christlichen Konservativen

Auch das klassische katholische Denken weist rechte Elemente auf. Anders als die jetzt auf dem Stuhle Petri thronende franziskanische Tradition hatte es unverbrüchlich an seinen Konzepten festgehalten, daß Gott die Menschen als Mann und Weib erschaffen habe, daß des Kaisers sei, was des Kaisers ist und daß nichts gegen irdische Hierarchien spricht, zumal es im Himmel ja auch Hierarchien gebe. Trotz vieler Schnittmengen und im Ergebnis manchmal gleicher „rechter" Ansichten beruht dieses Christentum aber auf vollständig anderen Grundlagen als rechtes Gedankengut. Die Gegensätze übertreffen die Ergebnisübereinstimmungen bei weitem.

Auch wenn manche Christen sich heute als konservativ verstehen oder von links als Rechte wahrgenommen werden, ist es doch nur ihre traditionelle christliche Lebenswelt, die sie konservieren möchten. Wenn sie gegen Abtreibung eintreten, dann keineswegs aus „rechten" Motiven. Sie leiten es unmittelbar aus ihrer Bibel ab.

57 Oliver Gorus, 21.2.2024.

Damit sind sie zwar Gegner desselben linksliberalen Zeitgeistes wie auch Rechte es sind, insoweit können beide Verbündete sein. Trotzdem bleiben sie Gegner. Liest ein Rechter nur die Jesus zugeschriebene Bergpredigt, stehen ihm die Haare zu Berge, und er greift zur Beruhigung seiner Nerven zu Friedrich Nietzsche: „Das Christentum ist eine Todfeindschafts-Form gegen die Realität.“[58] Es kollidiert an allen Ecken und Enden mit rechten Grundpositionen, auch wenn es zuweilen übereinstimmende Schnittmengen gibt.

Auch wenn die Kirche als weltliche Institution und soziales Phänomen 1500 Jahre lang von hierarchischen Herrschaftsstrukturen geprägt war, bestand die im Neuen Testament überlieferte christliche Substanz in deren Gegenteil: einer tiefen Gleichheitssehnsucht. Gelegentlich nahmen soziale Bewegungen diese auf und rebellierten. Dolcinianer und andere Sekten wurden von der Kirche und den weltlichen Obrigkeiten schnell als brandgefährlich erkannt und mit Feuer und Schwert bekämpft. Im 19. Jahrhundert blieb die Einsicht dem Marxisten Kautsky überlassen: Wenn man von der urchristlichen Gleichheitssehnsucht das theologische Element wegnimmt, indem man auf eine Gottesperson verzichtet, gelangt man zu denselben Triebkräften wie die Sozialisten. Überspitzt vereinfacht ist Sozialismus eine Erlösungsreligion, ein Christentum minus Gott. In einer Epoche, die sich weitgehend von der Anbetung einer Gottperson abgewandt hatte und quasi den Menschen verherrlichte,[59] war das völlig konsequent.

Kautsky schrieb: „Dem Proletariat und den mit ihm Sympathisirenden konnte weder das römische Recht noch die klassische Literatur behagen. Was sie suchten, fanden sie in einem anderen Erzeugniß der römischen Gesellschaft, im Evangelium. Der Kommunismus des Urchristenthums entsprach völlig ihren Bedürfnissen. Noch waren die Grundlagen einer höheren kommunistischen Produktion nicht gegeben, noch konnte der Kommunismus nichts Anderes sein, als eine Art Ausgleichungskommunismus, als ein Theilen, ein Zutheilen des Ueberflusses der Reichen an die Armen, die des Nothwendigen

58 Nietzsche, Der Antichrist, 27 = S.36 der Goldmann-Ausgabe

59 Kunze (2022_2), Stirner, S.61 f., 192 f.

entbehrten."[60] Wir müssen dem hier nicht weiter im Detail nachgehen, doch wird in Abgrenzung zum rechten Weltbild eines sofort klar: Hier besteht ein antagonistischer Gegensatz zu allen Grundlagen rechten Denkens. Die katholischen deutschen Bischöfe unserer Tage haben dies klar erkannt, Gläubige, die sich für rechts halten, hingegen nicht.

Die Konservativen Revolutionäre

In ihrem Selbstverständnis rechts waren höchst unterschiedliche publizistische Strömungen der 1920er Jahre. Als einst noch alles Denkbare sagbar und erlaubt war, differenzierte sich die damalige intellektuelle Rechte stark aus. Für unsere Überlegungen ist sie aber nur eine Randnotiz. Dies ist kein Geschichtsbuch, sondern eine aktuelle Bestandsaufnahme. Zu so vielfältigen rechten Strömungen wie vor hundert Jahren könnte die heutige Rechte nicht mehr fähig sein, und viele damalige Positionen sind obsolet.

Nach der Machtergreifung der Nationalsozialisten verstummten die meisten Weimarer Rechten. Die damalige rechte Intelligenz[61] wurde 1933-45 systematisch unterdrückt, verhaftet, gleichgeschaltet oder zur Emigration gezwungen: Nationalrevolutionäre, Deutschnationale und Jungkonservative, Völkische und Bündische.[62] Ernst Jünger äußerte sich nur noch kryptisch.[63] Er hatte zu den genuin rechten Denkern seiner Zeit gehört. Carl Schmitt hatte zunächst versucht, den Führerstaat zu einem Gesetzesstaat umzudeuten, in dem nur eben „der Führer" letzte Rechtsinstanz ist. Da die Nationalsozialisten aber gerade keinen Rechtsstaat wünschten, wurde Carl Schmitt bald kaltgestellt. Oswald Spengler durchschaute die totalitäre Geistesverwandtschaft zwischen Kommunismus und Nationalsozialis-

60 Kautsky (1895), S.172.

61 Im einzelnen: Mohler, 1989_2.

62 Im einzelnen: Wolfschlag 1995.

63 Beispielhaft Ernst Jünger, Auf den Marmorklippen, 1939.

mus. Dieser war ein polyideologisches Gebilde und hatte auch rechte Versatzstücke in sich aufgenommen.[64]

Die Nationalsozialisten

Herfried Münkler wies 1988 „die Fiktion einer unverwechselbaren und eindeutigen Ideologie des Nationalsozialismus" zurück, weil dieser „nicht nur in seiner Herrschaftsstruktur polykratisch, sondern auch in seinen Visionen und Rechtfertigungen polyideologisch gewesen ist."[65] Hitler selbst verstand sich „weder als Politiker der Rechten noch der Linken."[66] Die Strukturähnlichkeiten zwischen seiner Ideologie und dem gleichzeitigen Stalinismus überwogen bei weitem die wenigen, wie auf ein Kostüm aufgeklebten rechts wirkenden Versatzstücke. Die fast identische Herrschaftsstruktur mit Einparteiensystem, faktischer Einmanndiktatur mit Willkürherrschaft, Massenorganisationen kollektivistische Gleichschaltung und innere Homogenisierung führte zur Totalitarismustheorie,[67] die diese Herrschaftsform als eigenständig begreift. Homogenisierung hieß hier Ausmerzung angeblicher rassischer Minderheiten, dort Ausmerzung der Klassenfeinde. Josef Goebbels tönte sogar: Der Idee der NSdAP entsprechend sind *wir* die deutsche Linke! Nichts ist uns verhaßter als der rechtsstehende nationale Besitzbürgerblock."[68]

Der Nationalsozialismus war strukturell ein diktatorischer, sozialistischer Kollektivismus und inhaltlich ein polyideologischer Flickenteppich. In seinen letzten Jahren tendierte er immer deutlicher weg von einem traditionellen Verständnis deutscher Kultur, das auch Rechte haben, hin zu einem pangermanischen, eine angebliche Rasse betonenden Kollektivismus, der blonde Niederländer, Dänen oder Norweger gern einschloß, schwarzhaarige oder gar „nicht arische"

64 Mohler 1989_1, S.75. Wolfschlag S.13,

65 Zitiert nach Mohler (1989_1), S.75.

66 Zitelmann, 1989, S.27.

67 In der Sache schon 1957 bei Hofer S.365.

68 Josef Goebbels 6.12.1931 in der Zeitschrift „Der Angriff", Gauzeitung der Berliner NSDAP.

Deutsche aber nicht. Die personelle Zusammensetzung der Waffen-SS in den letzten Kriegsjahren und ihre spezifische Ideologie verdeutlichen, daß er hier nicht mehr um Deutschland und das deutsche Volk ging, sondern um eine rassische Utopie auf europäischer Ebene.

Polyideologische Gebilde gibt es auch heute immer mehr. Stringentes, in sich widerspruchsfreies Denken war schon immer eine intellektuell anspruchsvolle Aufgabe. Der Nationalsozialismus hatte sich viele inhaltliche Positionen von rechts und links angeeignet, es aber nicht vermocht, diese zu einem kohärenten, in sich widerspruchsfreien Weltbild zu verbinden. Diesen Ehrgeiz hatte sein Führer wohl auch gar nicht. Hitler verabscheute die Intellektuellen,[69] und bei Stalin saßen sie in sibirischen Arbeitslagern, froren und hungerten sich tot. Wenn wir die Bedeutung der strukturellen Gemeinsamkeiten beider Herrschaftssysteme vergleichen und ihnen die inhaltlichen Unterschiede gegenüberstellen, überwiegt die strukturelle Gleichheit ihres Denkens und erweist beide als Ausprägungen eines kollektivistischen Sozialismus mit metaphysischer Letztrechtfertigung. Beide verhalten sich geradezu antipodisch zu rechtem Denken.

Polyideologen

Derzeitige Politiker bekommen oft kein Buch oder gar eine Doktorarbeit in geistiger Eigenarbeit hin, wenn sie denn überhaupt einen Bildungsabschluß aufweisen. Die Medienschickeria ist nichts weniger als intellektuell, während das Bildungsniveau unserer nachfolgenden Generationen fortwährend absinkt. Und wenn diese Funktionseliten vorwiegend Phrasen und Seifenblasen absondern, wer mag da vom Wahlvolk noch die intellektuelle Kompetenz erwarten, innere Widersprüchlichkeiten ihres Weltbildes zu bemerken?

Erhellender als die Suche nach inhaltlichen Einzelelementen in verschiedenen Weltanschauungen ist die Frage, welche Merkmale

69 „Ich will keine intellektuelle Erziehung. Mit Wissen verderbe ich mir die Jugend.“ Zitat: Hofer S.88, Hermann Rauschning, Gespräche mit Hitler, Zürich 1940, S.237.

ihres Denkstiles sie unterscheiden oder verbinden. In einem Ritterturnier ähneln sich zwei gegeneinander Anreitende strukturell vollständig, auch wenn der blaue Ritter sich vom roten in der Schildfarbe unterscheidet. Fußball-Ultras mögen untereinander verfeindet sein: die Grün-Weißen meinetwegen gegen die Schwarz-Blauen. Strukturell sind sie aber Brüder im Geiste und nur in einer Äußerlichkeit verschieden. Für welchen regionalen Club sie jeweils schwärmen, darüber mag ein Außenstehender nur milde lächeln. Nicht der Denkinhalt begründet die ausschlaggebende Ähnlichkeit, sondern die Denkstruktur.

Selbstwahrnehmung und Fremdwahrnehmung

Unmaßgeblich für unsere Analyse ist, wie einzelne Akteure oder Gruppen sich selbst auf einer Rechts-Links-Skala einordnen und wie sie von dritter Seite wahrgenommen werden. Vor allem ist die Sichtweise ihrer jeweiligen Gegner irrelevant. Sie wird allzusehr von polemischen Bedürfnissen geprägt, um auch nur halbwegs objektiv und brauchbar sein zu können.

So liegt nach den historischen Erfahrungen von 1933-1945 auf der Hand, daß sich alle relevanten politischen Kräfte möglichst weit von der NSdAP weg positionieren wollten. Über Nacht verwandelte Deutschland sich von einem Land der Mitläufer in eines ehemaliger Widerstandskämpfer. Ein harter Kern tatsächlicher Nationalsozialisten fand sich in der Sozialistischen (!) Reichspartei zusammen und wurde 1953 verboten. Aus naheliegenden Gründen wollten vor allem linke Sozialisten und Kommunisten mit größtmöglichem Abstand von ihren national-sozialistischen Genossen, bis 1945 „Volksgenossen", wahrgenommen werden. Zu offenkundig war ihre strukturelle, totalitäre Wesensverwandtschaft mit dem Nationalsozialismus, so daß allein schon dieser Begriff bei ihnen heftige Abwehrreflexe auslöste. Einer Stalin'schen Sprachregelung zufolge sollten sie nur „Faschisten" genannt werden, obwohl diese eine historisch und ideologisch klar abgrenzbare eigene Partei in Italien gebildet hatten.

Aber auch auf Selbstwahrnehmung darf eine objektive Analyse nicht unbedingt setzen. Diese wird nämlich stark beeinflußt durch das tägliche Erleben, was andere über einen denken: Freunde, Familie oder Medien. Wer anhaltend in einem linksdralligen sozialen Umfeld lebt und sich darum selbst als rechts von diesem stehend wahrnimmt, muß das nicht objektiv oder absolut sein. Er steht dann eben nur relativ rechts von den Linken, ohne aber tatsächlich strukturell oder inhaltlich rechts zu denken. Das dürfte vor allem für viele strenggläubige „rechte" Christen und für Bürgerlich-Liberale gelten, wenn sie in tiefstem Herzen fromm oder liberal sind.

Die Metaphysiker

Innerhalb des rechten Denkspektrums wie auch in anderen gibt es die gleiche tiefe Kluft. Den Beteiligten ist sie meistens nicht bewußt. Auf der einen Seite stehen die Aufgeklärten, auf der anderen die an Übersinnliches Glaubenden. Wir haben die erkenntnistheoretischen und philosophischen Grundbausteine rechten Denkens kennengelernt: unabhängiges, ergebnisoffenes, naturwissenschaftliches Denken, Freiheitsdrang und Selbstbestimmung gehören strukturell immer dazu. Inhaltlich richtet sich das Denken eines Rechten gewöhnlich auf Objekte, die er tief ins Herz geschlossen hat. Er teilt seine Liebe mit anderen, die sich demselben verschworen haben, aber in einer philosophisch fundamental anderen Weise.

Liebhaber des Übersinnlichen dagegen können sich nicht damit begnügen, was sie wissen. Sie müssen daran glauben, daß „es da noch mehr" gibt. Statt ihrem persönlichen Leben durch freie Entscheidung einen Sinn zu geben, erfinden sie sich einen transzendenten großen Sinnstifter, der das schon ewig für sie erledigt habe. Da ihn noch niemand angetroffen hat, muß er wohl als Geist in einem jenseitigen Himmel wohnen oder sich jedenfalls in jedem materiellen Fragment unserer Welt sinnstiftend verstecken. Es trügen demnach alle Elementarteilchen eine heimliche Aufgabenzuweisung in sich: „Seid fruchtbar und mehret euch!", könnte ein solcher Befehl nach hebräischem Glauben gelautet haben. „Der Stärkste soll siegen!“, würde ein anderer formulieren, denn „die Natur“ befehle das – gesetzlich!

Wer mit dem realen „Diesseits“ nicht auskommt, erfindet sich Götter, die genau das gebieten, was ihr menschlicher Erfinder gern hätte. Eine unpersönliche „Natur“ erfüllt dieselben Wünsche: Man kann zum Beispiel „der menschlichen Natur“ zuschreiben, was immer beliebt, um alles normativ zu rechtfertigen, was man ohnehin gern möchte. In den esoterischen Kreisen des rechten Narrensaumes dürfen auch Geister nicht fehlen: Im Anschluß an Hegels „Weltgeist“ erfindet man dann einen übersinnlichen deutschen Volksgeist. So war es nur noch ein kleiner gedanklicher Fehltritt, diesem einen „Ungeist“ zur Seite zu stellen, was Nationalsozialisten gern aufnahmen und sofort zu wissen meinten, in welchen Leuten dieser Ungeist sich besonders manifestiere.[70]

Für einen realistisch denkenden Rechten ist solche Metaphysik gruselig, ebenso abstrus wie jene Metaphysik, mit der man uns seit Jahrzehnten in „besonderer Verantwortung“ halten will, nachdem man den Ungeist jetzt uns überstülpte mit bezeichnenden Wendungen wie der von unserer „unseligen“ Vergangenheit. Wer mit solchen Worten schwurbelt, denkt strukturell genauso wie vor hundert Jahren manche Völkische, die an einem „deutschen Wesen“ gern die „Welt genesen“ lassen wollten.

Die Aufklärung geschah in einem über ein halbes Jahrtausend anhaltenden Prozeß. Bevor der letzte greise Metaphysiker ausgestorben sein wird, kann noch viel Zeit vergehen. Strukturell metaphysisches Denken steckt auch in linken, selbst in liberalen Klassikern. Hinterfragt man es aber bei einem einzelnen heutigen Linken, Liberalen oder Rechten, kommt hinter ihm meist kein echter Glaube mehr zum Vorschein. Die Gefragten reproduzieren dann Phrasen, ideologische Versatzstücke oder Redewendungen. Wer bei einem Malheur „Ach du lieber Gott!“ ausruft, muß kein Glaubender sein. Ein gläubiges, metaphysisches Weltbild verträgt sich nicht mit heutigem rechten Denken. Es stünde im Widerspruch zu den hier erörterten philosophischen und naturwissenschaftlichen Grundlagen.

---

70 Vgl. WOLFSCHLAG S.110.

Das schließt nicht aus, metaphysische Topoi zu verwenden, ja geradezu zu mißbrauchen, sie also rein zweckorientiert auszunutzen. Viele Menschen haben ein unstillbares Bedürfnis nach „Höherem“, das über ihre sonst als sinnlos empfundene Existenz hinausweist. Seit Papst Urban II. am 27. November 1095 mit den Worten: „Gott will es“ zum Kreuzzug aufrief, wehen metaphysische Fahnen über allen Gefolgschaften, in die sich Gläubige gefälligst einzureihen haben. Ihre Führer können, müssen aber nicht selbst glauben, sie müssen nur für gläubig gehalten werden.[71]

Wo Menschen einen Glauben nötig haben, sind die Priester nicht weit, die Sinnverkünder, die Heilspender und die Seelentröster. Ihnen folgen auf dem Fuß die Meßdiener mit den Klingelbeuteln, die Dogmatiker und Inquisitoren. Der Soziologe Schelsky bezeichnete ihre heutigen Vertreter als Priesterkaste einer neuen Sozialreligion. „In der Tat drängen sich Begriffe der längst überholt geglaubten ‚Metaphysik‘ als einzig angemessene Formen ihres Verständnisses auf. Daß es sich dabei um eine andere Religiosität handelt als um den christlichen Heilsglauben ist deutlich, ja, diese neue Religiosität ist nur zu verstehen als die Dauerhaftigkeit religiöser Grundbedürfnisse, nachdem das Scheidewasser der Aufklarung und Säkularisation die spezifisch christlichen Glaubensinhalte von diesem religiösen Heilsbedürfnis ersetzt und abgespalten hat.“[72] – Typischerweise wurde Schelsky prompt von den Hohepriestern der neuen Sozialreligion als reaktionär, konservativ oder rechtsextremistisch beschimpft.[73] Es spricht für die Richtigkeit unserer Analyse, realistisches statt quasireligiöses Denken sei ein wesentliches Merkmal rechten Denkens, daß Schelsky bereits in den Jahren nach der linken Studentenrevolte 1968 von den Linken als „rechts“ eingeordnet wurde.

Damit wird überdeutlich, daß keiner der modernen Metaphysiker, keiner der alten oder neuen Heilsbringer, mit Rechten in einem weltanschaulichen Boot sitzt. Wie sich im Mittelalter die Scholastik gegen weltlich argumentierende Denker wandte und erst durch die

---

71 Vgl. Machiavelli, Der Fürst, XVIII.

72 Schelsky (1975), S.35.

73 Schelsky (1978), S.9.

beginnende Aufklärung zurückgedrängt wurde, benutzen alle religiösen und quasireligiösen Heilsbringer Metaphysik, welche dies inhaltlich auch immer sein mag. Rechtes Denken wehrt christliches Moralisieren genauso ab wie die modische Anbetung „des Menschen“ als Gottersatz[74] und das Moralduseln oder die Minderheitenschwärmerei der neuen Sozialreligion. Gegnerisch sind aber auch die mit beschwörender Miene vorgetragenen Versuche, ein normatives Sollen aus einer angeblichen Natur des Menschen hervorzuzaubern: Der Starke herrsche in der Welt über den Schwachen, also *solle* das so sein.

Viele ideologische Nischenexistenzen pflegen nämlich zutiefst metaphysische Glaubenslehren und halten sich dabei selbst für rechts. Dadurch setzen sie sich nicht nur in unüberbrückbaren Widerspruch zu allen oben erörterten Grundlagen rechten Denkens, sondern machen sich damit höchst angreifbar. Obwohl wir alles kollektivistische Denken verworfen und in den Orkus verbannt haben, spaziert es in den Augen mancher Autoren unter metaphysischen Fanfaren zur publizistischen Hintertür wieder herein und beruft sich dabei auf unser aller geliebtes Deutschland: „Die Kulturen sind wirklich die Seelen der Völker, ihr ursprünglicher Anteil, ihr längstes Gedächtnis, der stärkste Beweis für ihr unterschiedliches Genie, die beste Gewähr für ihren Fortbestand, ihr Werden, ihre Fähigkeit, die Geschichte fortzusetzen.“[75]

Faktisch richtige Beobachtungen sind hier mit metaphysischen Deutungen und Seelenglauben so unentwirrbar verwoben, daß die Linke Julia Rosenstock neben ähnlichen Beispielen resümieren kann: „Letztlich entwirft rechtsradikales Denken somit eine kulturell ausformulierte Teleologie des Lebens, in welcher der Einzelne in seiner Doppelung als Sein und Aufgabe stets an das ihm seinshaft Gegebene gebunden bleibt.“[76] In der Tat sind es die metaphysischen und darum normativen Argumente, die hier auf ein gefährliches Glatteis

74 Kunze 2022_2, Stirner S.61 f., 192 f.

75 Pierre Krebs, Das Thule-Seminar (1994), hier zitiert nach Rosenstock (2015) S.149.

76 Rosenstock S.154.

führen: Wer an ein festgelegtes Schicksal glaubt und seine Existenz (teleologisch) auf einen von vornherein feststehenden Zweck gründet, verzapft nicht nur philosophischen Unsinn. Er vernichtet auch die Grundlagen seiner eigenen Freiheit und opfert diese auf dem Altar eines völkisch gedachten Kollektivs, das nur in seiner Vorstellung existiert.

Solche Begründungsversuche unserer berechtigten Vaterlandsliebe führen nicht nur in eine metaphysische Irre, sie lassen ihre Vertreter auch geradewegs ins offene Messer staatlichere Repression laufen. Denn wer unser Volk im metaphysischen Sinne als Volksgemeinschafts-Kollektiv versteht, den qualifiziert die Rechtsprechung des Bundesverfassungsgerichts ohne Federlesen als Feind der freiheitlichen demokratischen Grundordnung ab.

Auf den Schultern geistiger Ahnen

Fundamentale Informationen über unsere Umwelt speichern Lebewesen in ihrem Genom ab. In den Flügeln der Vögel und Insekten steckt die „Information" darüber, daß es eine Atmosphäre gibt und daß man in dieser Lufthülle auf bestimmte Weise fliegen kann. Die komplexen menschlicher Leistungen sind dagegen nur durch kulturelle Weitergabe möglich. Kulturelle Tradition ersetzt die genetische und weist die erforderliche Flexibilität auf. Sie kann sich schnell an veränderte Umstände anpassen, bewahrt aber das Gedächtnis daran, was sich bewährt hat und immer gilt.

Die schriftliche Überlieferung bahnbrechender Gedanken und Einsichten ermöglicht uns, die Vordenker unseres eigenen freien Denkens auch namentlich zu würdigen. Die Geistesgeschichte ist wie ein gewaltiges Bauwerk, ähnlich einem gotischen Dom, an dem Generation um Generation Stein um Stein ihren Beitrag geleistet hat. Wenn wir unsere Belegstellen und Gewährsleute in den Rückblick nehmen, stehen wir auf den Schultern vieler scharfsinniger Männer, die aber alle ihrerseits wieder auf den Schultern noch älterer stehen. Einem anderen Gleichnis zufolge baute jeder große Denker in seiner Epoche einen Turm. Sie rufen sich über die Epochen und Zeiten hinweg von Turm zu Turm Erkenntnisse und Botschaften zu, aber auch Kritiken, Verrisse und Schmähreden. Einer von ihnen, Michel de Montaigne, lebte sogar tatsächlich inmitten unzähliger Bücher in einem solchen Turm. Wenn wir ihre Werke aufschlagen, sprechen sie uns persönlich an, sie wollen uns mitteilen, was immer gilt, wollen aufklären, überzeugen und mahnen. Wenn wir genau hinhören, vernehmen wir ihren Ruf als Aufruf zur Freiheit.

Geistig frei sein wollen viele Menschen aber gar nicht, sondern geborgen in einer sie ängstigenden Welt, die sie nicht verstehen. Sie suchen vergeblich nach einem universellen Sinn ihres Lebens und Sterbens. Wenn sie – natürlich – keinen finden, hören sie auf Priester, Heilsverkünder, Sinnstifter, Fernsehkommentatoren und andere Demagogen, falten die Hände und beginnen zu glauben. So verlieren sie ihre geistige Freiheit.

Homers Welt war noch erfüllt von kämpfenden und waltenden Göttern. Das magische Weltbild wimmelte von übersinnlichen Kräften und Geistwesen. Da ereignete sich in Milet ein geistiger Urknall: Der um 611 v.Chr. geborene Anaximandros erklärte, alles Geschehen, also der gesamte Weltprozeß, beruhe auf einer ihm innewohnenden Gesetzlichkeit. Diese nennen wir heute Naturgesetz. Anaximandros erklärte es, ohne auch nur die Spur eines „Jenseits" oder einer Geisterwelt zu benötigen. Alles Geschehen beruhe auf Bewegung, die niemals aufhöre, und der Mensch sei ursprünglich aus andersartigen Lebewesen entstanden, dem Fische ähnlich.[77] Ich muß hier niemanden mit der Nase hineinstoßen, wen Anaximandros damit vorwegnahm.

Wer einmal selbständig zu denken begonnen hat, dem wird es zur Angewohnheit, die er nicht mehr aufgeben kann. Anaximandros Lehren wurden nicht vergessen. Xenophanes von Kolophons „weitreichende Völkerkunde hatte ihm bereits offenbart, daß die Götter eines Volkes nur das Spiegelbild von dessen eigenem Wesen sind, und kühn zieht er hieraus den Schluß, daß die Gottesanschauungen der Völker nur anthropomorphe Gebilde ihrer mehr oder weniger

---

77 Überliefert von PSEUDOPLUTARCH und HIPPOLYTOS, zitiert nach CAPELLE S.87.

kindlichen Phantasie sind,“[78] „Und da beten sie“, seufzte Heraklit, „zu diesen Götterbildern, gerade wie wenn sich jemand mit toten Steinwänden unterhalten wollte. Sie haben eben vom Wesen der Götter und Heroen keine Ahnung.“[79] Es hat viele, viele Jahrhunderte gedauert, bis diese Rufe wieder gehört wurden.

Der soziale Erfolg geistiger Durchbrüche und Spitzenleistungen hing in der Geistesgeschichte immer und hängt bis heute nicht von ihrer rein intellektuellen Überzeugungskraft ab, sondern von Antwort auf die Frage: Wer bürgt für Sitte, Anstand und Moral, wenn diese nicht göttlichen Ursprungs sind? Warum „darf“ nicht jeder ungehemmt jedes anderen „Menschen Wolf“ sein? Die frühen griechischen Aufklärer hatten ein gähnendes Loch ins Tempelheiligtum der griechischen Sakralwelt geschlagen. Bis zum heutigen Tage geht es Hohepriestern, Sinnstiftern, Propheten, ja der gesamten Theologie darum, dieses Loch zu flicken, einen Begründungszusammenhang zwischen den Menschen und absolut geltenden Regeln wieder herzustellen und die Menschen geistig-moralisch zu verpflichten. Die Masse ihrer Denkbemühungen übernahm die Philosophie. Sie wurde jahrhundertelang die „Magd der Theologie“ genannt. Den Mägde- und Knechte-Philosophen entgegen stemmten sich frei denkende Aufklärer. Wie in einer immerwährenden Schaukelbewegung wechselten Epochen vemehrter Aufklärung mit erneutem theologischen Dogmatismus ab.

Die in ihrer Art geniale, nur leider falsche, Schlüsselidee für alle kommenden Heilsbringer, Propheten und Theologen lieferte Platon. Er griff philosophisch um Jahrhunderte zurück: Im Mystizismus hatte man einst alles Irdische als von „jenseitigen“ Geistwesen „beseelt“ geglaubt. Anstelle dieser Seelenlehre setzt er seine Ideenlehre. Angebliche ewige, im Irgendwo herumgeisternde Ideen seien die Urbilder aller Dinge, sie seien ihr Ursprung, ihr Vorbild und damit viel realer als die handgreiflichen Dinge. Jede Idee beruhe ihrerseits auf noch höheren Ideen, und die höchte denkbare Idee und Inbegriff des Guten sei deshalb Gott. Begeistert griff das junge Christentum den

78 Capelle S.114.

79 Herakleitos von Ephesos, zit. nach Capelle S.137.

Platonismus auf und verband sich bis heute untrennbar mit ihm. So erfüllte es bald alle Anforderungen einer Herrschaftsideologie, denn das oberste Gute sprach nicht aus sich selbst. Es bedurfte eines obersten Sachwalters und Dieners auf Erden und bald auch einer Staatsmacht als weltlichen Arm.

Doch schon im Hochmittelalter untergruben manche Gelehrte das platonische Fundament der kirchlichen Scholastik. Wilhelm von Ockham fiel auf, daß man sich unzählige phantastische Wesenheiten vorstellen kann, die es aber keineswegs zwingend auch real geben muß. Das beeinträchtigte den Glauben an die reale Existenz aller hübschen Wortschöpfungen wie „die Gerechtigkeit“ oder „das Gute“, weshalb Ockham sich vor den Nachstellungen der päpstlichen Inquisition ins kaisertreue München in Sicherheit bringen mußte. Aber erst als fromme Flüchtlinge aus dem 1453 von Türken eroberten Konstantinopel in den Westen kamen und im Gepäck wertvolle vorchristliche Texte altgriechischer Autoren, begann eine Renaissance antiker Denkweisen und führte zu einem lawinenartigen Effekt.

Der Glaube wankte, während die Skepsis zunahm. Niccolo Machiavelli begriff bereits vollständig den Unterschied zwischen etwas als Wahrheit Verkündetem und der sozialen Herrschaftsfunktion der Verkündigung. Montaigne inspirierte sich durch umfassende Kenntnis griechischer und römischer Autoren, zweifelte an allem und jedem und argumentierte konsequent vergleichend kulturhistorisch. Er baute auf vergleichenden Berichten des Weltreisenden Herodot auf, relativierte alle Glaubenswahrheiten und Riten als modisch bedingt, „relativierte“ sie damit und wurde zum Vorläufer des Historismus und der vergleichenden Ethnologie.

Nachdem sich der 30jährige Krieg an Konfessionshaß entzündete und wegen weltlicher Machtgier nicht gelöscht werden konnte, suchte Thomas Hobbes jede neue Zündung zu verhindern. Er kannte die Schriften von Machiavelli und Montaigne und glaubte nicht mehr an ewige Wahrheiten. Gibt es keine ewigen Wahrheiten, muß man sich dafür auch nicht gegenseitig massakrieren. Aus der Gleichgültigkeit gegenüber theologischen Allmachtsansprüchen erwuchs die bleibende Erkenntnis: Was als wahr gilt, muß ganz einfach von jemandem entschieden werden, und das kann nur der Staat sein. Glauben kann ja immer noch jeder, was er will. Wichtiger als „höhere" Wahrheiten ist das nackte Überleben, ist der Frieden.

Hundert Jahre nach ihm argumentierte am Hofe Friedrichs des Großen der Franzose La Mettrie, der Mensch sei wie eine Maschine, und außer seiner Stofflichkeit gebe es da nichts.[80] Erschrocken von solchen Lehren suchten Obrigkeiten und Sinnstifter tief empört nach einer absolut geltenden Begründung für Sitte, Anstand und Moral. Mußte es nicht ins Chaos führen, wenn jeder macht, was immer er will? Weil man aber den Glauben an eine waltende und richtende Gottperson vielfach aufgegeben hatte und nur noch Theologen ernsthaft mit dem Seelenheil im Jenseits argumentierten, verlegten Naturrechtler ganz schlau Sitte und Moral vom transzendenten Jenseits in „den Menschen" hinein. Da waren sie als übersinnliche Befehlsprogramme gut aufgehoben, nämlich immanent in jedem enthalten. Die Naturrechtler betrachteten sie, dachten scharf nach und fanden, was sie so dringend benötigten: das Moralische im Menschen! Gott will, daß wir unserer moralischen Natur gehorchen! Also sollte gefälligst jeder auch wirklich „gut" sein, fügten sie ernst blickend hinzu, weil das einfach vernünftig sei. Wer sich keine Mühe gab oder dieses Moralische nicht in sich spürte, war – womöglich gar kein richtiger Mensch? Ein Unmensch?

Hohnlachend ob dieses Zirkelschlusses haute ein ungelernter philosophischer Banause allen Theologen, Moralisten und Metaphysikern ihre Lehren buchstäblich um die Ohren: Max Stirner hieß er mit Aliasnamen und führte die Aufklärung zu einem konsequenten Ende, indem er sämtliche Ideen von einem Jenseits, von Göttern, Seelen und immanenten Moralbefehlen verwarf. Er wurde zum geistigen Ahnherrn aller Autonomen, aller Anarchisten und auch aller, die mit seiner geistigen Hilfestellung irgendeine gegnerische Ideologie stören oder zerstören möchten. Für alle Heilsideologien ist er pures Gift. Dabei lebte Stirner privat als braver, unbescholtener Bürger. Er rief zu keinem Sollen auf, keinem Umsturz und keiner Revolution, sondern löste nur alle Knoten geistiger Unterdrückung.

---

80 La Mettrie, Der Mensch als Maschine, S.77; ders.: Über das Glück, S.12 f., 71.

Friedrich Nietzsche hatte ihn ebenso gelesen wie viele andere, nur als zitierfähig galt Stirner nicht. Er galt als potentieller Unterwühler von – der Leser weiß es schon: von Anstand und Moral. Nach dem Erscheinen von Nietzsches vernichtender Metaphysikkritik in „Jenseits von Gut und Böse“ sowie „Der Antichrist“ fragt man sich, wie Christentum und universalistische Moral überhaupt noch fortexistieren konnten. Immer mehr junge Leute nahmen beides nur noch mit Kopfschütteln zur Kenntnis. Viele Gebildete nahmen ihren Nietzsche im Tornister mit in die Stahlgewitter des ersten Weltkriegs. Die Bibel war weniger gefragt. Nachdem die Todesmutigen in zwei Weltkriegen in ihre Gräber gesunken waren, griffen die entmutigten Überlebenden erneut auf das tot geglaubte Naturrecht zurück und legten gleich in der Präambel des Grundgesetzes ein „Bekenntnis“ zu ihm ab.

Unterdessen hatte ein anderer Ast aus dem Baum der Aufklärung auf Machiavelli zurückgegriffen, und inspiriert von frühen französischen Soziologen wie Gustave le Bon und anderen interessierten sie sich für die soziale Funktion aller Moral als Herrschaftsideologie. Wie bereits Machiavelli, war für Max Weber kein Thema, ob es irgendeinen Gott oder eine allgemeinverbindliche Moral tatsächlich gibt. Er fragte nach den Bedingungen, unter denen Gottes- und Moralvorstellungen eine Herrschaft begründen und festigen. Auf seinen Schultern standen fast ein Jahrhundert später wieder Soziologen wie Helmut Schelsky und Arnold Gehlen sowie Philosophen wie Panajotis Kondylis. Sie zählen zur soziologischen und philosophischen Fraktion derer, die das staatliche Recht streng von der Moral unterschieden. Hans Kelsen war vor 1933 einer der Hauptvertreter des juristischen Teils dieser Phalanx gegen die Vormacht der Priester und Sinnstifter und Frontmann des Rechtspositivismus. Dieser besagt im Anschluß an Hobbes, daß unverbrüchlich als Gesetz gilt, was der staatliche Gesetzgeber als Gesetz erlassen hat. Kein Bürger darf seine Privatmoral dagegen geltend machen, sonst führte das geradewegs in den relgiösen Bürgerkrieg.

Ein Sollen kann immer nur aus einem erlassenen Gesetz abgeleitet werden, niemals aus der Behauptung allein, eine Regel gelte „von Natur aus“, folge also schlicht aus einem ein rein faktischen Sein.

Kondylis schrieb dazu: „Unter den heiklen Umständen der theoretischen Zersplitterung des Seins beim gleichzeitigen Festhalten an der Universalität des Sollens muß sich jener, der die Problematik von Sein und Sollen von neuem auf die Tagesordnung setzt, wie der bekannte Grobian vorkommen, der im Hause des Gehenkten vom Strick sprach. Es ist keineswegs vergessen worden, daß derartige epistemologische Überlegungen nicht nur auf dezisionistische Erklärungen der Natur und der Funktion von Werten und Normen hinausliefen (Max Weber ist das prominenteste Beispiel dafür), sondern auch vernichtende Kritiken des Naturrechts zeitigten (als Zeuge sei hier die grandiose wissenschaftliche Leistung von Hans Kelsen angeführt). Dic Antwort oder vielmehr die Reaktion auf solche Erinnerungen sind entweder das Verdrängen und Totschweigen der ganzen Fragestellung oder Widerlegungsversuche, die im Grunde nur anzeigen, wie sehr die Fähigkeit zum scharfen begrifflichen Denken eben unter der Preisgabe solcher Fragestellungen und solcher grundlegenden Denkübungen gelitten hat.“[81] Diese Zeilen belegen den engen und notwendigen Zusammenhang der Schlußfolgerungen in ganz unterschiedlichen Disziplinen, wenn man von denselben Denkgrundlagen ausgeht.

Sollensvorstellungen folgen aus Werten, die ihrerseits nur Vorstellungen sind. Sie können sich bis zu einer fanatisch moralisierenden „Tyrannei der Werte“ steigern, wenn man einen einzelnen Wert absolut setzt. Davor warnte der Philosoph Nicolai Hartmann[82] und inspirierte den Verhaltensforscher Konrad Lorenz zu tiefem Nachdenken. Dieser fragte dann wie bei jeder tierischen und menschlichen Eigenschaft: Wozu war es evolutionär zweckdienlich, daß Menschen bestimmte fundamentale Werte geradezu fühlen? Damit holte er unsere Wertvorstellungen endgültig aus des jenseitigen Gefilden des platonischen Ideenhimmels und untersuchte sie anthropologisch. Es versteht sich dabei von selbst, daß Lorenz sich gern auch auf Hartmann berief, Gehlen wiederum auf Lorenz und so fort. Vor allem aber hat Konrad Lorenz die Hartmann‘sche Kategorienlehre übernommen,

---

81 Kondylis (1996), S.40.

82 Hartmann (1926), S.576.

die uns hier noch beschäftigen wird, und seine klare Unterscheidung von Kausalnexus und Finalnexus.

Unverzichtbare Grundlagen, innergesellschaftliche Zusammenhänge zu verstehen und Instrumente wie Religionen und Ideologien als Waffen im Kampf um Herrschaft und Macht zu begreifen, lieferten seit Ende des 19. Jahrhunderts Soziologen wie Gustave Le Bon, Max Weber und seine Nachfolger wie Helmut Schelsky, Arnold Gehlen und Erwin Scheuch, den ich als Kölner Student noch selbst habe kennenlernen dürfen. Wir hatten gemeinsam in seinem Institut ein Flugblatt gegen „Vorlesungssprengungen" des MSB Spartakus verfaßt, unter denen er litt. Männer wie er haben sich keinem ideologischen Druck gebeugt. Mich erfüllt eine tiefe intellektuelle und emotionale Dankbarkeit und Verbundenheit mit allen alten Philosophen und Wissenschaftlern, von denen ich lernte, mein emotionales Freiheitsbedürfnis auch intellektuell zu unterfüttern. Ihr Denken lebt weiter.

Emotionale Grundlagen

Die emotionalen Grundlagen eines Menschen formen seine politischen Ansichten vor. Sie bilden sich schon in der Kindheit heraus, lange vor den ersten „politischen“ Gedanken. In ihrer ausgereiften Gestalt werden sie uns später als Werte und Normen des sozialen Miteinanders bewußt.

Rügt die Mutter ihren klebrigen Zweijährigen: „I, wie siehst du denn wieder aus?“, dann nimmt das Kind bereits kulturelle Maßstäbe in sich auf. Der Ekel der Mutter überträgt sich auf ihr Kind, das ihn empathisch nachempfindet. Wertbegriffe wie Sauberkeit und Ordnung werden so internalisiert, daß sie später zu Maßstäben und Prinzipien auch anderer Lebensbereiche werden. Man eignet sich die emotionalen Reaktionen auf bestimmte Sachverhalte an und bewahrt sie dann auf begrifflicher Ebene, um sie als kulturelle Tradition weiterzugeben.

Dabei sind Menschen durchaus in der Lage, mit ihren überlieferten kulturellen Werten zu brechen. Wenn sie es wollen, können sie alles über Bord werfen und im Rahmen einer Kulturrevolution Fettflecken an der Wand für Kunst erklären, Fleiß und Höflichkeit für bourgeoise Überflüssigkeiten, Lebensfreude für sinnlos oder Ordnung für nichts als ein repressives Herrschaftsmittel. Unser Bewußtsein und unsere Entscheidungsfähigkeit kann sich über alle kulturellen Vorprägungen hinwegsetzen. Meistens wollen wir das aber gar nicht.

Rechte und Linke empfinden allerdings oft Unterschiedliches: „In der politischen Analyse“, tadelt der Philosophieprofessor Philipp Hübl, „finden Erkenntnisse aus der Psychologie noch zu wenig Berücksichtigung. So zeigen unzählige Studien, daß Progressive (Linke und Liberale) und Konservativ-Rechte in ihren Ideologien oft weit auseinanderliegen, weil sie sich grundlegend in ihren Denkstilen und Emotionen unterscheiden. Das hat eine Gruppe um den amerikanischen Moralpsychologen Jonathan Haidt mit Hunderten von Versuchen an über hunderttausend Probanden weltweit gezeigt.“[83] Dabei erwiesen sich die Gefühle und die aus ihren resultierenden politi-

---

83 Hübl (2017).

schen Einstellungen als deutlich unterschiedlich zwischen Rechten oder Linken.

Reinheit

Besonders Linke sind empört, wenn Schwachen Leid widerfährt, weil sie ein starkes Fürsorgebedürfnis spüren, aber auch wenn Menschen unterdrückt werden oder wenn man sie ungerecht behandelt.

„Während diese Reaktionen bei Progressiven besonders stark ausfallen, sind sie bei Konservativen vergleichsweise schwach ausgeprägt. Stattdessen stehen bei ihnen drei weitere Prinzipien im Vordergrund, die besonders in nicht westlichen Kulturen Wertschätzung erhalten. Erstens: Loyalität. Da geht es um die Treue gegenüber dem eigenen Stamm: dem Volk, der Religion oder der Fußballmannschaft. Zugehörige Gefühle sind Vereins- oder Nationalstolz sowie die Verachtung für Fremde und Verräter“, führt Hübl weiter aus.[84]

Die entscheidende Differenz zur linken Gefühlswelt aber sieht Hübl im Gefühl für Reinheit, auf dessen Verletzung Konservative und Rechte mit Ekel reagieren. Darin liege ihre zentrale emotionale Reaktion, denn „der spielt den Studien gemäß für die Prinzipien Reinheit, Loyalität und für den Wert, der der Tradition zugemessen wird, eine entscheidende Rolle.“ Ekel habe sich stammesgeschichtlich herausgebildet als „Mechanismus, der uns vor Schadstoffen schützt: Wir ekeln uns vor Kadavern, Körperflüssigkeiten und verdorbenem Essen. Sie alle können gefährliche Keime übertragen.“

„Je konservativer jemand ist, desto wichtiger ist ihm das Prinzip Reinheit und desto ‚unnatürlicher‘ erscheinen ihm daher Abtreibung, Prostitution oder Homosexualität. Auch Loyalität hat eine Verbindung zum Ekel, was sich im Stammesverhalten und in der Scheu vor fremden Gruppen zeigt. In Vorzeiten brachten Immigranten Krankheiten und Parasiten mit sich, gegen die oft keine Resistenzen bestanden. Außerdem sehen Konservative in Gruppensymbolen wie dem christlichen Kreuz oder den Landesflaggen Objekte einer heiligen Reinheit und reagieren mit Verachtung, einer Mischung aus

84 Hübl (2017).

Zorn und Ekel, auf Schmähungen." Bei Progressiven hingegen sei die Neigung zum Ekel deutlich schwächer ausgeprägt: Sie benötigen dementsprechend weniger Struktur und Ordnung im Leben.

Neidlosigkeit

Unser Leben ist in hohem Maße von Konkurrenz geprägt: Jeder möchte haben und behalten, was jeweils auch immer. Es gibt in dieser Konkurrenzsituation zwei Verhaltensmuster, mit denen Menschen anderen begegnen: Wer etwas besitzt, will es behalten. Der andere aber neidet es ihm und will es ihm wegnehmen. Der Neid der Besitzlosen auf die Habenden hier, aber der Besitzerstolz und Selbstbehauptung dort sind mächtige emotionale Gegenpole, aus denen sich menschliches Verhalten speist.

Im sozialen Leben wäre es keine erfolgversprechende Strategie, einem Besitzendes etwas abzuverlangen, weil man es ihm schlicht neidet. Der Besitzer wiederum würde sich nicht bloß auf Sandkastenniveau verteidigen: „Das ist aber meines!" Statt dessen erfand unser Erfindungsreichtum eine Fülle von Werten, Normen, ja ganzen Religionen und Ideologien, die diese Gefühle als moralisch rechtfertigen und als ethisch wie rechtlich „geboten" institutionalisieren. Auf Neidgefühl lassen sich alle wohlklingenden Gerechtigkeitstheorien zurückführen, die eine „Verteilungsgerechtigkeit" proklamieren, auf das Behaltenwollen aber ihre Gegenthese der „Leistungsgerechtigkeit".

Der Philosophie sind diese Zusammenhänge klar: „Im Bereich des Politischen kommt den Gerechtigkeitsgefühlen eine bedeutende Rolle zu, aber auch der Angst und den feindseligen Gefühlen, in die sich Gerechtigkeitsgefühle leicht verwandeln können. Zu den Gerechtigkeitsgefühlen gehören u.a. Zorn, Empörung, Schuldgefühle und manche Formen von Scham, aber auch Sich-gedemütigt-fühlen, zu den feindseligen Gefühlen u.a. Mißgunst, Eifersucht, Wut, Haß und Verachtung."[85]

---

85 Landweer (2024), S.3.

Während es im vorchristlichen Altertum noch eher unideologisch zuging, brachte das Neue Testament eine entscheidende Wende: „Eher geht ein Kamel durch ein Nadelöhr, als daß ein Reicher in den Himmel kommt." Der soziale Erfolg des frühen Christentums beruhte auf der Idee einer radikalen „Verteilungsgerechtigkeit", in der jeder abgeben und im Idealfall das Gleiche haben sollte wie alle anderen. Ohne diese Grundidee hätten auch alle Ideologien keinen Erfolg gehabt, die „gleiche Lebensverhältnisse" als utopisches Ziel verkündeten und die gegen „die Reichen" polemisierten. Bekanntlich kulminierten diese emotionalen Forderungen in sozialistischen, kommunistischen, jedenfalls linken Theorien.

Ihnen entgegen standen im 19. Jahrhundert begreiflicherweise die Interessen derer, die etwas hatten und es nicht verlieren wollten: sozialen Status, Einkommen oder großen Besitz. So wurden Adlige, später Besitzbürger und Handwerksmeister die ersten „Rechten" der Geschichte. Weil sie es durch Erbe oder Tüchtigkeit gesellschaftlich „geschafft" hatten, fühlten sie sich stark, überlegen und tendenziell zur Führung der Schwächeren berufen. Auch „gegenwärtig spielen Über- und Unterlegenheitsgefühle eine wichtige Rolle im gesellschaftlichen Gefüge. Wie lassen sie sich genauer beschreiben? Das Gefühl der Überlegenheit [...] enthält einen straffenden Impuls, sich aufzurichten, bezeichnenderweise aus einer vorher leiblich eher zusammengesunkenen Position heraus. Der Verankerungspunkt dieses Gefühls ist eine Eigenschaft oder Handlung, mit der man sich vor anderen (oder einem oder einer bestimmten anderen) auszeichnet oder ausgezeichnet hat, sein Verdichtungsbereich ist die eigene Person, und zwar im strahlenden Licht dieser besonderen Eigenschaft oder Leistung. Das Gefühl beruht damit notwendigerweise auf einem Vergleich mit anderen, der zugunsten der eigenen Person ausfällt."[86]

Wer so fühlt, wird Unterlegenen keinen Haß entgegenbringen, aber durchaus Mitleid, vielleicht auch Verachtung. Rechte können Unterlegenheit aber auch mit einfacher Gleichgültigkeit oder Ignoranz quittieren. Um sich stark zu fühlen, brauchen sie keinen Schwachen als Maßstab. „Ein vitaler Stolz [kann] auch ohne sol-

86 Landweer (2024), S.7.

che Abwertungen auskommen. Dann handelt es sich um ein stabiles Selbstwertgefühl, das gar keine bestimmten Folgegefühle gegenüber Anderen nach sich zieht, weil es von ihnen nicht abhängig ist."[87] Es ist ein Grundgefühl politisch Rechter. Aus der Neidgesellschaft dagegen rekrutieren sich Linke.

Lebenswille

Eine emotionale Grundkonstante rechten Denkens ist der Wille. Aber nicht jede Willensanstrengung ist rechts. Mancher will seine Briefmarkensammlung unbedingt komplett haben, ein lebensmüder Schmerzpatient vielleicht sterben, oder ein Marxist will die Diktatur des Proletariats. Es ist ein ganz bestimmter, auf ein spezifisches Ziel gerichteter Wille, der den Rechten ausmacht: der Wille zur persönlichen und gemeinsamen Selbsterhaltung.

Dieses Gefühl, soviel versteht sich von selbst, hat seinen biologischen Grund im Selbsterhaltungstrieb. Es gibt aber viele Religionen und weltliche Ersatzideologien, die ihm keinen hohen Rang einräumen. Davon Beseelte glauben zuweilen, um eines „höheren" Zwecks zu leben.

Rechte relativieren den Wunsch zu leben aber nicht. Typischerweise beziehen ihn Rechte allerdings nicht nur auf sich persönlich, sondern erstrecken ihn auf die Ihren. Auch diese verteidigen sie mit demselben festen Willen und Mut wie ihre eigene Haut. Ihr Verstand flüstert ihnen zu, daß sie irgendwann sterben werden, aber ihr Empfinden tröstet damit, daß sie in ihren Kindern in gewisser Weise weiterleben. Auf Grundlage des naturwissenschaftlichen Weltbildes ist da etwas dran, wenn es auch nur ein Überleben auf genetischer Ebene ist. Weil man aber jeweils nur die Hälfte seiner Gene an einen Nachkommen weitergibt, spielt evolutionär sein Überleben als Teil einer Gruppe weitläufiger Verwandter eine Rolle, fachlich als Genpool bezeichnet. Der Biologe Adolf Heschl beschrieb die Fähigkeit, sich „physisch fortzupflanzen und somit eine Art von potentieller

87 Landweer (2024), S.10, Fn.15.

Unsterblichkeit zu erreichen“[88], der sich evolutionär weiterentwikkelnden genetisch verwandten Gruppe zu. Im Anschluß an Formulierungen Konrad Lorenz‘ sieht er diese als „lebendes System“, das „über Raum und Zeit seine individuelle Identität erhält und im Rahmen der Evolution sogar eine rekonstruierbare „Lebensgeschichte“ aufweist.

Zum „genetischen Überleben“ treten mit Denken und Erinnern wichtige kulturelle Überlebensstrategien: Für Rechte und sicherlich auch andere ist es ein Trost, nach dem eigenen Tod nicht vergessen zu werden, gerade so wie wir uns ja auch in diesem Buch bis zurück zu Anaxagoras vieler Toter erinnern. In gewisser Weise scheinen sie unvergänglich zu sein. Wer diese Gefühle überirdisch verklärt und den Lebenswillen zu einem absoluten Sollen erklärt, ist Metaphysiker. Aufgeklärt denkt er nicht.

Bei einem Willensmenschen wie Nietzsche etwa war die Aufklärung noch nicht vollendet. Er setzte lediglich seine Willens-Theologie gegen die alte christliche. Für ihn gab es sie noch: jene normative Ordnung, der sich niemand entziehen könne. Sie stecke im Menschen: Sein innerstes Wesen selbst sei sein Wille – also *soll* er wollen!

Doch warum sollte jeder wollen? Rechten ist es typischerweise gleichgültig, ob ein Balinese will oder auch nur wollen kann und ob ein Buddhist unbedingten Überlebenswillen hat oder nicht. Er predigt nicht in alle vier Himmelsrichtungen: „Wahrlich ist sage euch, ihr sollt leben, und ihr sollt wollen!“ Wie auch Schopenhauer hat er es als „handgreiflichen Widerspruch“ durchschaut, „den Willen frei zu nennen und doch ihm Gesetze vorzuschreiben, nach denen er wollen soll: – ‚wollen soll!‘ – hölzernes Eisen!“[89] Nein, das Denken eines Rechten läßt sich kein Müssen einreden außer einem gesetzlich vorgeschriebenen. Weil er wollen kann, aber nicht muß, ist er frei. Weil er an keine Sinnstifter und Heilsverkündungen glaubt, fühlt er sich auch frei, zu entscheiden, was er will und ob er überhaupt etwas will.

---

88 Heschl S.51.

89 Schopenhauer, Werke Bd.4, § 53, S.124.

Diese Freiheit läßt er auch jedem anderen. Rechte sind keine Metaphysiker und darum auch keine Missionare des Willens oder Wollens. Als Realisten wissen sie: Nicht jeder hat dieselbe Willenskraft und dasselbe Bedürfnis, seinen Willen durchzusetzen. Das Wollen ist für sie kein höchster, der Verehrung bedürftiger Wert, sondern nur eine menschliche Fähigkeit wie das Denken und das Sprechen. Sie bewerten darum andere Menschen nicht nach ihrer mutmaßlichen Willenstärke, auch wenn sie willensstarke Menschen eher bewundern als schwache.

Eigensinn

Empirisch gesehen waren die großen rechten Denker der Geschichte Solitäre. Mitläufer sucht man unter ihnen vergeblich. Eine der Lieblingslegenden der Linken behauptet, rechtes Denken kennzeichne eine „autoritäre Persönlichkeit"[90], die nach oben buckelt und nach unten tritt. Gerade das Mitläufertum im 3. Reich wird gern herangezogen und der autoritätsgläubigen rechten Masse das Idealbild eines antiautoritären, linken und erst darum mündigen Bürgers gegenübergestellt. Die empirische Suche nach einer typisch deutschen „autoritären Persönlichkeit" ist aber ohne Befund geblieben.[91]

In Wahrheit stechen maßgebliche geistige Vorläufer heutigen rechten Denkens durch völlige geistige Unabhängigkeit hervor. Viele hatten in Epochen gelebt, deren Zeitgeist sie geradezu den Kampf ansagten und das Gegenteil dessen behaupteten, was Untertanenfrömmigkeit oder religiöse Konformität anbefohlen hätten. So schrieb Friedrich Nietzsche vehement gegen eine fromme Zeit, und so schrieben rechte Intellektuelle nach dem 1. Weltkrieg gegen den staatsoffiziellen Weimarer Zeitgeist an. Gerade die sich stark fühlen, üben die schärfste Kritik am linken Gleichheitsdenken und aller

90 Vgl. zu den Urhebern dieser Hypothesen eingehend Schrenck-Notzing (1965), S.118 ff.

91 Kalinowski (1986), S.19, Kunze (2020_2), 178 ff.

Gleichmacherei,[92] beraubt diese sie doch ihrer besonderen Chancen im gesellschaftlichen Wettbewerb.

Eine Analyse der Forschungsstelle Sozialanalysen Leipzig hat ergeben, daß junge „Rechte" zwischen 14 und 25 Jahren ein „aktives und offenes Verhältnis zur Welt haben und sich insgesamt selbstbewußter, risikofreudiger, optimistischer, draufgängerischer geben als die links Orientierten. Sie sind zufrieden mit ihrem Leben, leiden seltener unter Ängsten und Bedrohungen, auch weniger unter neurotischen Symptomen als diejenigen, die sich links einordnen."[93] Emotional neigen Rechte zu betontem Willen, sich selbst zu behaupten. Sie sind eher dominant als unterwürfig. Sie fühlen sich nämlich eher stark und Herausforderungen gewachsen.

Nach der Jahrtausendwende verstärkte sich der linke Konformitätsdruck von Jahr zu Jahr, und wer als „Rechter" in das linke Visier gerät, muß zuweilen um Leib und Leben, mindestens aber um die Unversehrheit seiner Habe, um seinen Arbeitsplatz oder seine Kontoverbindung fürchten. Es sind keine konformistischen, autoritätshörigen Persönlichkeiten, die dem widerstehen. Es erfordert im Gegenteil ein besonders hohes Maß an geistiger Autonomie, sich entgegen der volkspädagogischen Dauerberieselung vom Kindergarten über die Schulen und Universitäten bis hin zum Fernsehsessel nach Feierabend nicht linkem Denken zu unterwerfen. Heutige Rechte sind antiautoritär, weil die Autoritäten links stehen. Rechte denken unabhängig und sind die geistigen Autonomen.

Darin liegt die Gegenthese zu Karl Marx' Überzeugung, alles individuelle Bewußtsein sei durch das soziale Sein vorbestimmt. Daraus leiten Linke ab, aus linker Sicht problematische soziale Umständen müßten geändert werden, um der Person „Emanzipation" von diesen Vorbedingungen zu ermöglichen und sie von ihnen zu „befreien". Die Objekte dieser Befreiung müssen vorher nicht nach ihrer Meinung gefragt werden, haben sie doch noch das aus ihren sozialen Umständen rührende „falsche Bewußtsein". – Dagegen sind sich Rechte zwar völlig darüber klar, daß jeder Einzelne in soziale Bezü-

---

92 Rosenstock (2015) S.73.

93 Peter Förster / Walter Friedrich (1992).

ge hineingeboren wird, die ihn neben anderen Faktoren stark prägen. Daraus zieht er aber den Schluß, „die Kräfte der Person zu stärken, die gegen ihre soziale Abhängigkeit wirken (die Grundtendenz der personalen Aufklärung)“.[94] Sie vertrauen darum auf die Fähigkeit jedes Menschen zur geistigen Autonomie.

Lob der Autonomie! Der steinewerfende Bürgerschreck ist gar kein Autonomer, er ist bloß töricht. Wer dagegen als braver Bürger die staatlichen Gesetze nur um des lieben Friedens willen einhält, darf sich mit Recht autonom nennen. Ungefährlich ist der Kriminelle, der die Rechtsordnung an sich anerkennt. Gefährlich ist der dem Gesetz äußerlich Gehorsame, der dessen moralische Wurzeln untergräbt. Nur er ist der Autonome. Laßt uns von ihm reden!

Autonom ist nicht der Anarchist, der von der Gesetzlosigkeit träumt. Gäbe es sie, dann wäre eben die Anarchie das Gesetz, nach dem alle anzutreten hätten. Die sozialen Spielregeln müssen nicht staatlich verordnet sein. Die Regeln des Zusammenlebens bestimmt, wer die Macht dazu hat, das für ihn und die Seinen Günstige allgemein durchzusetzen. Hält einer für sich die Friedfertigkeit und das allgemeine Konsensprinzip für vorteilhaft, während der andere auf größere Gewalt setzt, entscheidet die Macht, ob der Friedliche dem Unfriedlichen den Frieden aufzwingt oder umgekehrt. Je nach dem wird ihr weiteres Zusammensein sich nach friedlichen oder unfriedlichen Spielregeln richten.

Einmal im Besitze der Herrschaft, umgibt sich jeder mit einem Wall von Gesetzen. Sie befehlen, daß an der Herrschaft seiner Spielregeln bei Meidung von Strafe nicht gerüttelt werden darf. Vor allem aber: Wer sie bricht, handele unmoralisch. Wer das nicht glaubt, ist ein Autonomer. Daß er die Gesetze einhalten muß, reicht ihm. Aber muß er darum auch an ihre Moral glauben?

Eine Moral steckt in jedem Gesetz. Früher war Ehebruch strafbar. Heute ist er erlaubt. Gewandelt hat sich erst die herrschende Moral, dann das Gesetz. In jedem Gesetz steckt ein moralisches „Du sollst!“. Gesetzesnormen unterscheiden sich von Moralbefehlen nur durch ihre staatliche Erzwingbarkeit. Moral läßt sich nicht offen erzwin-

---

94 Schelsky (1975), S.278 f.

gen. Sie läßt sich aber durch Indoktrinierung andressieren. Sie läßt sich auch durch öffentlichen Meinungsdruck und Mobbing aufrechterhalten. Wer sich daran nicht gewöhnen mag, ist ein Autonomer.

Herrschende sind immer autonom: Sie geben den gesetzlichen Ton an. Sie bleiben an der Macht, solange sie die Regeln regeln. Die oberste lautet: Wer die Regelungsmacht anzweifelt, handelt unmoralisch. Die Beherrschten sollen an eine andere als die Beherrschermoral gar nicht ohne Gewissensbisse denken dürfen. Darum stehen Herrschende vorwiegend auf der anderen Seite der Barrikade: Alle Herrschaft gründet sich auf Heteronomie. Sie hält nur, solange sie für heilig und unabänderlich gehalten wird. Wenn die Herrschaftsideologie einmal bröselt, gibt es kein Halten mehr. So ging es dem *Ancien régime* vor 1789. So ging es auch der SED vor 1989. So geht es nicht kalendermäßig alle 200 Jahre, sondern immer dann, wenn die metaphysische Letztrechtfertigung einer Herrschaft nicht mehr geglaubt wird: überall, wo es zu viele Autonome gibt.

Autonomie als Fähigkeit ist eine Waffe wie alle Ideen. Sie sagt dem Gegner: Deine Gesetze sind bloß so viel wert wie deine Macht. Deine Moral ist nicht wahrer als meine Moral. Es gibt nämlich keine universelle Moral für alle. Was der Mensch soll und was er für wert schätzt, muß er allein entscheiden. Niemandem ist der Sinn seines Lebens vorgeschrieben. Alle sind moralisch ebenbürtig. Keiner ist mit höheren Mächten im Bunde. Wer das von sich behauptet, der bildet es sich bloß ein, oder er lügt. Für den Autonomen gibt es keinen Gott und keine Hölle, es sei denn, er entschiede sich für den Glauben an sie. Seine Götter gehören ganz ihm und nur ihm allein. Sie gehen niemand anderen etwas an. Für ihn gibt es auch keine moralischen Gedankengespenster wie den Geist der Geschichte, den Geist der Humanität oder eine allgemeingültige Geechtigkeit. „Nicht konnten wir Gerechtigkei verlangen“, schrieb der wegen Mordbeihilfe verurteilte Ernst von Salomon, „da wir Gerechtigkeit als sittliche Forderung niemals anerkannt.“[95] Genau das kennzeichnet autonomes Denken.

Einer der Vordenker der Autonomen war Max Stirner. Er glaubte auch nicht an all das schöne Wortgeklingel, mit dem sich die ideo-

---

95 Ernst VON SALOMON (1930) S.402.

logische Zeitenwende anbahnte. Damals stürzten die Aufklärer Gott und schrieben der Natur des Menschen bisher Ihm vorbehaltene Prädikate zu wie die Sittlichkeit, die Freiheit und die Humanität. Sie erhoben eine bestimmte Idee vom Menschen in den Rang religiöser Verehrung. Jedem erlegten sie die moralische Pflicht auf: „Du sollst ein ganzer, ein freier Mensch sein." So proklamierten sie eine neue Religion, ein neues Absolutes, ein Ideal, nämlich die Freiheit. Wie die Christen Missionare ausgesandt hatten, weil die Menschen Christen werden sollten, so erstanden jetzt Missionare der Freiheit. Diese könnten dereinst, prophezeite Stirner 1844, „wie bisher der Glaube als Kirche, die Sittlichkeit als Staat, so als eine neue Gemeinde sich konstituieren und von ihr aus eine gleiche ‚Propaganda' betreiben." Könnte man das neue Ideal finden, gäbe es eine neue Religion, „ein neues Sehnen, ein neues Abquälen, eine neue Andacht, eine neue Gottheit, eine neue Zerknirschung."[96]

Für rechtes Denken kann Freiheit nur die Abwesenheit fremdbestimmender Macht sein. In dem Lied von der „Freiheit, die ich meine", besingt man sie als „süßes Engelsbild", „führest deinen Reigen nur am Sternenzelt". Die wunderschöne Dichtung bildet aber nur eine sprachliche Metapher, eine anthropomorphe Personifizierung. Tatsächlich wohnt die Freiheit nicht als Person im Himmel. Sie ist keine Wesenheit, sondern eine Abwesenheit. Denken wir uns einen Leerraum. In ihm ist nichts, gar nichts, völliges Vakuum. Er ist völlig frei von jeder Materie und jeder Eigenschaft, denn leer zu sein ist keine Eigenschaft, sondern nichts. Diese Freiheit von Materie im Vakuum entspricht genau der Freiheit in jeder Beziehung. Freiheit ist immer ein Nichts, eine Leere, eine Abwesenheit. Es hält sich im Vakuum keine Freiheit auf. Es ist einfach nichts drin. Darum sind Rechte keine Metaphysiker „der Freiheit", sie würden ihr keine Statuen bauen und sie nicht anbeten. Ihre Freiheit besteht in ihrer eigenen Macht, möglichst zu tun und zu denken, was sie wollen und nicht, was ihnen irgend ein selbsternannter Moralpapst vorschreibt.

Wer zum weltlichen Gehorchen notfalls bereit ist, aber nicht moralisch zerknirscht sein möchte, schert als räudiges Schäfchen aus

---

96 STIRNER (1845), S.268 ff.

der Lichterkette der Moralpflichtigen aus. Der moralische Aussteiger ist der Anfang vom Ende jeder Herrschaft. Der Partisanenkampf gegen die soziale Vorherrschaft moralisierender Imperative ist uralt. Immer werden Herrschende die Beherrschten geistig binden wollen durch moralische Heteronomie. Ohne verbindlichen Glauben an ein heiliges Allgemeingültiges können anscheinend nicht Millionen Menschen zusammenleben. Immer wird es aber Menschen geben, die den Zusammenhang zwischen der Herrschaft und ihrer Ideologie durchschauen. Sobald sie „Ihr da oben und wir hier unten" sagen, werden sie diese Hierarchie umdrehen wollen. Wer nach oben will, muß zuerst einmal ein Autonomer werden. Sobald er aber selbst herrscht, kann er nur oben bleiben, wenn die anderen jetzt an seine Moral glauben müssen. Robert Michels sah schon 1911 in jedem Revolutionär eine Veränderung vorgehen, sobald er an die Macht kommt: Die Revolutionäre von gestern wurden zu den Reaktionären von heute.[97]

Autonom zu sein ist keine neue Ideologie, keine Weltanschauung und keine fixe Idee für alle Zeiten. Es ist eine individualistische innere Einstellung, eine Abwehrwaffe gegen jede Zumutung, sich kollektive Verhaltensnormen überstülpen und von ihnen beherrschen zu lassen. Wie alle geistigen Waffen darf sie dereinst einmal an den Nagel gehängt werden. Wer sich mit dem Zeitgeist einig weiß und Lichterketten mag, braucht sie erst gar nicht zu führen. Er steht auf der anderen Seite. Wem es aber unerträglich ist, wenn ihm betroffene Fernsehmatadoren Abend für Abend mit verbiesterter Miene einreiben, was er gerade noch ohne Gewissensbisse denken darf; wer selbst entscheiden will, wen er lieben will und wen er häßlich finden möchte, der wird sich in der Rüstkammer der Aufklärung eindecken. Er wird sie als Autonomer wieder verlassen.

Er verzichtet bewußt darauf, sich zur Stützung seines persönlichen Ichs auf höhere Weihen zu berufen, an denen ein minderes Gemüt sich so gern stärkt. Dieses sieht „in dem Augenblick seine Macht vergrößert, in dem es nicht mehr nur auf die eigenen, notwendig begrenzten Kräfte allein angewiesen ist, sondern seine Tätigkeit in

---

97 Michels (1911).

Verbindung mit den höheren Kräften setzt, die in seinem Weltbild obwalten:"[98] Rechte brauchen das nicht. Sie benötigen kein „sinnhaftes oder geistiges Führungssystem"[99] und wehren sich gegen sinnstiftenden Leinenzwang.

Die Aufklärung darüber, daß solche „moralischen Gesetzlichkeiten" nur in menschlichen Köpfen zu finden sind und nicht außerhalb, läßt schwache Gemüter im tiefsten Innern erschaudern. Wenn ein Mensch „diese Botschaft in ihrer vollen Bedeutung aufnimmt," schrieb der Nobelpreisträger Jacques Monod, muß er „endlich aus seinem tausendjährigen Traum erwachen und seine totale Verlassenheit, seine radikale Fremdheit erkennen. Er weiß nun, daß er einen Platz wie ein Zigeuner am Rande des Universums hat, das für seine Musik taub ist und gleichgültig gegen seine Hoffnungen, Leiden oder Verbrechen."[100] Wer sich dadurch nicht entmutigen läßt, sondern gerade darin seine Freiheit zur Sinngebung sieht, denkt potentiell rechts. Er bedarf keiner externen Sinnstifter und transzendenten Wahrheiten, weil er selbst stark genug ist, die Last der völligen Erkenntnis zu tragen. Er geht nicht an ihr zugrunde, „sodaß man die Stärke eines Geistes danach" bemessen kann, „wieviel er von dieser ‚Wahrheit' gerade noch aushielte."[101]

Viele sind nicht stark genug, zerbrechen an der Erkenntnis oder flüchten sich wider bessere Erkenntnis in irgendein dubioses Heilsversprechen. Der Psychiater Meinhard Adler bemerkte zur ständigen Versuchung des Metaphysischen: „Unsere anthropologisch-biologisch angelegte Angst vor dem Chaos, Bedürfnis nach ontologischer Sicherheit wird durch das konsequente, naturwissenschaftliche Methodenspielen geradezu verhöhnt." Naturwissenschaft setze alle bekannten Weltbilder außer Kraft, die unserem persönlichen ängstlichen Fühlen schmeicheln, indem sie Gott, Welt und Menschen in einem Plan aufeinander beziehen. „Das Faktische wird akzeptiert, die Funktionen werden beschrieben, und ‚das Menschliche' ist im

98 Kondylis (1984), S.33.

99 Schelsky (1975), S.40.

100 Monod, S.151.

101 Nietzsche, Jenseits von Gut und Böse, 39, bei Goldmann S.41.

Gesamt kein Ziel, sondern eine zu erforschende Möglichkeit. Solches zu ertragen ist naturgemäß schwierig."[102] Es ist nichts für schwache Nerven.

Die Aufklärung, daß die gemeinschaftsbildenden Tugenden letztlich nicht religiös oder sonst metaphysisch begründbar sind, hat zum Verlust alter Sinnstiftungen geführt, die unser Gemeinwesen im Innersten zusammengehalten hatten. Arnold Gehlen zufolge löste sie „die Treuepflicht zu außerrationalen Werten auf, hob die Bindungen durch Kritik ins Bewußtsein, wo sie verarbeitet und zerdampft wurden, und stellte Formeln bereit, die Angriffspotential, aber keine konstruktive Kraft hatten." Das gilt überall, wo jemand sich Entscheidungsfreiheit herausnimmt. Nur das kritische, aufklärerische Bewußtsein vermag die erforderliche Angriffsenergie zu entfesseln. Das zweischneidige Schwert der Autonomie kann die Legitimität jeder Herrschaft zerstören. Aus rechter Sicht ist das zur Zeit die linke. Nach Zerstörung aller linksradikalen Metaphysik werden Rechte aufatmen und ihre eigenen Wertmaßstäbe setzen.

Kollektive Autonomie

Rationale Solidarität

Ein Rechter mag noch so geistig und moralisch autonom sein, daß er wie ein Tor allein gegen alle kämpfen würde. Nach einer Formulierung der selbsternannten Kreuzberger Autonomen soll Freiheit die Zeitspanne sein, wenn der Stein aus der Faust fliegt bis zu seinem Auftreffen. Doch das ist Freiheit nicht. Frei ist, wer die Macht dazu hat, dauerhaft seinen Lebensentwurf zum allgemeingültigen Maßstab zu machen. Einzelgänger können darum nie wahrhaft frei sein: Ihre Freiheit endet an jeder Haustür jedes Nachbarn. Das Spiel „Ich gegen den Rest der Welt" spielen gegen die acht Milliarden anderen nur Dummköpfe. Die Mindestanzahl für eine erfolgversprechende Teilnahme an dem großen Spiel der Menschheitsgesellschaft ist – ich

102 Adler (1990), S.159.

behaupte einmal: 80 Millionen! Mannschaften, die weniger Mitglieder zählen, nimmt keiner recht ernst.

Nur mit vereinten Kräften sind wir stark. „Der Verein“, riet uns Stirner, „ist nur dein Werkzeug oder das Schwert, wodurch Du deine natürliche Kraft verschärfst und vergrößerst; der Verein ist für Dich und durch Dich da.“[103] Dumme Autonome halten sich für links. Sie werden Anarchisten und verzichten auf die Annehmlichkeiten des Gemeinschaftslebens. Schlaue Autonome denken weiter: Sie sind keinen Deut weniger autonom, nur weil sie die Autonomie nicht auf sich allein beziehen, sondern auf ein paar Leute mehr. Jeder dient sich selbst am besten und nachhaltigsten, indem er sich mit anderen zusammenschließt. Selbstbestimmung ist normative Autonomie, oder sie ist eine Farce. Nur mit vereinten Kräften können sich Menschen auf diesem Globus einen Freiraum schaffen, in dem sie ihrer Eigenart entsprechend leben können.

Rechte sind besonders freiheitsbedürftige Menschen. Links denken Schwache, die nur in der Gleichheit der Masse auf ein durchschnittliches Leben hoffen können. Wer aber den Tüchtigen vom Lohn ihrer Mühe nimmt, um gesellschaftliche „Ergebnisgleichheit“ zu erzielen, nimmt ihnen einen großen Teil ihrer Freiheit, das Erworbene zu behalten. An dieser Schnittstelle liberaler Ideologie und rechten Denkens möchte der Liberalismus in letzter Konsequenz das ganze staatliche Umverteilungssystem abschaffen. Darum werden Libertäre von linker Seite manchmal fälschlich als rechts wahrgenommen.

Rechtes Denken dagegen zieht solche ultra-individualistischen Konsequenzen nicht. Es sucht nach einem ausgewogenen Verhältnis zwischen der Macht der Einzelperson und der des Staates. Nur mit vereinten Kräften Ebenbürtiger läßt sich in dieser Welt gemeinsame Freiheit aufrechterhalten. Freiheit ist die weitestmögliche Abwesenheit von Fremdbestimmung. Ein Einzelmensch kann in unserer Massengesellschaft niemals in diesem Sinne frei sein. Sein Freiheitsgrad wächst aber in dem Maße, indem er seine Macht mit den Kräften anderer vereint.

---

103 Stirner, S.351.

So bejaht rechtes Denken unsere Staatlichkeit als notwendig, um in einer eng gewordenen Welt gemeinsam Freiheit zu bewahren. In diese Staatlichkeit ordnet ein Rechter sich ein, ihr aber nicht unter. Es sieht die Person nicht um eines Kollektivs willen, sondern den Staat als die Erweiterung der eigenen Macht an, seine Freiheit zu bewahren. Kollektivismus ist immer links und kommt als Sozialismus daher, unter welcher roten Fahne auch immer. Dann besitzt das Kollektiv den Einzelnen: „Du bist nichts, das Kollektiv ist alles!" Rechtes Denken dagegen sieht den ganzen „Verein", sieht den Staat als seinen Besitz an, seinen Mitbesitz, der ihm dient und seine Kräfte vervielfacht.

Die Konsequenzen kollektivistischen Denkens dagegen bekommen Rechte als „Kampf gegen Rechts" besonders zu spüren: Seit 2021 hat der Staat dafür 2,5 Milliarden Euro ausgegeben. Mit gesellschaftlicher Unterdrückung sucht er es zu ächten bis hin zur persönlichen Diskriminierung und Verfolgung Rechter. So soll eine homogen links gedrillte, multikulturelle oder gar woke Einheitsmeinung erzeugt werden. Wer sich dem linken Konformismus nicht beugt, soll dafür büßen. Er darf, wie es hämisch heißt, zwar alles sagen, müsse dann aber mit den Konsequenzen leben.

Rechtes Denken ist der geborene Todfeind von Konformismus und Kollektivismus. Sich auf einen Marktplatz zu stellen und dem politmedialen Machtkomplex nach dem Munde zu reden, erfordert keinen Mut. Es ist vielmehr rechtes Denken, das in unseren Tagen von Mut, Zivilcourage und Rückgrat zeugt.

Emotionale Solidarität

Ein Hühnerhaufen wird immer ohnmächtig bleiben. Treue, Opfermut und Solidarität werden nur aus der Liebe geboren, die man dem Eigenen entgegenbringt. Die Mutter, die sich Tag für Tag für ihre Kinder abschuftet, der Sohn, der seine Heimat gegen eine Invasion verteidigt, der Bruder, der für den Bruder einsteht – sie alle folgen ihrem innersten Gefühl. Dieses sagt ihnen: Für viele habe ich mal einen Groschen übrig, aber nur für wenige hafte ich mit meiner ganzen Existenz. Nur wo brüderlich zusammengehalten wird, haben alle gemeinsam die Chance zur Autonomie: zur Selbstbestimmung gegen die Eine Welt und gegen alle diejenigen, die sie bereits heute moralisch installieren und die sie morgen beherrschen wollen.

Rechtes Denken ist auch nicht moralisch inspiriert, wo es bis zur Selbstaufopferung die eigenen Kinder beschützt, die Familien, das eigene Volk. Zwar könnte man es auch moralisch begründen, so zu handeln: Es knüpft an ein „Wir" an und legt ein bestimmtes Verhalten nahe: „Ohne die auch emotionale Bindung an ein Wir scheint Moralität nicht möglich; soziale Kompetenzen wie Mitgefühl, Einfühlungsvermögen und Unrechtsbewußtsein können dann nicht entwickelt werden. Für Moralität entscheidend ist dabei die Frage, wie umfassend dieses Wir ist, ob es beispielsweise lediglich die eigene Familie meint, auf die eigene Gruppe, Nation oder auf die gesamte Weltgesellschaft bezogen ist bzw. auf sie ausgedehnt werden kann und in den entsprechenden Gefühlen verankert ist."[104] Eben weil es also verschiedene Bezugspunkte dafür gibt, was als moralisch gelten soll, bedient sich rechtes Denken nicht moralischer Rechtfertigungen. Es weiß: Wer die Seinen und das Seine beschützt, verteidigt es, weil es ihm angehört. Das entspringt einem vollständig individuellen Gefühl und dem rational begründbaren Wunsch, das eigene Wohl zu fördern.

Menschen sind seit ihrer Entstehung aus Primatenhorden gesellig und gesellschaftlich. Die engere Gruppe, Familie, Sippe oder der Stamm, erfüllt jeweils für den Einzelnen mehrere Funktionen. Diese haben sich bewährt und unser Überleben über Eiszeiten und Kontinente hinweg gesichert. Sie schützen den Einzelnen, lassen jeden an der gemeinsamen Stärke aller teilhaben, und ohne sie wäre menschliche Kultur niemals entstanden. Wohl angeboren sind die Gefühle, die wir dieser Gruppe entgegenbringen: Geborgenheit, Liebe und Solidarität. Fehlt sie, reagieren wir mit heftigem Heimweh, mit Sehnsucht nach unseren Angehörigen. Es gibt kaum Schlimmeres, das man dem seelischen Wohlergehen eines Menschen antun kann, als ihn in völliger Einzelhaft zu isolieren.

---

104 Landweer (2021).

Dabei nimmt uns diese rationale Erklärung aus unserer Stammesgeschichte nicht das Geringste von diesen starken Gefühlen. Wir dürfen mit bestem Gewissen zulassen, daß uns tiefe Liebe zur eigenen Familie wie auch zu unserem ganzen Volk erfüllt. Daß ein persönlich noch Unbekannter nämlich im weitesten Sinne noch zur „Verwandtschaft" gehört, erkennen wir meistens auf einen Blick, und es bestätigt sich, wenn er den Mund aufmacht und zu uns spricht. Es weckt Sympathie. Wenn keine Sprachschranke besteht, stellt diese sich auch bei Bekanntschaften aus unseren Nachbarvölkern schnell ein. Das natürliche Gefühl der Verbundenheit nimmt aber mit der Distanz und Unterschiedlichkeit fremdartiger Menschen immer mehr ab. An irgendeinem Punkt der Fremdheit, der nicht bei jedem Menschen gleich ist, enden Solidarität, Hilfs- und Aufopferungsbereitschaft, und zwar spätestens bei, aus unserer Perspektive, abstoßendem oder empörendem Verhalten, das man hierzulande „einfach nicht tut".

Dieser Zusammenhang zwischen einer rational nachvollziehbaren evolutionären Basis, der Liebe zu näherstehenden Bekannten und der Solidarität mit ihnen, ist eine allgemeinmenschliche Konstante bei Menschen. Er kann aber vollständig zurückgedrängt und überlagert werden, wenn jemand im anderen nicht mehr den ihm nahestehenden Verwandten erkennt, sondern ideologisch verblendet ist. Wer in einem anderen nur einen Unmenschen sieht, einen Feind alles Heiligen und Teufel in Menschengestalt, wird diesen kaum lieben und auch nicht mit ihm solidarisch sein.

In seiner letzten Herkunft magisch ist hingegen jedes Denken, daß nicht konkrete Menschen liebt, sondern Abstraktionen. Einst maß man Eigenschaften und Verhaltensweisen göttlichen Rang zu und schuf Vorstellungen wie Aphrodite als Göttin der Schönheit oder Justitia als „die Gerechtigkeit". Tatsächlich sind es aber nur Abstraktionen. Eine solche gläubige Anbetung erfährt auch „die Humanität" als Verkörperung alles freundlichen, hilfswilligen Verhaltens. Solches magisch-personifizierende Denken steckt den „humanitaristischen" Linken noch rammeltief in den Knochen. Rechte fühlen dagegen Liebe und Mitgefühl zu realen Personen, nicht zu Abstraktionen wie „der Mensch". Typisch dafür formuliert Ernst Jünger: „Ein konkretes Verhältnis zum Menschen besitzt man, wenn man den Tod seines

Freundes oder Feindes Müller tiefer empfindet als die Nachricht, daß bei einer Übeschwemmung des Hoang-Ho 10 000 Menschen ertrunken sind. Die Geschichte der abstrakten Humanität dagegen beginnt mit Erwägungen etwa der Art, ob es unsittlicher sei, einen konkreten Feind in Paris zu töten oder einen unbekannten Mandarin in China durch einen Druck auf den Knopf."[105]

Affiliativ oder agonal?

Die beiden Grundmöglichkeiten, wie wir uns Mitmenschen gegenüber in angeborener Weise verhalten können, sind das sogenannte freundlich-affiliative und das aggressiv-agonale Verhalten.[106] Diese Verhaltensmuster prägen sich bei jedem Einzelnen mehr oder weniger stark aus. Beide Geschlechter sind zu beiden fähig. Vorwiegend verhalten sich aber Männer offen agonal und streben nach Dominanz, während die meisten Frauen stark affiliative Gefühle hegen. Das hat stammesgeschichtliche Wurzeln.

Das affiliative, also das liebevolle, „mitmenschliche" Verhalten hat seine Wurzeln im Brutpflegetrieb. Sein sozialer Ort ist die Familie, und darum ist sein spezifisches Ethos das familiäre. Hier liegt die Wurzel aller Bereitschaft zur Selbstaufopferung für einen „Nächsten". Die Familienbindung erfordert den teilweisen Verzicht auf individuelle Freiheit. Es setzt weitgehende materielle Gleichheit voraus: Niemand am Tisch darf hungrig bleiben. Mindestens innerhalb der engen Familienbindung sind wir Menschen „von Natur aus auch freundliche, gesellige Wesen." Der Mensch entwickelt im vertrauten Kleinverband jene Werthaltungen, die es ihm „schließlich erlauben, selbst in ihm fremden Personen Brüder und Schwestern zu sehen. Letztlich basiert das Staatsethos auf einer Erweiterung des biologisch begründeten Familien- und Sippenethos.[...] Die Fähigkeit zum engagierten Einsatz für die größere Gruppe setzt die Fähigkeit zu Liebe und Vertrauen voraus, und beide sind familiares Erbe. Verkümmert diese Basis, dann läßt sich auch kein Sinn für die größere Gemein-

105 Jünger (1932) S.305 = (1982) S.308, Übersicht 1.Teil.

106 Eibl-Eibesfeldt (1988), S.98 ff.

schaft entwickeln."[107] Die ideellen Grundlagen des demokratischen Gedankens und der Gleichheitsforderung bauten sich um die wirkliche Urzelle menschlicher Gemeinschaftsbildung auf: Wie in einer einzigen, großen Familie sollen alle gleich satt und glücklich sein.

Beide Geschlechter, Männer und Frauen, verhalten sich je nach Situation entweder agonal oder affiliativ. Vorwiegend jedoch begegnet der Mann der Welt agonal, nämlich – mit den Worten der Linguistin Tannen – wie in einem „Wettkampf, bei dem es um die Bewahrung von Unabhängigkeit und die Vermeidung von Niederlagen geht."[108] In einer solchen Welt sind Gespräche „Verhandlungen, bei denen man die Oberhand gewinnen und behalten will und sich gegen andere verteidigt, die einen herabsetzen und herumschubsen wollen." – Frauen dagegen nähern sich der Welt „als Individuum in einem Netzwerk zwischenmenschlicher Beziehungen", in der „Gespräche Verhandlungen über Nähe" sind, „bei denen man Bestätigung und Unterstützung geben und erhalten möchte und Übereinstimmung erzielen will. Man will sich davor schützen, von anderen weggestoßen zu werden. So gesehen ist das Leben eine Gemeinschaft, ein Kampf um die Bewahrung der Intimität und die Vermeidung von Isolation." Die typisch weibliche Sehnsucht nach Nähe, Intimität und Gemeinschaft bietet vorwiegend familiäre, affiliative Strategien auf; die männliche Auffassung von Sieg und Dominanz faßt die Welt als Leistungshierarchie auf und begegnet jedem Konkurrenten agonal.

Um die beiden menschlichen Grundmöglichkeiten, die agonale und die affiliative, ranken sich alle politischen Theorien. Die üblich gewordene Gleichsetzung der Phänomene *Demokratie* und *Liberalismus* versperrt die Sicht darauf, daß sie antagonistischen Grundgedanken entspringen. Es besteht ein in der Tiefe unüberwindlicher Gegensatz[109] zwischen liberalem Einzelmensch-Bewußtsein und demokratischem Gedankengut. Gedanklich sauber herauspräpariert läßt der Gegensatz sich folgerichtig ableiten aus den beiden Grundmöglichkeiten sozialer Distanz oder Annäherung: Das *agonale*

---

107 Eibl-Eibesfeldt (1988), S.122 f.

108 Tannen, 1991, S.20 (Professorin an der Georgtown Universität).

109 Schmitt (1923/26), S.23.

Handlungsmuster sieht den Menschen in Auseinandersetzung gegen andere. Seine Liebe ist Eigenliebe. Es setzt den konkreten einzelnen absolut und mißt ihm potentiell unendlichen Persönlichkeitswert zu. Es erlaubt dem Individuum, sich gegen andere durchzusetzen. Ob diese anderen eine Mehrheit bilden, spielt keine Rolle. Es hält darum Abstand vom anderen und betrachtet ihn als potentiellen Gegner. Wer diese innere Haltung einnimmt, gelangt zum Egoismus, Anarchismus oder – wenn Besitzende so denken – zum Liberalismus. Seine Idealvorstellung ist die individualistische Distanz zu den als ungeliebte Masse empfundenen Mitmenschen. Er sucht daher vornehmlich die persönliche Freiheit.

Weil Freiheit nur eine Chiffre dafür ist, frei von der Beherrschung durch andere Menschen zu sein, setzt sie die Macht dazu voraus, jede Fremdbestimmung abzuwehren. Das probate Mittel dazu besteht aber nicht in der Einsiedelei auf einem Eiland. Am freiesten kann sich nämlich fühlen, wer sich durch Dominanz selbst an die Spitze der menschlichen Hierarchien setzt. Dort hält er sich am besten durch Autorität an der Macht. Wer diesem Bedürfnis alles andere unterordnet, wird sich ein Weltbild rationalisieren, in dem er eine reale, legitime Chance hat, die von ihm gewünschte Macht zu gewinnen. Und wenn er schon vielleicht nicht Vorsitzender eines Politbüros oder gar König werden kann, dann vielleicht doch wenigstens in seinem Umfeld König der Bierdeckelsammler oder Kleintierzüchter.

Es kann aber nicht alles menschliche Handeln auf persönliches Interesse und Dominanz zurückgeführt werden. Es gibt auch uninteressierte, rein wohlwollende Neigungen:[110] Das *affiliative Handlungsmuster* sieht den Menschen in friedlichem Miteinander mit anderen. Seine Liebe ist Nächstenliebe. Es setzt das Miteinander absolut und mißt der Gemeinschaft potentiell unendlichen Wert bei. Es fordert vom Individuum, sich mit anderen freundlich zu arrangieren. Im Zweifel hat es sich in die Anschauungen und Belange der Mehrheit einzufügen. Es läßt die Menschen sich annähern und betrachtet sie als potentielle Familienangehörige. Wer diese innere Haltung einnimmt, gelangt gefühlsmäßig in letzter Konsequenz zu

110 Comte, S.309, 120 „Selbst- und Nächstenliebe“.

einer allumfassenden Menschheitsliebe. Sein Ideal bildet das völlige Aufgehen des Individuums im Kollektiv geliebter Mitmenschen und deren umfassende Übereinstimmung. Er sucht daher vornehmlich die Gleichheit in Konformität mit dem Kollektiv. Diese fordern besonders demokratische, sozialistische und organische Staatsideen. Diese sehen den Staat als großen Organismus und das Individuum nur als dessen Baustein an. Sie kulminieren folgerichtig im absoluten Staat, der rudimentäre Reste gesellschaftlichen Lebens nur noch als dienende Rädchen im Getriebe duldet.

Als Entstehungsort des affiliativen, des liebevoll umhegenden Antriebes sieht auch der Soziologe Schelsky die Familie an. Wenn man familiäre Verhaltens- und Verstehensmuster auf die Gesellschaft oder gar „die Menschheit" übertrage, wende man die Funktionsweise der biologisch-sozialen Grundstrukturen der familiären Beziehung fiktiv und symbolisch auf große gesellschaftlich-zivilisatorische Zusammenhänge an: alle „Verhaltens-, Verstehens- und Gefühlslagen, die man als den ‚Nestwärme-Komplex' der Familie bezeichnen könnte.[111] Wie Schelsky umfangreich nachweist, gehört aber die Erweiterung des geschwisterlichen Verhältnisses auf nicht Blutsverwandte zu den ursprünglichsten Wendungen der Bildung von Glaubens- und Gesinnungsgemeinschaften. Innerhalb von Sekten spricht man sich nicht umsonst oft mit „Bruder" und „Schwester" an. Der moderne Humanismus sei ein wichtiger und unaufgebbarer Bestandteil der modernen sozialen Heilsreligion: „Gleichheit und Brüderlichkeit" fordert sie.

Wie wir gesehen haben, zählt aber der Kollektivismus nicht zu den Grundbedürfnissen rechtsstehender Menschen. Sie verstehen sich eher als Individualisten, ordnen sich ungern unter und betrachten das soziale Leben als ständiges Ringen um die eigene Selbstbehauptung. Rechte lassen sich im gesellschaftlichen Leben stärker von agonalem Fühlen bestimmen und reservieren ihre affiliativen Bedürfnisse für ihre Familie. Rechte müssen nichts von Heraklit wissen, um den ontologischen Ausgangspunkt des alten Philosophen mit wissendem Lächeln zu quittieren: „Kampf ist der Vater von allem, der König

111 Schelsky (1975), S.138 f.

von allem. Die einen macht er zu Göttern, die anderen zu Menschen, die einen zu Sklaven, die andern zu Freien."[112] Während allerdings Heraklit den Kampf zum schöpferischen Weltprinzip erhob, bildet er für Rechte 2500 Jahre nach Heraklit nur eine Begleiterscheinung des Lebens, mit der ein Rechter sich abfindet und der er mit einer inneren Haltung begegnet.

Von intellektuellen Verklärern dieser Gefühlshaltung ist sie im 20. Jahrhundert als heroischer Realismus bezeichnet worden. Die Haltung besteht gegenüber der bitteren Erkenntnis, daß alles vergänglich ist. Anders als Utopisten, religiöse Menschen und andere Metaphysiker glaubt ein Realist nicht an etwas im spirituellen Sinne Unvergängliches. „Auch Heraklit behauptet, daß sich die Welt bald in Feuer auflöse, bald sich wieder aus dem Feuer neu bilde, in gewissen Perioden."[113] Rechter Realismus weiß, daß einst nichts von der Person bleiben wird. Diese flüchtet sich aber nicht in Resignation oder sucht Trost in jenseitige Heilslehren, sondern hält der Einsicht ein trotziges „Dennoch" entgegen.

Sein Gefühl spricht ein Satz aus der Edda an: „Das Vieh stirbt, die Freunde sterben, endlich stirbt man selbst; Doch nimmer mag ihm der Nachruhm sterben, welcher sich guten gewann."[114] Wie ein Kind am Strand jeden Tag aufs neue eine Sandburg baut, wohl wissend, daß die Wellen sie morgen zerstört haben werden, beharrt der Realist „heroisch" darauf: Es kommt nicht darauf an, daß wir sterben, es kommt darauf an, wie wir leben! Diese Haltung verbindet sich mit Tugenden, die das eigene physische Leben im Zweifelsfall dem unterordnen, das man liebt, für das man kämpft und notfalls auch stirbt.

Für jede Wertvorstellung kann man sich entscheiden. Man kann aber auch glauben, in Wertvorstellungen verkörpere sich eine höhere Seinsordnung, der man gehorchen müsse. So hatten manche vom heroischen Realismus begeisterte Metaphysiker vergessen, daß er

---

112 Herakleitos von Ephesos, zit. nach Capelle, S.135; zustimmend MOFFETT S.427.

113 Simplicius zu Aristoteles, Zitat: Capelle S.143.

114 Hâvamâl, Strophe 75, Übersetzung von Karl Simrock 1876.

primär ein Realismus und darum mit Metaphysik unvereinbar ist. Sie erhoben das Heroische zu einem angeblich universellen und absoluten Sollen und vergaßen darüber den Realismus. Wer so denkt, vermag seine Gläubigen anzufeuern, ungeachtet ihres Todes für eine heilige Sache heroisch gegen feindliche Linien zu stürmen.[115] Dabei handelt er selbst propagandistisch schlau. Wie schlau die vorstürmenden Gläubigen gewesen sein mögen, die sich vielleicht persönlich ganz anders entschieden hätten, ist eine andere Frage. Dagegen handelte faktisch als heroischer Realist, wer, seinen baldigen Krebstod vor Augen, noch einen Apfelbaum pflanzt oder seine Lebensgeschichte aufschreibt.

Auf der politischen Rechten finden wir besonders viele eigenwillige Persönlichkeiten. Hier gibt es immer genug geborene Häuptlinge, aber wenig einfache Indianer. Solche Menschen lassen sich und ihren Stamm lieber von der Kavallerie niederschießen als sich in ein Reservat umsiedeln zu lassen. Andere knieten nicht nieder vor den Altären eines neuen Gottes, sondern steckten lieber den Missionar in den Kochkessel. Der rechter Kommandant der umzingelten Festung Alcázar im spanischen Bürgerkrieg kapitulierte nicht, obwohl die linken Belagerer seinen Sohn als Geisel hielten, ihn zu erschießen drohten und dann exekutierten.

Es ist eine Stilfrage, welche Kriterien im Zweifel entscheiden: moralische für den Einen, ökonomische für den Zweiten oder Lebensgenuß für den Dritten. Und dann gibt es jenseits aller Gutmenschen, Geldmenschen und Genußmenschen eine spezielle Spezies, die im Zweifel alles andere sausen läßt: die Moral, den Profit und den Genuß. Diese Leute haben in ihrem Kopf ganz präzise Vorstellungen davon, was sie sein wollen, wie sie sein wollen und welches Bild sie dabei abgeben. Dieses sollte ein glänzendes, zu bewunderndes Bild sein – für sie völlig klar. Für sie ist es eine Stilfrage.

Nicht jeder wird, was er ist, durch Elternhaus, Erziehung und Schule. Aller Pädagogik zum Trotz wenden sich manche Menschen genau gegenteiligen Vorbildern zu. Vorbilder erwachsen uns aus den tiefsten Schichten unserer gemeinsamen Erinnerung: Siegfried der

---

115 Vgl. SCHELSKY (1975), S.69.

Drachentöter, Dietrich von Bern oder Ragnar Lodbrok[116], oder auch erfundene Kinohelden wie Eddard Stark, der Lord von Winterfell aus George R. Martins Roman „Das Lied von Eis und Feuer". Je mythischer und literarischer eine Gestalt ist, desto einseitiger die Konturen ihres Charakters.

Wer sich mit starken Persönlichkeiten seelenverwandt fühlt, formt seinen eigenen Charakter so, wie er sich seine Vorbilder vorstellt, und versucht entsprechend zu handeln. Er entwirft ein Konzept von sich selbst und handelt danach. In solchen Lebenskonzepten mancher Menschen von sich selbst ist das Beugen von Knien nicht vorgesehen. So verklärte Julius Mosen 1810 den letzten Weg Andreas Hofers: „Doch als aus Kerkergittern im festen Mantua / die treuen Waffenbrüder die Händ' er strecken sah, / da rief er aus: „Gott sei mit euch, / mit dem verrat'nen deutschen Reich / und mit dem Land Tirol!" / Dort sollt er niederknien; er sprach: „Das tu ich nit. / Will sterben, wie ich stehe, will sterben, wie ich stritt. / So steh' ich hier auf dieser Schanz – / Es leb mein guter Kaiser Franz, / Mit ihm sein Land Tirol!"

Der feste Wille, nicht aus der selbstgewählten Rolle zu fallen, kann stärker sein als die Angst vor dem Tod. Es gibt viele Menschen mit sehr unterschiedlichen Ideen von sich selbst, für die das Opfer des Lebens weniger wiegt als der drohende Verlust der Selbstachtung. Die Mutter, die um den Preis ihres eigenen Lebens ihr Kind verteidigt, der Festungskommandant, dem Pflichterfüllung selbst über dem Leben seines Sohnes steht, der Greis, der seine Familie selbst um den Preis eigener Ansteckung mit einer Seuche noch einmal um sich sehen will: Sie alle treffen, jeder für sich, ihre ganz eigenen, selbstbestimmten Entscheidungen. Sie entscheiden, was für ein Mensch sie sein wollen. Diese Selbstbestimmung ist Voraussetzung ihrer Selbstachtung, ihrer Menschenwürde. Sie wissen: Am Ende kommt es darauf an, vor sich selbst bestehen zu können. In diesem Sinne dichtete der große Theodor Fontane: „Es kann die Ehre dieser Welt / dir keine Ehre geben, / was dich in Wahrheit hebt und hält, / muß in dir selber

116 Übersetzung der nordischen Sage: Friedrich Heinrich VON DER HAGEN, Ragnar-Lodbroks-Saga und Norna-Gests-Saga, Breslau 1828. Vgl. auch die Filmserie „Vikings" (2013-2020).

leben. / Das flücht'ge Lob, des Tages Ruhm, / magst du dem Eitlen gönnen. / Das aber sei dein Heiligtum: / Vor dir bestehen können!"

Vor sich selbst bestehen zu wollen, ist kein Privileg der Ideenwelten todesverachtender Bewunderer eines heroischen Realismus. Man kann auch ein Leben in christlicher Demut führen und Landstreichern die Füße waschen, wenn das persönliche Weltbild dies gebietet. Der Typus des selbstbewußten Hagestolzes ist aber ein genuin rechter. Wenn Priester ihm erzählen, ihr Gott verlange, die andere Wange auch noch hinzuhalten, wenn ihm jemand auf die eine geschlagen hat, wird er das als grausige Perversion ablehnen.

Seiner seelischen Selbstkontrolle entspricht der Wunsch, seine Umgebung nach seiner Idee zu formen. Er sieht sich als Demiurg, als Schöpfer, nicht als Geschöpf. Er will gestalten, darum muß er das Heft in der Hand halten. So ist er selbst Anführer – oder der geborene Revolutionär. Dann sucht er sich die Wirklichkeit nach seiner Vorstellung umzuschaffen, bis sie sich zu erhalten lohnt. Er wird „durch das Komplexe der Wirklichkeit keineswegs gelähmt. Im Gegenteil: daß er die Wirklichkeit als Chaos erfährt, reizt ihn, diesem Chaotischen etwas Gestaltetes gegenüberzustellen. Die Antwort auf das unendliche Chaos ist die übersichtliche, in sich geschlossene Form."[117] Sie ist es, die vom Menschen bleibt. Indem wir das vorgefundene Chaos willkürlich formen und gestalten, verwirklichen wir uns als schöpferische Menschen. Das rechte Weltbild hält darum die Tätigkeit des Formens an sich und ihr Ergebnis, das ästhetisch Geformte selbst, für wirklich; Moralvorstellungen dagegen für Einbildung. Seinem Leben eine gestaltete Form zu geben liegt ihm am Herzen, nicht moralisierendes Räsonnement. Wenn sowieso nichts anderes von uns bleibt und nichts über uns hinausweist, kann es nur noch darum gehen, *wie* wir leben und *was* wir schaffen und hinterlassen.

117 Mohler (1978), S.194.

Menschenliebe statt Ideenversessenheit

Lieben und hassen zu können, ist allgemein menschlich. Für das rechte Weltbild aber spielt Liebe eine zentrale Rolle, für das Linke hingegen neben dem Neid der Haß. Rechte lieben vor allem konkrete Menschen und Dinge. Was Linke am meisten hassen, sind „falsche“ Ideen. „Je heißer die Liebe zur Menschheit ist, je glänzender das Glück der Erde, das man erhofft und erstrebt, desto leidenschaftlicher ist der Haß gegen die Menschen, die dem allgemeinen Menschheitsglück im Wege stehen.“[118]

Konkrete Liebesobjekte

Liebe benötigt ein konkretes Objekt, auf das sie sich bezieht. Rechtem Gefühl ist es fremd, abstrakte Wortgebilde wie „die Menschheit“, „die Kultur“, „die Natur“ oder „die Menschen“ zu lieben. Liebevolles Gefühl ist selektiv. Liebe ist wählerisch und willkürlich.

Als elementares menschliches Gefühl entsteht sie aus viel tieferen Schichten als die Moral. Sie schert sich nicht um ein moralisches Sollen. Sie läßt sich nicht mit Argumenten erzwingen. Hoch moralische Menschen können leichter in einen Zwiespalt geraten zwischen dem, was ihre Moral fordert und dem, wonach ihre Liebe sich sehnt. Das kann einen Menschen schwer belasten und ihn psychisch krank machen. Wer die Moral aber als Frage des Standpunkts betrachtet, an keine absolute Moral glaubt und mit seiner eigenen Moral machen kann, was er will, der liebt frank und frei, ohne vielleicht von moralischen Gewissensbissen gequält zu werden. Vor allem quält er sich nicht moralisch ab, wo er nicht lieben kann oder will, obwohl ein moralischer Oberlehrer ihn bevormunden möchte. Würde ihm jemand die Geschichte vom selbstquälerischen moralischen Über-Ich erzählen, würde er lachend sagen: „Mein Über-Ich bin ich selbst!“ Rechte sind frei.

Welches kulturelle Objekt, welches Lied, welcher Roman oder welche Skulptur ein Rechter liebt, hängt von der jeweiligen Nähe

118 Georges SOREL, zit. nach SCHELSKY (1975), S.90.

des Liebenden zum geliebten Objekt ab. Das gilt auch für Liebe zu Tieren und nicht zuletzt zu Menschen. Alle Menschen gleichermaßen und ohne Ansehen der Person zu lieben ist nicht möglich. Rechte stehen dazu. Sie lieben, was sie bewundern oder was sie sich angeeignet haben: das gelesene Buch, das gelernte Gedicht, das verinnerlichte Verständnis einer Sprache, das handaufgezogene Haustier, die Meisterschaft in einer besonderen Kunst. Vor allem aber lieben sie die Menschen, die sie landläufig als die Ihren bezeichnen: Ehepartner, Kinder, weitergehend Freunde und Kameraden und den bevorzugten Verein. Mancher liebt sogar selbst heute noch sein Vaterland. Es ist nämlich das Seine, nicht irgendeins. So fühlen Rechte.

Zu hassen fehlt es Rechten an einem strukturellen Grundmotiv ihres Denkens. Sie sehen die Welt mit nüchternen Augen und bejahen sie, wie sie ist. Sie ist Teil unseres Diesseits, und ein Jenseits kennen Rechte nicht. Darum messen sie die Welt auch nicht an einem idealen Jenseits. Für sie ist die Welt kein Jammertal, sondern eine Chance, ein Entfaltungsraum, ein wunderbarer Ort forschenden Staunens. – Solchem Denken entgegengesetzt sind strukturell alle Utopien einer „besseren Welt" mit „besseren Menschen." Der Verwirklichung solcher Utopien entgegen stehen in den Augen ihrer Gläubigen allerdings metaphysische Wesenheiten wie Teufel, Metastasierungen wie „das Böse" und alle seine teuflischen Handlanger hienieden. Jeweils zeitbedingt hießen sie Hexer, Ketzer, Ungläubige oder heutzutage Nazis. Sie existieren in der Vorstellungswelt der an ein „gutes" Prinzip Glaubenden und verkörpern das entgegenstehende Böse. Darum werden sie verfolgt und gehaßt.

Die dichotomische Einteilung der Welt in ein abstraktes „Gut und Böse" bildet die Hauptursache des Hasses. Nicht am individuellen Menschen entzündet er sich, sondern am bösen Prinzip, das sich angeblich in ihm verkörpert, einem „Ungeist", der ihn zu einem „Unmenschen" macht. Rechten fehlt für solche Phantastereien jeder Sinn. Müßte ich mir hier die Mühe eines literarischen Nachweises machen, würde eine umfangreiche Studie in den Schriften genuin Rechter kaum fündig werden. So ergibt sich aus Werken wie Ernst

Jüngers „In Stahlgewittern" von 1920 keine Spur davon.[119] Die bedeutenden rechten Autoren des 20. Jahrhunderts haben nicht gehaßt, zum Beispiel nicht Ernst von Salomon, als er sich als noch sehr junger Mann am Mord an Walter Rathenau beteiligte. Persönlich und für seine geistige Kapazität bewunderte er ihn sogar.[120] Oswald Spengler legte seine Theorie über den gesetzmäßigen Aufstieg und Niedergang der Völker und Kulturen als notwendige Abfolge geschichtsmächtiger Gesetzmäßigkeiten dar – vollständig ohne Zorn und Eifer oder gar Haß.[121]

Mit dem Haß im politischen Leben auseinandergesetzt hat sich Carl Schmitt, ein von katholischem Glauben motivierter Ordnungsdenker. Er betonte, „den Feind im politischen Sinne braucht man nicht persönlich zu hassen, und erst in der Sphäre des Privaten hat es einen Sinn, seinen ‚Feind', also seinen Gegner, zu lieben.[122] Liebe und Haß sind keine politischen Kriterien. „Der politische Feind braucht nicht moralisch böse, er braucht nicht ästhetisch häßlich zu sein; er muß nicht als wirtschaflicher Konkurrent auftreten, und es kann vielleicht sogar vorteilhaft erscheinen, mit ihm Geschäfte zu machen. Er ist eben der andere, der Fremde, und es genügt zu seinem Wesen, daß er in einem besonders intensiven Sinne existenziell etwas anderes und Fremdes ist, so daß im extremen Fall Konflikte mit ihm möglich sind"[123] Man kann ihn bekämpfen, doch hassen muß man ihn darum nicht. Rechte finden das richtig.

Woher Haß kommt

Haben sie schon einmal die Gesichter von unseren Medien oft hofierter „Aktivisten" betrachtet, wenn sie Auge in Auge mit ihren Gegnern konfrontiert sind? Sie verwandeln sich dann in haßerfüllte, verzerrte

119 Jünger, Sämtliche Werke, ISBN 3-12-904111-7.

120 Ernst von Salomon, Die Geächteten (1930), 228 ff., 311-315.

121 Spengler (1918).

122 Schmitt (1932 / 1963), S.29 f.

123 Schmitt (1932 / 1963), S.27 ff..

Wutgesichter. Schrille Töne dominieren. Aber man hört sich schon lange nicht mehr zu. Man schreit sich nur noch nieder. Polizeiketten verhindern den Bürgerkrieg auf den Straßen noch. Was passiert da in den Köpfen? Was verwandelt bei immer mehr Menschen eine stimulierende Angst in irrationale Panik? Was treibt sie von begründeter Sorge in die Hysterie?

Persönlichkeiten mit hohen Neurotizismuswerten reagieren stärker auf angst- und streßerregende Situationen als emotional stabile Individuen. Sie lassen sich darum leichter ängstigen und gegen an die Wand gemalte Teufel aufhetzen als emotional stabile Personen. Eine empirische Studie von Pieter Vanhuysse hat einen Zusammenhang zwischen Neurotizismus und einer Erwartungshaltung an sozialstaatliche Alimentierung ergeben: „Auf die Frage „Wie zufrieden sind Sie mit der Kranken-, Arbeitslosen-, Renten- und Pflegeversicherung, d. h. mit dem Netz der sozialen Absicherung?“ gaben neurotische Personen einen niedrigeren Zufriedenheitsgrad an. Bei den Menschen mit hohen Verträglichkeitswerten war das Gegenteil der Fall. Interessanterweise scheinen neurotische Menschen aber auch der Meinung zu sein, daß sie die vom Sozialstaat gebotenen Sicherheiten mehr brauchen – und wollen. Sie fühlen sich finanziell unsicherer, wenn sie krank, pflegebedürftig oder alt sind. Und sie wünschen sich stärker, daß der Staat einspringt und aushilft, wenn sie krank sind oder Unterstützung auf dem Arbeitsmarkt oder bei der Pflege von Angehörigen benötigen (Tepe und Vanhuysse 2020[124]). Mit anderen Worten: Neurotiker*innen sind unzufriedener mit dem Wohlfahrtsstaat, wünschen sich jedoch gleichzeitig von ihm abgesichert zu werden.“[125] Wir haben mit diesen Menschen das klassische Gegenbild zur rechten Persönlichkeit vor Augen: unselbständige, „betreute Menschen“ (Schelsky 1978), anfällig für Gleichheitsdenken und Parolen angeblicher Verteilungsgerechtigkeit.

Wegen ihrer hohen Neurotizismuswertes bilden sie den labileren Teil der Bevölkerung, reagieren schneller und nachhaltiger auf exter-

---

124 Tepe und Vanhuysse 2020: https://onlinelibrary.wiley.com/doi/10.1111/spol.12568.

125 Vanhuysse (2022).

ne Reize und sind darum leichter konditionierbar als ein Rechter, der stärker in seinen eigenen Anschauungen und Wertungen ruht. Haben Sie schon einmal, vielleicht auch im Film, gesehen, wie eine in die Enge getriebene Ratte um sich beißt? Wird ihre Fluchtdistanz unterschritten, wählt sie den letzten wütenden Angriff, wenn die Alternative der Tod zu sein scheint. In ähnlichem Angriffsmodus stürzen sich viele linksextremistische Aktivisten auf Andersdenkende – wenn sie nicht durch Polizisten daran gehindert werden. Dann stürzen sie sich ersatzweise auf die Polizisten, um ihren Haß abzureagieren. Ihre Panik kann nur als neurotisch verstanden werden, weil sie keinen unmittelbaren realen Anlaß benötigt. Viele junge Aktivisten verhalten sich gerade so, als drohe ihnen der sichere Tod, dem sie nur durch einen letzten, verzweifelten Angriff entgehen können: zum Beispiel auf eine Veranstaltung von „Klimaleugnern", auf eine geplante Abschiebung oder auf den Parteitag einer rechten Partei. Oft erscheint es ganz gleich, wogegen sich heute gerade ihr Haß richtet. Jedenfalls zielt er in die Richtung, gegen die von Linksextremisten in unserer derzeitigen Regierung täglich gehetzt wird: „gegen Rechts!" Dieser Haß ist neurotisch.

Die Autorin und Psychologin Esther Bockwyt urteilt über die Woken: „Es gibt einen Trend, psychische Erkrankungen zu Identitätsmarkern umzudefinieren. Das Problem dabei kann sein, daß Krankheit Teil der Identität wird, von der dann auch eine Loslösung erschwert wird. Kürzlich las ich, daß in den USA, wo die Wokeness noch viel intensiver floriert als hierzulande, von depressiver Identität die Rede war. Es gab auch schon Druck auf Forschungsteams, die zu ADHS forschen wollten. Dann kommt von der woken „Neurodiversitätsbewegung" der unberechtigte Vorwurf, es handele sich um eine Variante von Identität, da zu forschen sei eine Pathologisierung."[126]

Ist es die von Heinrich Böll beschriebene „rattenhafte Wut", mit der Reste verfaulender Macht verteidigt werden? Entspringt der Haß intellektueller Ohnmacht eines politischen Lagers, das nach dem Zusammenbruch des staatlich organisierten Marxismus 1989 hirntot ist? Manche Leute springen – wie konditioniert – im Wahn, einer

126 Esther Bockwyt, 28.2.2024.

tödlichen Gefahr ausgesetzt zu sein, wegen einer Maus kreischend auf einen Stuhl. Bei anderen sind es Spinnen. Der gesunde Menschenverstand setzt aus. Ohne den Umweg über den Verstand werden heftige Fluchtbewegungen ausgelöst oder ein todesmutiger Angriff mit dem Kehrblech, wenn sich kein Stuhl findet und kein Ausweg bietet.

Phobien nennt man solche Wahnvorstellungen. Der äußere Anlaß ist belanglos. Die Realität spielt keine Rolle mehr. Der phobische Mensch kämpft wie um sein Leben gegen eine eingebildete Gefahr. Ob diese Gefahr eine Spinne an der Wand ist oder der baldige Klimatod, spielt für das Wahngebilde im Kopf keine Rolle. Gesunde Menschen kann man nicht zu einem dermaßen haßerfüllten Mob aufhetzen. Wie Neurosen entstehen, kann nicht generell gesagt werden. Angststörungen können von einem unbewußten Konflikt verursacht werden. Die Gründe hierfür können in einer problematischen Kindheit oder einem nicht verarbeiteten Trauma liegen. Solche Traumata können Menschen auch durch eine spezielle Pädagogik induziert werden. Das ist vielen Kindern in den letzten Jahrzehnten systematisch angetan worden.

Natürlicherweise liebt ein Kind seine Eltern und Großeltern und vertraut ihnen. Es benötigt diese Bindung für seine werdende Persönlichkeit, für seine Identität. Wie der Soziologe Helmut Schoeck anhand von Schulbüchern der 1970er Jahre bereits aufgezeigt hat, wurden Schulkinder schon damals planmäßig neurotisiert: „Wie ein riesiger Staubsauger, der, einem Tintenfisch gleich, mit Dutzenden von Schläuchen aus der Seele des Kindes jeden Winkel absaugt, in dem noch ein Rest Sinn verborgen sein könnte, sind die linken Lernziele und Schulbücher bzw. vom Lehrer selbst zusammengebauten Unterrichtseinheiten ein wohlüberlegtes Instrument zur Abtötung jedes Erlebnisses von Sinn.“ Helmut Schoeck hatte das 1987 in seinem Buch mit dem Untertitel „Umschulung auf eine andere Republik“ geschrieben.[127] Diese andere Republik haben wir heute. Die damaligen Kinder haben die Macht ergriffen.

---

127 Schoeck, S.128.

Während sich die damalige neurotisierte Jugend heute oft schon dem Ruhestand nähert, hat sie weitere Generationen von Kindern indoktriniert. Was dabei herauskommt, kann man dann und wann auf eine Straße kleben oder gelegentlich freitags Schule schwänzen sehen: einen Marsch ungebildeter emotionaler Analphabeten. Aufgehetzt und hysterisch schreiend balancieren sie auf dem schmalen Grat zwischen selbstverstümmelndem Ritzen und panischer Furcht vor einem Klimatod. In neurotischer Verkürzung der Wunder des Lebens haben sie nur sich zu empören gelernt, und gegen etwas zu sein ist ihr Lebenssinn.. Aus der Empörung „wird Haß, wird Feindseligkeit gegen die eigenen Bezugspersonen, das eigene Volk und Land, und dieser Haß, so richten es die Schulbuchverfasser ein, muß nun auch noch seine vermeintliche Berechtigung in den Augen des Kindes bekommen: Deshalb flößt man ihm den Verdacht ein, die eigene Gesellschaft, die Leute bei uns hätten Hunde ohnehin lieber als Kinder. Jetzt, als verfolgte Minderheit im eigenen Land, kann sich das verstörte Kind mit den fernen Kindern in den Entwicklungsländern voll identifizieren.“[128]

Sie sind auf bestimmte Auslösereize konditioniert. Zu ihnen gehören Worte wie „Rechts“, Deutschland oder Nazi. Hören sie eine von ihnen abweichende Ansicht, kann das als Trigger, als Auslöser genügen. Was, „Klimawandel habe es immer gegeben?“ Das Denken setzt aus. Der Blutdruck steigt, die Gesichtszüge verhärten sich. Die Sprache wird schneller, aufgeregter. Daß wir Menschen, speziell natürlich wir Deutschen, am Klimawandel allein schuld sind und demnächst unser aller Tod droht, ist ausgemachte Sache, ist für sie feststehende Realität. Daß sie diese mit ihren fünf Sinnen nirgends wahrnehmen, tut nichts zur Sache. „Wenn der Mensch psychisch oder psychopathisch erkrankt, so erkrankt er auch an dem Widerspruch zwischen naturhaft gesehener Realität und dem Zwang der Gruppe, etwas anderes als ‚Realität‘ bezeichnen zu müssen.[129]

Zu besonderem Haß auf alles Reale führt das Empfinden, die reale Welt weiche in schrecklicher Weise von der inneren Traumwelt ab.

---

128 Schoeck, S.108 mit entsprechenden Nachweisen.

129 Adler (1990), S.12.

Es ist typisches Merkmal utopistisch denkender Linker, denen der Kontakt zur realen Welt verlorengegangen ist. Beispielhaft für die Entstehung linken Hasses ist die verständnisvolle Kommentierung der radikal linken Christin Dorothea Sölle: „Das Verhalten zum Beispiel von Ulrike Marie Meinhof, die einen politischen Gefangenen mit Waffengewalt befreite, ist ohne die tiefe Wurzel des Hasses nicht verständlich. Es ist der Haß auf eine Gesellschaft, die von immer mehr Menschen erfahren wird als eine Ordnung, die es unmöglich macht, ein menschliches Leben zu führen, weil sie von Widersprüchen beherrscht wird."[130]

Die Neurotisierung der Deutschen begann nach Beobachtung des Psychiaters Meinhard Adler in den 1960er Jahren im Rahmen sogenannter Faschismusverarbeitung als „zunehmende, man möchte sagen exponentiell ansteigende, inhaltlich als instrumentell zu charakterisierende, Auseinandersetzung mit dem traumatischen Ereignis. Charakteristisch für deren Mechanismus ist ferner die Steigerung des […] neurotischen Verhaltens umgekehrt zur persönlichen Betroffenheit. Mit anderen Worten, nicht der schlimmste persönliche Erlebnisgrad macht die stärkste deformierende Wirkung aus, sondern umgekehrt diejenigen, die, um es salopp zu sagen, relativ ‚günstig' davongekommen sind, werden am stärksten betroffen. In der Psychiatrie ist dies ein besonderes Signum für die Schwere der Neurose."[131]

Das neurotische Ergebnis der Faschismusverarbeitung bestand darin, daß die Betroffenen überall nur noch Nazis und in der Bundesrepublik finstere präfaschistische Strukturen am Werke sahen. Seitdem sind weitere Generationen geboren worden und zum Teil von den Neurotikern der 1960er und 1970er Jahre, vom Kindergarten über die Schule und Universität bis hin zu den Schaltstellen der Medien, fremdbestimmt und ihrerseits neurotisiert worden. Von der Klassenfahrt nach Auschwitz führt die Karriere über Antifa- und Klimademos bis in die Lehrerzimmer und die Redaktionsstuben unseres Staatsfernsehens.

---

130 Dorothea Sölle 1971.

131 Adler (1990), S.180.

Jahrzehntelang fühlten sich viele Deutsche wie vor einem ständigen moralischen Inquisitionstribunal, überhaupt Deutsche zu sein. Die eigenen Eltern und Vorfahren, das eigene Land, die eigene Identität: alles verbrecherisch, Kinder eines Tätervolkes. Völkisch? Teuflisch! Deutsch? Hassenswert! Sie selbst? Täterkinder! Das Perpetuum mobile der moralischen Daueranklagen gebiert ein tiefes Trauma, eine Erbneurose, gezeugt aus hypertrophierter Moral und Haß, geronnen zu Selbsthaß und einer eigentümlichen Todessehnsucht. Sie sollen und können nicht mehr Deutsche sein dürfen. Um dieser Inquisition zu entkommen, werden sie die Inquisition. Um nicht länger moralisch gequält zu werden, werden sie die Moral, verkörpern sie einen eigentümlich wahnhaften, neurotischen Hypermoralismus. Dieser fegt seit Jahrzehnten nicht minder erbarmungslos durch unser Land wie einstmals der Wahn ihrer Urgroßeltern, die auch die Welt vom ewigen Bösen befreien wollten und die man auch auf diejenigen Menschen hinwies, die dieses Böse angeblich verkörperten.

Sie leben in einer anderen Welt als der Rest des Volkes oder gar ein Rechter, der nicht so lange solchen volkspädagogischen Bemühungen ausgesetzt war. Wer nach Hauptschule oder Realschule in eine Lehre ging und sein Dasein mit geregelter Arbeit zubringt, neigt nämlich nicht besonders zu schuldbewußten Grübeleien über seine verbrecherischen Vorfahren, eine eingebildete deutsche „Kolonialismusschuld" oder unsere täglichen Klimaverbrechen. Noch ist nicht unser ganzes Volk neurotisiert. Die Betroffenen aber sind zu differenzierendem Denken oft unfähig. Fallen Auslösebegriffe wie Nazi, Klima oder Flüchtlinge, reagieren sie hysterisch wie in die Enge getriebene Tiere. „Die Generalisierung in den Bereich der eigentlichen Vernunft hinein ist das Erschreckende der deutschen Kollektivneurose, die durch die ‚Faschismusverarbeitung' getragen wird."[132]

Aufgehetzt von ihren Lehrern, die es auch schon nicht mehr anders gelernt hatten, sind unsere Neurotiker jederzeit fähig und bereit, zum Mob zu werden und mit „rattenhafter Wut" (Heinrich Böll) zu einem Kreuzzug aufzubrechen. Zu einem Kreuzzug für „das Gute" – „gegen Rechts", versteht sich. Das sind namentlich, die in der all-

---

132 Adler (1990), S. 181.

gemeinen Betroffenheitsbesoffenheit nüchtern geblieben sind, denen keine Ideologen Schuldneurosen eingetrichtert haben: die Rechten. Vor ihnen aber Ängste zu schüren, bildet ein Herrschaftsinstrument der Linken: Die psychologischen Methoden direkter wie auch unterschwelliger Lenkung der Massen sind vielfältig. Das Schüren von Ängsten gehört an prominenter Stelle dazu. Die Kirche stützte sich lange besonders auf die Angst der Menschen vor einem „Teufel". Hitler gewann Zustimmung durch die Angst der Menschen vor dem Bolschewismus und die von Hitler erzeugte Angst vor einem „gefährlichen Weltjudentum". Die SED benötigte immer „den Klassenfeind", um die Menschen sozial und politisch zu disziplinieren.

Auch bei Angstwellen vor einer Klimakatastrophe, vor „Haß und rechtsextremistischer Gewalt" oder dem „Corona-Virus" dürfen wir immer spontan fragen: Wem nützt diese konkrete Angst? Wer soll durch sie ein von wem gewünschtes Verhalten zeigen oder welches Verhalten bleiben lassen? Wessen Macht stabilisiert sich darin, wenn Menschen massenhaft die Gebote aus dem Klima-Katechismus befolgen, aus Rechtsextremismusfurcht nicht mehr „wir Deutsche" zu artikulieren wagen oder nur noch bei Amazon bestellen, weil unsere Ladeninfrastruktur infolge der Ansteckungspanik und der Corona-Verbote zerstört ist? Wem nützt es, wenn wir uns plötzlich bis über beide Ohren verschulden, womöglich noch für die Schulden von Nachbarn wie Italien haften sollen? Von wem werden wir abhängig? Der Psychologe Rainer Mausfeld weiß, wie es funktioniert:

„Besonders wirksam sind Arten der Manipulation, die direkt auf den Kern unserer mentalen Kapazitäten zielen und dazu beitragen, Chaos in den Köpfen anzurichten, aus dem sich dann politischer Nutzen ziehen läßt. Diese Formen der Manipulation will ich, in Ermangelung eines geeigneteren Wortes, Mentalvergiftung nennen. Eine Mentalvergiftung kann auf eher affektive oder auf eher kognitive Bereiche unseres Geistes zielen. Am einfachsten läßt sich dies auf affektivem Wege bewerkstelligen. Durch die Erzeugung von geeigneten intensiven Affekten läßt sich das Denken lähmen und die Aufmerksamkeit von den eigentlichen Zentren der Macht ablenken und auf jeweils gewünschte Ablenkziele und Ablenkthemen richten. Besonders erfolgversprechend ist dabei die systematische Erzeugung von Angst und Haß, die seit jeher zu den wirksamsten Instrumenten der Kontrolle der öffentlichen Meinung gehören. Lasswell stellte in seinem Standardwerk schon 1927 klar: ‚Es darf keine Zweifel darüber geben, auf wen sich der Haß der Öffentlichkeit zu richten hat.' Durch die Erzeugung von Haß läßt sich auch Ängsten ein geeignetes Zielobjekt geben, auf das sich dann Affekte des Volkes richten können."[133]

Leicht manipulierbar sind in Versorgungsdenken behaftete Menschen mit hohem Neurotizismuswert. Wegen seines eigensinnigen Beharrens auf seinen eigenen Werten, Normen und Entscheidungen wird ein Rechter dagegen eher trotzig, als auf einer Angstwelle mitzuschwimmen. Wer mit einem realistischen Menschenbild ausgestattet ist, fällt auf metaphysische Seifenblasenwörter wie Sünde, Buße, Menschenverachtung oder „soziale Gerechtigkeit" nicht herein. Solche Worte beeinhalten komplexe Gedankenkonstrukte, vor denen nur ihre tief Gläubigen in die Knie gehen. Wenn aber alle gläubig knien, hassen sie am meisten den, der neben ihnen stehen bleibt und auf sie herabblickt.

Identität bewahren

Indem sich rechtes Denken weitgehend den Historismus angeeignet hat, hat es zur Vergangenheit eine tiefere innere Beziehung als linkes oder liberales. Für jene bildet die Vergangenheit ein schreckliches Gefängnis für „die Menschlichkeit", ein Gruselkabinett willkürlicher Machtausübung, aus dem „der Mensch" sich erst langsam emanzipiert hat. Unverzeilich, daß in der Antike Sklaven gehalten wurden und daß in der athenischen Demokratie Frauen kein Stimmrecht hatten! Das waren alles „finstere" Zeiten, nur übertroffen von den „finstersten" Zeiten unserer Geschichte.

Rechte lassen solche Seufzer kalt. Es war einstmals, wie es eben war. Ein moralisches Auf und Nieder in der Geschichte kennt realistisches Denken nicht. Es fühlt sich nicht moralisch den historischen Säulenheiligen der Emanzipationsideologie verbunden, sondern

133 Mausfeld 2016.

emotional den Vorläufern und Stiftern seiner eigenen Existenz. Ihre Eltern und vielfach die Großeltern kennen die meisten Menschen noch. Ein Rechter fühlt, daß er seinen Vorfahren angehört, zu ihnen gehört und sich seine Existenz von der ihren gar nicht trennen läßt. Darum gilt ihnen seine Liebe und seine Solidarität. Er nimmt sie als Teil seiner Identität an: Ihr Leben setzt sich in seinem fort. Vielfach haben Großeltern ihren Enkeln „von früher" erzählt, von ihren eigenen Eltern und Großeltern, von denen ein Kind aus Erzählungen erfährt. Die natürliche Liebe des Kindes zu seinen Eltern erweitert sich so auf die Generationen, die es als individuelle Personen noch vor Augen haben kann.

Der tiefgreifende Unterschied zwischen rechtem und linkem Denken zeigt sich auch hier: Rechtes Denken verbindet sich emotional mit realen Menschen, linkes knüpft dagegen an abstrakte Vorstellungen an. Es kennt keine leibliche Verwandtschaft, sondern nur ideologische. Auf deren Altar opfert es selbst Vater und Mutter, wenn diese nicht die „richtige" Gesinnung hatten. Exemplarisch sehen wir das an der sogenannten Vergangenheitsbewältigung, in der sie sich als Weltgericht aufspielten, einen radikalen Generationenbruch propagierten und oft ihre eigenen Eltern und Großeltern abqualifizierten wie einen erbitterten Feind.

Rechtes Gefühl identifiziert sich dagegen mit allen Angehörigen, und nicht nur mit den lebenden. Es erweitert das Gefühl seiner Identität auf seine Angehörigen und fühlt sich mit ihnen als Gemeinschaft der Lebenden, der Toten und der Ungeborenen. Von entscheidender Bedeutung ist auch hier der Unterschied zwischen diesem emotionalen Fühlen und einem kollektivistischen Sollen, das ein Rechter strikt ablehnt. Er fühlt sich mit den Seinen verbunden, weil er sie liebt, aber nicht, weil er sich etwa als dienendes Rädchen in einem „Volksorganismus" ohne persönliche Bedeutung versteht.

Wie sehr das Gefühl der Nähe und die Bevorzugung des Ähnlichen auch eine biologische Grundlage hat, beschreibt der Biologe Adolf Heschl. Es sei eine biologische Gesetzmäßigkeit: Am sympathischsten seien uns die Menschen, denen wir am ähnlichsten sind. Der Mensch sei das paradigmatische Lehrbuchbeispiel der Soziobiologie schlechthin. Sein gesamtes Sozialverhalten zeige die genetische

Verwandtschaft als wichtigsten strukturierenden Faktor. „So zeigen zum Beispiel viele Untersuchungen, daß die – nicht immer ganz rationale – Wahl des Geschlechtspartners praktisch in allen Merkmalsbereichen (physische Attraktivität, Intelligenz, Interessen, Bildung, sozialer Status usw.) hauptsächlich nach Kriterien der Ähnlichkeit vonstatten geht."[134]

Die Liebe zu den Vorfahren, aus denen ein rechts Denkender selbst geworden ist, wird von selbstverständlichem Respekt und von Pietät begleitet. Über seine Toten spricht man nicht schlecht. Man spuckt niemandem aufs Grab, nur weil er aus Sicht seiner Zeit seine Probleme unter einer anderen Fahne meinte lösen zu müssen, als es aus Sicht der Nachgeborenen besser gewesen wäre. Wie ein Individuum zeitlebens dazulernen kann, vermag dies auch eine Generationenfolge. Sie kann das aber nur, wenn die Lebenserfahrungen der Alten den Jungen weitergegeben werden. Rechtes Denken nimmt willig bewährte Traditionen auf und ist empfänglich für Ehrfurcht vor den Leistungen wie auch den Leiden der Alten. Wenn aber zu den Erfahrungen der Alten evident gehört, daß ein Irrtum auf einen Irrweg geführt hat und in einer Katastrophe endete, nimmt rechtes Denken den Irrtum zwar in sein historisches Gedächtnis auf, nicht aber in seine familiäre Tradition.

Die Summe alles dessen, was eine große Gemeinschaft vieler Menschen auf diese Weise prägt und von Fremden unterscheidet, nennt die Ethnologe einen Ethnos. Das konnte in der Steinzeit ein Sippenverband sein, später ein Stamm, ein Volk oder eine Nation. Rechtes Denken bejaht das gewordene Eigene, das in der individuellen Existenz wirksam wird. Ideologen schwingen darüber ihr inquisitorisches Richtschwert und verfallen in kollektiven Selbsthaß, wenn sich ihr Weltbild in früheren Zeiten noch nicht in für sie wünschenswerter Weise ausgeprägt hatte. „Adam hatte gesündigt? Dann sind wir alle Sünder!", lautet das kollektivistische Verdammungsurteil der religiösen Fraktion solchen Denkens. Für rechtes Denken aber gibt es keine Entsprechung für den theologischen Begriff der Sünde, weil

---

134 Heschl. S.226 mit Literaturnachweisen.

sich niemand gegen Gebote versündigen kann, wo es keinen Gott gibt, der sie erläßt.

Die Macht des Mythos

Der Verlust der Kindheit ist unwiederbringlich. Aus kindlicher Sicht hatten unsere Gefühle und Bedürfnisse noch die Übermacht über unser Denken. Kritisches Bewußtsein entwickelt erst der Jugendliche. Die Mythen und Erzählungen unserer Kindheit graben sich darum tief in unsere vorkritische Erinnerung. Aufklärung darüber, daß sie „nur" Mythen sind, empfinden viele als einen Verlust. Dieser ist aber nicht vollständig: Alles Geheimnisvolle, Verborgene und Mythische existiert noch im Kopf. Dort führt die Sehnsucht nach ihm auch bei Erwachsenen, gerade auch bei rechts Denkenden, ein beharrliches Eigenleben.

Zweifelndes Selbst-Denken ist eine Angewohnheit, die man niemals mehr ablegen kann. Der Verlust des Märchenhaften besitzt eine individuell-emotionale und eine hochpolitische Dimension. Diese besteht darin, daß ein Mythos Kollektive zusammenhalten kann. Darin ähnelt er der Utopie. Er stiftet Identität und vermag Menschen sogar in aussichtsloser Lage wie in Nibelungentreue zusammenzuschweißen.

Viele stillen ihre Sehnsucht nach dem verlorengegangenen Mythos durch das Lesen „mythischer" Erzählungen aus unserer Sagenwelt oder neuerer Fantasy. In epischen Filmwerken wie Tolkiens „Herr der Ringe" oder „Vikings" verbergen sich zahllose „rechte" Werthaltungen. In den Helden solcher Filme finden Rechte sich leicht wieder. Mythen erfüllen im rechten Gefühlsleben eine ähnliche Funktion wie Utopien im linken. Sie sind kollektive Sinnstifter. Rechte verstehen das als Angebot. Sie müssen es nicht annehmen.

Der Verlust

Läßt sich das mit den Grundkonstanten rechen Denkens vereinbaren? Einer, der den Verlust allen Gemeinschaftssinnes beklagte, ritt just nach Weihnachten 2023 auf Twitter eine Generalattacke gegen Nietzsche. Ich lasse den anonymen „Fädenzieher" hier ausführlich zu Wort kommen:

„Mit Nietzsche ist keine sakrale Dimension möglich. Er ist im Kern „modern" und Humanist. Besonders deutlich hier: ‚All die Schönheit und Erhabenheit die wir den wirklichen und eingebildeten Dingen geliehen haben, will ich zurückfordern. als Eigenthum und Erzeugniß des Menschen: als seine schönste Apologie. Der Mensch als Dichter, als Denker, als Gott, als Liebe, als Macht: oh über seine königliche Freigebigkeit, mit der er die Dinge beschenkt hat, um sich zu verarmen und sich elend zu fühlen! Das war bisher seine größte Selbstlosigkeit, daß er bewunderte und anbetete und sich zu verbergen wußte, daß er es war, der Das geschaffen hat, was er bewunderte.' (KSA 13, 41). Kurz: Jeden Wert hat der Mensch nur auf die Welt projiziert. Gott ist nur eine Fiktion. Nietzsches Lösung des Nihilismus ist es, das anzuerkennen und dann via „heroischem Nihilismus" einfach weiterzuprojizieren, zu erfinden und „Werttafeln" aufzustellen. Das ist der geheime Grund, warum Nietzsche bei vielen Linken so beliebt ist und warum er, z.B. im Unterschied zu Heidegger, im akadem. Betrieb etabliert und kaum verfemt ist. Er paßt einfach besser zur modernen humanistischen Idee und ist bis zuletzt ein Teil der Aufklärung. Dieses Denken ist Gift für jeden religiösen und nationalen Mythos. Nietzsches Versuch, die Aufklärung gewaltsam, relativistisch (und listig) zu überbieten, scheitert, und was bleibt, ist seine verheerende Wirkung: Nominalismus, Beliebigkeit, Amoralismus, etc."[135]

Recht hat er, der Fädenzieher. Ohne Gemeinschaft stiftenden Mythos gibt es auf Dauer keine stabile Gemeinschaft. Nietzsche war totaler Individualist. Nichts Sakrales hielt seinem Spott stand. Und Unrecht hat er doch, der Fädenzieher, denn Nietzsche führte völlig zu Recht alles Sakrale, allen Mythos, alles Übersinnliche, Moralische, Spiritualistische zurück auf seinen jeweiligen menschlichen Schöpfer. Es waren alles Menschen, die sich all diese tollen Sachen

135 „Fädenzieher" auf Twitter.

ausdachten, von Odins Raben bis zur Weihnachtsbescherung, von den Nibelungen bis zum modernen Klimamythos.

Es ist eine wunderbare Eigenschaften am Menschen, sich ganze Vorstellungswelten zusammenzureimen: vom Geist des an die Höhle gemalten Mammuts bis hin zu Perry Rhodan, dem Weltraumfahrer, einem modernen Mythos. Wer fest daran glaubt, seine Vorstellungswelten seien real, hätten schon immer irgendwo existiert und würden ewig fortleben, ist ein Metaphysiker. Diese können äußert gereizt reagieren, wenn man die Realität ihrer Geistesblitze anzweifelt. Solche Zweifler nannten die antiken Platoniker „Sophisten" und verrissen ihre Schriften. Bis heute wettern metaphysisch Inspirierte:

„Die Sophistik kennzeichnet sich als profanes Denken, das weder um Götter noch um objektive Sinngehalte weiß oder auch wissen will. Der Verlust des religiös-moralischen Bereichs, aus dem die Prinzipien für Ordnung an sich stammen, läßt das sich ‚frei' fühlende Subjekt die Verstandeskräfte nun egoistisch im Streit der Rede gebrauchen, um seinen Standpunkt und sein Interesse durchzusetzen."[136] Es gibt allerdings keine objektiven Sinngehalte und keine „Ordnung an sich", wie der Anthroposoph v. Hippel behauptete, sondern nur von Personen gesetzte und nur individuell gültigen Sinn. Uns ist kein Sinn gestiftet, das kann uns keine „höhere" Instanz abnehmen.

Hier zeigt sich die tiefe Kluft zwischen metaphysisch gläubigen und aufgeklärten Menschen. Sie geht tiefer als der oft beschworene Rechts-Links-Gegensatz. Es gibt rechte wie linke Metaphysiker, nur ist der Inhalt ihres Glaubens ein anderer. Doch ihre Denkstruktur ist dieselbe: Ein Metaphysiker behauptet, seine Deutung der Welt gelte universell und absolut, denn sie entstamme irgendwelchen „höheren" Sphären oder Mächten. Er sieht sich eingebettet in einen Ordnungsrahmen jenseitiger oder immanenter Mächte, denen er sich unterworfen wähnt. Deren einstiges Eingreifen bildet den Kern des jeweiligen Mythos eines jeden Metaphysikers. Hier wurzelt seine äußerste Sehnsucht, hieran klammert sich sein tiefster Glaube. Bei Linken ist der Urmythos im Kern der Paradiesglaube an eine konfliktfreie Vorzeit ohne eigene Arbeit. Rechte Urmythen gab es viele.

136 Ernst von Hippel (1957), S.13.

Sie kreisen um siegreiche Helden und Befreier aus den Niederungen der Gegenwart, etwa: „Höre Rübezahl, was wir dir klagen, Volk und Heimat, die sind nicht mehr frei. Schwing die Keule wie in alten Tagen, schlage Hader und Zwietracht entzwei."

Der Mythos in uns

Es gibt keinen Grund, um den endgültigen Verlust von Mythen zu trauern. Nur geraten manche Mythen in Vergessenheiten, wenn sie die Herzen nicht mehr bewegen. Neue Mythen werden propagiert und instrumentiert: Der Mythos von der Kolonialschuld beruht auf einer rückblickenden Geschichtsdeutung, einer nachträglich konstruierten Erzählung, einem „Narrativ". Er ist aber kein authentischer, kein echter Mythos. Vor allem hat er keinen positiven „Helden". Damit fehlt ihm das wichtigste Merkmal aller echter Mythen.

In den Köpfen nicht kritisch hinterfragender Zuschauer unseres Staatsfernsehens sollen die linken Ersatz-Mythen propagiert und durch tägliche Wiederholung am Leben gehalten werden. Auch in vorgeschichtlichen Zeiten entstanden Mythen durch ständige Wiederholung und Wiedererzählen, wie der Mythos von Gilgamesch, der als Baby auf einem Fluß ausgesetzt wurde und die spätere Sintflut oder der Mythos vom strahlenden Helden Siegfried, der den Drachen tötete. Mythen leben in unseren Köpfen fort, solange wir sie weitersagen, solange unsere Kinder sie sich mit großen, staunenden Augen anhören.

Jeder vermag die ihn bewegenden Mythen am Leben zu halten. Wer mit glänzenden Augen das Filmepos „Vikings" sieht und sich eine vorgebliche Wikingerfrisur schneiden läßt, übernimmt die von den skandinavischen Sängern, den Skalden, überlieferte Sicht der Eroberungsfahrten des 8. bis 10. Jahrhunderts. Er muß nicht wirklich an Odin und Thor glauben, um die mythisch verklärte Sicht auf die realen Lebensverhältnisse der Skandinavier emotional anziehend zu finden. Er muß, erfreulicherweise, auch keine Menschenopfer für Odin bringen wie die Wikinger, er braucht auch keine Apostaten ans Kreuz zu nageln wie im Film ihre christlichen Zeitgenossen. Menschenopfer brachten die Skandinavier regelmäßig, und in der Verfilmung prallen altgläubiger und christlicher Mythos blutig aufeinander.

Mythen leben, solange sie den Lebenden etwas zu sagen haben. Einen Glauben an die Realität des Mythischen erfordern sie nicht. Generationen kleiner Jungs fühlten sich mit ihrem Holzschwert so stark wie Siegfried der Drachentöter. Anderen Generationen beugte man das Haupt, um sich vor hölzernen Krippen niederzuknien, in die man auf Holz und auf Stroh ein kindliches Holzfigürchen gelegt hatte.

Jeder kann sich aus dem Fundus der unzähligen Mythen aussuchen, was zu ihm paßt. Jeder Mythos trägt eine Botschaft in sich. Wer sie vernimmt und sich zu eigen macht, den kann sie in seinem Alltag und seinen Lebensentscheidungen bestärken. Nietzsche war ein aufklärerischer Denker, der die Metaphysik fremdbestimmender Mythen abgeschüttelt hat. Er weist darauf hin, daß jeder selbst Schöpfer seines eigenen Mythos sein kann. Und er schuf gleich selbst einen: den Mythos des „Übermenschen“, des erwachsenen, geistig selbständigen, unabhängigen Denkers: Er ist stark genug, auszuhalten, daß niemand vom Himmel steigt und uns einen Sinn stiftet. Damit schuf Nietzsche eine geistige Vorbedingung für den späteren heroischen Realismus.

Mythische Botschaften beinhalten Verhaltensmaximen. Sie schildern menschliche Vorbilder in ihrem Ringen gegen menschliche Kräfte und manchmal übermenschliche Mächte. Viele Menschen brauchen Mythen, und sie werden in Menschen leben, solange es Menschen gibt. Rechte wissen den Wert ihrer Mythen zu schätzen. Je nach Kraft eines Mythos kann er für einen rechts empfindenden Menschen stärker handlungsleitend sein als durchrationalisierte, „ideologische“ Überzeugungen. Er ging dem einstigen Kind zu Herzen, und seine Vorbildfunktion kommt noch manchem Erwachsenen direkt „vom Herzen“.

Beispielhaft rechts

Zunächst hatten wir uns mit den ontologischen, philosophischen und emotionalen Grundlagen rechten Denkens vertraut gemacht. Diese stehen miteinander in notwendigem inneren Zusammenhang, hängen also eine von der anderen ab und bedingen sich wechselseitig.

Während sie primär das rechte Denken bestimmen, bauen auf ihnen sekundär für Rechte typische Schlußfolgerungen und inhaltliche Standpunkte auf, die wir hier grob skizzieren und beispielhaft anreißen wollen. Sie führen zu typisch rechtem Gedankengut.

Die eigene Kultur als System

Die Liebe zu Familie, Volk, Vaterland und der angestammten Kultur gilt als typisch rechte Einstellung. Sie folgt unmittelbar aus dem Willen der Einzelperson, sich selbst zu erhalten. Es gibt nämlich keinen Menschen ohne Eigenschaften, die über sein biologisches Selbst hinausgehen. Seine Identität bildet jeder auch aus einer Vielzahl erworbener, also kulturell bedingter Eigenschaften.

Zu ihnen gehört die Eigendefinition in Abgrenzung zu anderen Menschen: als Schwabe vielleicht, als Deutscher oder Europäer, als Schachspieler, Ehemann oder Schornsteinfeger, als Heavy-Metal-Fan oder Tangotänzer. Alles sind kulturell erworbene und angenommene Eigenschaften, die ihn verbinden mit anderen Tangotänzern, anderen Heavy-Metal-Fans, anderen Schornsteigfegern oder auch nur anderen Deutschen. Damit ist er eingebunden in eine Kulturlandschaft vieler Menschen mit vertrauten Eigenschaften.

Es gibt viele solcher Kulturen. Der Verhaltensforscher Konrad Lorenz erkannte: „Jede Kultur ist ein auf natürliche Weise entstandenes lebendes System.“[137] Mit System meint er ein Ganzes, dessen Teile nach bestimmten Regeln aufeinander einwirken. Diese Regeln bauen auf Regeln untergeordneter „Systeme“ auf, haben aber auch eigene. So baut ein 4-2-4 System beim Fußballspiel auf den Fußballregeln

---

137 LORENZ, Zivilisationspathologie und Kulturfreiheit, in: ders. (1978 / 1983), S.335.

auf, hat aber weitergehende eigene. Fußball wiederum unterliegt allen Regeln der Biologie, der Physik und der Chemie, erschöpft sich in ihnen aber nicht. Der Philosoph Nicolai Hartmann hat aufgewiesen, daß es demzufolgen verschiedene „Seinskategorien“ mit jeweils eigenen Regeln gibt.

Ein naturwissenschaftliches, gerade auch biologisch fundiertes Weltbild erschöpft sich darum keineswegs in „Biologismus“. Es geht davon aus, daß sich zwar alle Systemeigenschaften niederer Seinskategorien in den höheren wiederfinden, die höheren gehen aber grundsätzlich über sie hinaus: das Anorganische, über ihm das Organische, über diesem wieder das geistige und das soziale Sein. Jeder Seinsstufe kommen spezifische Eigengesetzlichkeiten zu. Das kategoriale Gesetz der Wiederkehr besagt: Den Eigengesetzlichkeiten der jeweils niedrigeren Seinsstufe sind die höheren unterworfen, nie aber umgekehrt.[138] Somit sind Menschen zwar allen genetischen Eigenschaften unserer Biologie unterworfen. Unser geistiges und soziales Dasein erschöpft sich in ihnen aber nicht.

Die Regeln unseres sozialen Zusammenlebens stehen danach „kategorial“ über denen „niederer“ Kategorien. Zu ihnen gehören die Regeln, nach denen verschiedene Kulturen jeweils Eigenschaften aufweisen, aufgrund deren Konrad Lorenz sie allegorisch als „lebende“ Systeme bezeichnet hat. Das rechtfertigt sich damit, daß sie grundsätzlich offen sind für Veränderungen. Sie eignen sich nämlich fortlaufend neue Informationen an, „vergessen“ aber alte. „Leben kann also am besten verstanden werden als die Entstehung, Erhaltung und Neuerwerb von biologischer Information.“[139]

Während genetische Vererbung erworbener Eigenschaften eines Individuums eine Randerscheinung ist, erwerben kulturelle Systeme ihre Eigenheiten durch die menschliche Sprache, die Schrift und ein quasi kollektives Gedächtnis. „Mit dem begrifflichen Denken entsteht die Fähigkeit zur Vererbung erworbener Eigenschaften.“[140] Wir

---

138 Hartmann (1951), S.105.

139 Heschl S.56.

140 Lorenz, Zivilisationspathologie und Kulturfreiheit, in: ders. (1978 / 1983), S.334.

geben sie von Generation zu Generation weiter. Wir prägen dadurch in gewissem Maße unseren Nachkommen unser Wissen ein, geben unsere Vorstellungen von gutem Leben an sie weiter und erziehen sie im Sinne unserer für wichtig gehaltenen Charaktereigenschaften. Dadurch ist jede Kultur vorgeprägt durch generationenlange Traditionen und gibt diese weiter, soweit die Nachkommen sie annehmen. So betrachtet sind „lebende Systeme nichts anderes als erkennende und nur deswegen am Leben bleibende Systeme“.[141] Wären Menschen nicht so versessen auf ihren biblisch verheißenen Anspruch, eine Art Krone der Schöpfung oder Daseinszweck des Universums zu sein, könnten sie das auch ohne Genetik und vergleichende Verhaltensforschung erkennen. So gibt es Tierarten wie den Monarch-Schmetterling *Danaus plexippus* oder manche Zugvögel, die in ihrem Genom die Information über wechselnde Temperaturen und Futterangebote abgespeichert haben und bei denen sich tatsächlich die gesamte Art, also alle Einzeltiere ihres „lebenden Systems“, jahreszeitlich bedingt an ein und demselben Flecken Erde oder einer kleinen Region versammelt, als wären sie ein einziger großer Organismus..

Auch an der kulturellen Weitergabe erworbenen Wissens ist nichts Übersinnliches beteiligt, kein Volksgeist, keine Gesetze „höheren Seins“ und keine Anweisungen aus dem Jenseits. Sie folgt aber empirisch feststellbaren Eigengesetzlichkeiten, mit denen sich die vergleichende Verhaltensforschung befaßt, die Ethnologie und die Soziologie. Gäbe es keine spezifischen Gesetzlichkeiten, denen kulturelle Systeme folgen, wären diese Wissenschaften überflüssig. Sie beschäftigen sich nämlich ausschließlich mit ihnen. Die Fakultäten stimmen überein, daß sich die dynamischen Gesetzlichkeiten menschlicher Großgruppen nicht erklären lassen ausschließlich anhand individualpsychologischer Kriterien.

Kulturen werden von Großgruppen gebildet, die ständig miteinander interagieren. Die Art und Weise dieser Interaktion läßt sich mit einem „lebenden System“ und seinen Eigenschaften prägnant bezeichnen. Ein solches System ist keine Wesenheit, keine eigenständige Person und kann auch mit psychologischen Maßstäben ei-

141 Heschl S.57.

nes Einzelmenschen nicht verstanden werden. Die Psychologie der Massen ist mit den Kriterien der Individualpsychologie nicht restlos erklärbar. Nicht „das System“ einer Kultur ist insoweit „lebendig“, sondern die Personen, die es bilden. Ob wir darum vom kulturellen System der tibetanischen Buddhisten sprechen oder von der Kultur des deutschen Volkes, hypostasiert diese Kulturen nicht. Wissenschaftliches Denken sieht eine dicke Buddhafigur oder die deutsche Germania nur als Symbol, nicht als Person.

Sie versinnbildlicht Vergangenheit, Gegenwart und Zukunft unseres Volkes, nicht als biologische „Wesenheit“, sondern als traditionelle „Festigung bestimmter sozialer und ethischer Grundhaltungen“ einer über die Einzelperson hinausweisenden Art von Gemeinschaft, eine „nie dagewesene Art von lebendem System, dessen konstitutive Systemeigenschaft eben jene neue Art von Leben ist, die wir als das geistige Leben bezeichnen. Die individuellc, konkrete Verwirklichung eines solchen überindividuellen Systems nennen wir eine Kultur.“[142] Wir lieben sie alle, diese Kulturen, manche vielleicht mehr, manche schätzen wir weniger, aber unsere eigene ist uns am liebsten, weil sie unsere ist. Wer die menschlichen Kulturen gerade wegen ihrer Unterschiedlichkeit und Vielzahl schätzt und sie alle erhalten möchte, ist Ethnopluralist. Vor einer denkbaren Welteinheitszivilisation graust es ihn. Ein Mann betrachtet die verschiedenen Kulturen mit denselben Augen wie schöne Frauen: Sähen sie alle gleich aus, wie langweilig wäre das doch!

Dabei befinden sich alle Kulturen in Veränderung. Schließlich müssen sie sich ständig neuen Gegebenheiten anpassen können. Ihr Pluralismus ist in Gefahr, wenn Kulturen von anderen vollständig absorbiert und vernichtet werden. Anders als Eckhard Jesse meint[143], strebt Ethnopluralismus aber weder eine „homogene Gesellschaft an“, noch „lehnt er eine Durchmischung kulturell verschiedener Völker ab“. Für diese Behauptung gibt es keinen Beleg. Das deutsche Volk ist geradezu ein historisches Musterbeispiel dafür, wie sich aus der Durchmischung verschiedener Stämme, Stammeskulturen und

142 Lorenz (1973 /1975), S.231.

143 Jesse FAZ 20.3.2024.

germanischer Einzeldialekte im ersten Jahrtausend ein Volk mit gemeinsamem Bewußtsein herausbildete, das niemals homogen war. So entstanden die ostdeutschen Kulturlandschaften seit dem Hochmittelalter durch Überlagerung slawischer Stammesreste mit deutschen Siedlern, von Flandern bis Bayern. 1945 fluteten die zwölf Millionen Überlebenden nach Mittel- und Westdeutschland. Hier überlagerte bald die angloamerikanische Popkultur, was an deutscher Kultur den Krieg überstanden hatte. Rechte wissen das alles sehr gut, denken sie doch historisch und realistisch. Es zeugt dagegen von einer ganz anderen, vielleicht der eigenen, latent kollektivistischen Denkstruktur, Rechten zu unterstellen, irgendeine Art von Homogenisierung anzustreben. Es wäre ein handfester Widerspruch in sich, würde sich ein Ethnopluralist für die überlieferten deutschen Stammeskulturen von Schleswig bis Kärnten begeistern und ihre Buntheit preisen, zugleich aber irgendeine Art von Homogenität fordern.

Dieser Zugang zur Frage nach unserem ethnisch-kulturell deutschen Volk ist unangreifbar seitens jener stets lauernden Kollektivistenjäger, die in ihrem Selbsthaß das „ethnisch deutsche Volk" abschaffen wollen. Sie behaupten, der Begriff enthalte kollektivistische, also die Persönlichkeitsrechte des Einzelnen relativierende Forderungen. Das trifft schon darum nicht zu, weil alle spezifischen Eigengesetzlichkeiten höherer Systeme diejenigen der niederen in sich aufnehmen, aus denen sie bestehen. Sie vernichten sie aber nicht. So ist ein aus vielen Personen bestehender Verband ein „höheres System" als ein Individuum, weil er sich aus vielen zusammensetzt. „Höher" bedeutet hier keine Wertigkeit. Das ethnisch-kulturelle „System Volk" setzt sich aus vielen Persönlichkeiten zusammen, nicht aus Ameisen. Es setzt die Ansprüche der Einzelnen auf Achtung und Wahrung eben dieser Persönlichkeit geradezu voraus und sucht sich nicht zu vernichten. Jedes System würde zusammenbrechen, das seine eigenen Einzelteile substantiell vernichten oder in ihrer Eigenart negieren würde.

Selbst die derzeitige Bundesregierung fördert die ethnisch-kulturelle Fortexistenz deutscher Volksteile im Ausland. Während die Millionen deutscher Auswanderer nach Nordamerika mit der US-Zivilisation verschmolzen sind, haben die Auswanderer nach Rußland ihre ethnisch-kulturelle Identität bewahrt. Wie das Bundesministerium für Heimat und Integration auf seiner Webseite verlautbart, leben derzeit „noch rund eine Million Angehörige der deutschen Minderheit in den Staaten Mittel- und Osteuropas sowie in den Nachfolgestaaten der Sowjetunion". Das Ministerium schreibt weiter wörtlich: „Die Bindung an die deutsche Sprache und die dauerhafte Sicherung ihrer kulturellen Identität sind für die Deutschstämmigen von großer Bedeutung. Neben der Verbesserung ihrer Bleibe- und Zukunftsperspektiven fördert die Bundesregierung daher Maßnahmen zur Entwicklung der Sprachkompetenz und zur Wahrung und Stärkung ihrer ethnokulturellen Identität."[144] Der Wunsch, die ethnokulturellen Identität von Völkern und ihren Teilen zu erhalten, beinhaltet demzufolge nichts Kollektivistisches. Während der Verfassungsschutz derselben Ministerin es für rechtsextremistisch hält, zwischen dem rechtlich verfaßten deutschen Staatsvolk und dem ethnisch-kulturell deutschen Volk zu unterscheiden, spricht ihrer eigene Publikation „Deutsche Minderheiten stellen sich vor" von „Deutschen": „Galt es zunächst, den Deutschen in den Herkunftsgebieten in erster Linie eine wirtschaftliche Lebensperspektive zu eröffnen, so konnten die Förderschwerpunkte entsprechend den politischen Entwicklungen fortwährend angepaßt werden".[145]

Da eine menschliche Kultur aus oft dickköpfigen, aber auch aus immer neugierigen und experimentierfreudigen Individuen besteht, unterliegt sie ständiger Veränderung, auch in Interaktion mit anderen Kulturen. „Ein überindividuelles, die Lebensdauer der einzelnen Individuen überdauerndes System, sei es nun eine Spezies nichtmenschlicher Organismen oder eine menschliche Kultur, hat nur dann Aussicht auf dauernden Bestand, wenn sein inneres Gleichgewicht zwischen Unveränderlichkeit und Veränderlichkeit im richtigen Verhältnis zur Konstanz der Umwelt steht."[146]

Diese Veränderungen gehen immer von unten aus. Denn erst aus den unzähligen einzelnen Erfahrungswelten von Einzelpersonen dif-

---

144 BMI, Webseite, abgerufen 7.4.2024.

145 BMI, Deutsche Minderheiten stellen sich vor, S.14, Brodkorb S.113.

146 Lorenz (1978 / 1983), S.337.

ferenziert eine Kultur sich aus. Das „System Kultur" als Ganzes hat weder Augen, noch Ohren, noch Absichten. Es ist kein Organismus mit einer steuernden Zentrale und gesteuerten Ameisenmenschen. Seine Systemeigenschaft als Ganzes besteht vielmehr darin, daß die Erfahrungen und ihre Weitergabe an die anderen Einzelnen und an die Nachkommen immer von den Individuen ausgeht. Organische Lehren betrachteten dagegen die Gesellschaft wie einen großen Organismus, in dem die Individuen, Familien und Gruppierungen wie Organe eines Körpers aufeinander bezogen funktionieren und sich dem Ganzen funktional unterzuordnen haben. Daß unsere empirische Geschichte so aber niemals verlaufen ist, wissen Rechte: Unser Volk ist nie und war nie eine Art künstlicher Mensch, ist kein großer Leviathan mit nur einem Kopf und vielen ihm dienenden Zahnrädchen-Menschen.

Auf eine Faustregel gebracht, lieben Rechte das kulturelle System, das sie sich angeeignet haben und dessen Teil sie sind. Es ist ihr eigenes. Linke dagegen halten es für unvollkommen, hadern mit ihm und wollen es verändert. Es kann ihren utopischen Wünschen und Träumen nicht das Wasser reichen. Mit ihrer angestammten Kultur lieben Rechte auch die Menschen, die sie geschaffen haben: die noch lebenden und die gestorbenen. Sie stehen in Ehrfurcht vor den steinernen Zeugen unserer Vergangenheit. Ein Linker dagegen möchte am liebsten mit Tüchern verhängen, beschmieren, verfremden oder gar abreißen, was unsere Ahnen uns an Denkmälern hinterlassen haben. Das finden sie „fortschrittlich".

Jeder spürt, daß sich in einem Denkmal etwas verkörpert. Darum möchten manche Leute Denkmäler schleifen, andere bewahren. Für Rechte sind sie Teil unseres kulturellen Gedächtnisses. Da mag der eine oder andere alte König hoch zu Roß auf dem Marktplatz auch persönlich nur schwach begabt gewesen sein, so wie Friedrich Wilhelm III. von Preußen auf dem Heumarkt in Köln, er soll doch dort bleiben! Heute gehört er uns allen als Teil unserer Erinnerungskultur, denn „der Mensch, von Natur aus ein Kulturwesen, kann ohne das Stützskelett, das ihm seine Zugehörigkeit zu einer Kultur und seine

Teilhaberschaft an ihren Gütern verleihen, schlechterdings nicht existieren."[147]

Zivilisation oder Kultur?

Ein „Mann ohne Eigenschaften" (Robert Musil) mag zivilisiert sein – Kultur hat er aber nicht, denn diese ist eine Eigenschaft. Sie bildet für kulturbewußte Menschen sogar einen wesentlichen Teil ihrer Identität. Um eine persönliche Identität zu besitzen, benötigt man möglichst viele solcher Eigenschaften, sonst ist man nur ein Abziehbild. Mensch zu sein ist bloß eine Frage der Zoologie. Kulturelle Eigenschaften aber hat man zum Beispiel als deutsche, rheinische, kölsche und so abgestuft weiter bis zur individuellen Person.

Ich kenne keine andere Stadt wie Köln, deren eingeborene Bewohner ihre Heimat so inbrünstig lieben, als Mutter Colonia verehren und in hunderten populärer Lieder auf Kölsch das ganze Jahr über feiern. Seine eigene Kultur kann man aber nur gemeinsam wirklich ausleben. Würden sich durch Auswanderung alle Kölner in alle Welt zerstreuen und ebenso Zerstreute aus aller Herren Länder nach Köln ziehen, würden gewisse Linke das als multikulturell feiern. Tatsächlich wäre es aber sehr bald gar nicht mehr kulturell. Für sich allein und fern der Heimat kann niemand Karneval feiern, weil das ein kulturelles Gemeinschaftserlebnis ist. Volkstanz, Lieder, auf dem Dorf Totenehrung am Gedenktag, in München Oktoberfest, ja noch nicht einmal die kulturelle Errungenschaft des Fußballs kann der Fan einer Mannschaft unter fremden Nicht-Fans ausleben. Wie stark diese Sehnsucht schmerzen kann, sehen wir an Vereinsanhängern, die von einem Strand auf Mallorca oder anderswo voller Wehmut und Heimweh ein Selbstbild mit ihrer Vereinsfahne auf Facebook an ihre Freunde schicken. So verdünnt sich jede gewachsene Kultur, je mehr sie verfremdet wird oder ihr Träger sich von ihren Wurzeln entfernt.

Menschen mit anderen kulturellen Eigenschaften erkennen wir auch daran, was der Verhaltensforscher Mark W. Moffett als äußere „Marker" bezeichnet, zum Beispiel einen Fan-Schal in Vereinsfar-

---

147 Lorenz (1973 /1975), S.270.

ben. Unser evolutionärer Fortschritt gegenüber Tieren wie Schimpansen oder Wölfen besteht darin, in anonymen Gesellschaften an kulturellen „Markern" zu erkennen, wer „Wir" und wer die anderen sind. Solche Kennzeichen können eine Sprache sein, eine Bemalung, die Bekleidung oder Haartracht, ein Abzeichen, eine Grußform, ein Ritus oder vieles andere. Die Nutzung gemeinsamer Marker ermöglicht uns, auch mit persönlich Unbekannten unserer eigenen Gesellschaft angstfrei umzugehen, gehören sie doch zu „uns". Sie birgt aber auch eine Gefahr, weil sie alle ausschließt, die aus dem Raster fallen. Anhand unzähliger ethnologischer und historischer Beispiele weist Moffett nach, daß diese jeweils „Anderen" psychologisch aus dem „Wir" und damit häufig geradezu aus dem Menschsein ausgeschlossen werden. Es scheint menschlich zu sein, andere als „unmenschlich" auszugrenzen. Schon Konrad Lorenz 1966[148] und Eibl-Eibesfeldt 1994 hatten von Pseudo-Artbildung gesprochen, wenn die benutzten Marker erheblich voneinander abweichen. Unsere Biologie hindert uns nicht daran, solche „Anderen" bis zur Ausrottung zu bekämpfen.

Um den Menschen als des Menschen Wolf zu bändigen und inneren Frieden zu stiften, schuf der Staat der beginnenden Moderne verbindende gemeinsame Riten, Hymnen, Fahnen und Abzeichen, also verbindliche „Marker" im Sinne Moffetts. In zerfallenden Staaten bilden sich heute konkurrierende Gesellschaften innerhalb der Gesellschaft. So wurden Tutzis von Hutus und Moslems von Serben massakriert. Wir können das Auseinanderbrechen auch vormals homogener Gesellschaften in feindselige Teile täglich beobachten. Nur mit massiver staatlicher Gewalt lassen sich manche Subkulturen auseinanderhalten, die sich bis zum Exzeß eigener Marker bedienen. Unter speziellen Symbolen, besonderer Bekleidung oder gleichförmigen Parolen werden Außenstehende so erbarmungslos attackiert, wie eine Ameisen- oder Schimpansengesellschaft die andere bekämpft. „Die anderen": Das kann die Staatsmacht sein, wenn ein „Schwarzer Block" haßerfüllt auf Polizei losgeht, „die Ungläu-

148 Lorenz, Stammes- und Kulturgeschichtliche Ritenbildung (1966), in: ders. 1978 (1983), S.153 ff., 168, zustimmend Moffett (2018), S.394.

bigen“, „die Rechten“, die Hooligans des „feindlichen Vereins“ oder irgendwelche verdächtigen Fremden.

Je mehr Veränderungen sich bei den Markern einer Gesellschaft ansammeln, desto zersplitterter werde sie. Am Ende erreiche jede Gesellschaft ihre Belastungsgrenze.[149] Dann betrachte jede Fraktion die andere als feindselig „mit einer unerträglichen Identität und Handlungsweisen, die außerhalb der Grenzen der Gesellschaft liegen.“ Wie Schimpansen hätten auch Menschen die „Fähigkeit, die Wahrnehmung zu ‚unseresgleichen‘ abzuschalten. Wenn später eine Greueltat begangen sei, „beurteilen wir diejenigen, denen Unrecht geschehen ist, als nicht menschlich, und dies verwandelt sich in einen Schutzmechanismus, der die Schuldgefühle lindert und uns das Weitermachen ermöglicht.“ Gerade Bürgerkriege zeigten: „Eine veränderte Reaktion der Menschen auf andere Mitglieder ihrer eigenen Gesellschaft kann im Handumdrehen den ganzen Weg zu empörender Entmenschlichung und regelrechter Brutalität zurücklegen.“

Für Moffett zerfallen gesetzmäßig alle Gesellschaften irgendwann. Es entspreche „harter Realität, daß Gesellschaften nur ein bestimmte Menge von Veränderungen verkraften. Irgendwann läßt sich das soziale Gewebe nicht mehr flicken.“ Das Zugehörigkeitsgefühl werde auf eine Untergruppe übertragen. Erst breche die Kommunikation zusammen.[150] Man bildet Echokammern und verhängt Sprechverbote. „Wenn wir die mentalen und emotionalen Fähigkeiten anderer Menschen als unterentwickelt beurteilen und ihnen eine fehlende Ethik unterstellen,“, klagt Moffett, „halten wir uns selbst davon ab, mit ihnen in normalen Austausch zu treten.“

Dieser Punkt ist in Deutschland 2024 längst erreicht. Es gibt keinen nennenswerten Austausch von Argumenten mehr, seit sich in der Coronazeit Familien unkittbar darüber zerstritten, ob man am Kaffeetisch eine Maske tragen soll oder nicht oder gar, ob „Rechte“ wirklich Menschen seien, mit denen man reden kann, oder eine Art Gruselgestalten, die man mit einer Art rituellem Abwehrzauber belegt, wenn man sie nicht gleich für verrückt erklärt oder einsperrt. Früher

149 Moffett (2018), S.379..

150 Moffett (2018), S.393.

waren wir ein Volk, dann nur noch eine Gesellschaft, und heute wird unser Land besiedelt von vielen verschiedenen Gesellschaften, die einander nicht verstehen und das oft auch gar nicht wollen.

Diese Problem wird heute von allen Seiten des politischen Spektrums erkannt. Nur fallen die Antworten von rechts und links diametral verschieden aus. Rechts denkende Menschen wollen ihre Identität in diesem Land verteidigen, indem sie von Ausländern verlangen, sich zu integrieren und in letzter Konsequenz auch kulturell Deutsche zu werden. Die Gesellschaft soll nicht immer heterogener werden, weil die Gefahr innerer Konflikte sprunghaft wächst. Die Linke hingegen möchte die Gesinnung aller Menschen homogensieren. Sie strebt einen weltanschaulich homogenen Staat an. Alle sollen Multikulturalität niedlich finden. Darum will sie rechtes Denken bekämpfen, absondern, ausscheiden und zum Schweigen bringen. Sie sucht unseren früher kulturell als deutsch weitgehend homogenen Staat durch einen Staat mit homogen linker Gesinnung zu ersetzen: einen neuartigen linken Gesinnungsstaat, der sich immerfort „gegen Rechts“ abkämpft.

Rechts Denkende aber wollen sich nicht kulturell verdrängen und auch nicht auf lange Sicht quantitativ marginalisieren lassen. Sie messen multikulturelle Utopien an der Realität, und was sie sehen, gefällt ihnen nicht. Ihr Realitätssinn, ihr naturwissenschaftlich vorgeprägtes Weltbild, ethologische und soziologische Einsichten sagen ihnen, bestätigt durch alle historische Erfahrung: Zwischen der Skylla des weltanschaulichen und ethnischen Bürgerkrieges und der Charybdis eines Gesinnungsstaates müssen wir den rechten Weg finden, uns selbst und unsere Freiheit zu erhalten, die zu bleiben, die wir sind.

Die Vaterlandsliebe

Vaterlandsliebe ist heute verdächtig. Sie liebt das Eigene mehr als das Fremde. Sie denkt in Kategorien menschlicher Ungleichheit. Verstößt darum gegen die Menschenwürde, wer die Eingeborenen der Tonga-Inseln weniger liebt als seine eigenen Landsleute?

Ein noch nicht staatlich verfaßtes Volk „erwächst aus einer geschichtlich gewachsenen, substantiellen Gemeinsamkeit einer Gruppe von Menschen. Sie verweist und findet ihren Grund in der subjektiv unverfügbaren Vergangenheit: Aus gemeinsamer Geschichte, Schicksal, Sprache, Kultur erwächst solidarische Verbundenheit. Ihre aus geschichtlicher Kontingenz geprägte Gestaltung widerstrebt rationaler Erklärbarkeit."[151]

Heute kommen wir als Volk in der egozentrischen radikalliberalen Ethik nicht mehr vor. Auch die woke Linke weiß genau, daß es Stammesidentität gibt, substantielle Gemeinsamkeiten von Minderheiten oder meint sogar „rassische" Merkmale auszumachen, anhand deren sie kolonisierte „Indigene" von bösen weißen Männern unterscheidet. Fremde Völker werden in ihrer Existenz eben noch geduldet, wenn sie in Übersee leben. Nur ein deutsches Volk gebe es angeblich nicht, das sei nur ein gedankliches Konstrukt.

Nun ist *Volk* ein ethnischer und kein rechtlicher Begriff. Der Rechtsbegriff lautet Staatsvolk. Als bloßes Volk würden wir – staatsrechtlich gesehen – noch in einem vorjuristischen Naturzustand leben. Ein Volk *als Volk* kann nicht handeln. „Das Volk ißt, trinkt und vermehrt sich", sagte vor siebzig Jahren abschätzig ein Kölner Geschichtsprofessor seinen Studenten[152]. Indessen hat unseres die Vermehrung nahezu aufgegeben. Man kann es noch liebhaben, aber es läßt sich weder definieren noch im Einzelfall abgrenzen und kann ohne Staatsorgane nicht handeln.

Wollen wir unsere Interessen bündeln und gemeinsam schützen, müssen wir uns also organisieren und staatliche Strukturen schaffen. Unser Staat wird zur „juristischen Person", zu einem Bund verschiedener wirklicher Personen, also zu einer übergreifenden Kollektiveinheit, die so mit Rechten und Pflichten ausgestattet wird, als wäre sie ebenfalls eine Person. Sie verkörpert dann das Volk. Die einzelnen Bürger oganisieren sich als Staat nicht nur zum Schutz ihrer physischen Existenz, ihrer Rechtssicherheit und ihrer sozialen Sicherheit. Sie sind nämlich nicht bloß eine Gesellschaft zufällig zusammenge-

---

151 Depenheuer (2016), S.318.

152 Auf *Volk* umgemünzt, nach: Pesiqta Rabbati 43 (rabbinischer Text).

laufener Partygäste, die sich morgen wieder zerstreut. Sie leben seit unvordenklichen Zeiten als Volk. Ihre Solidarität ist nicht nur eine rationale Klügelei, mit der sich jeder individuell durch ein staatliches Dach absichern will. Sie leben, oberhalb der individuellen Ebene, als Nation wie „jedes Volk, das sich seiner selbst bewußt geworden ist und damit zugleich die Bewahrung seiner Eigenart anstrebt."[153]

Ein Staat erwächst einem Volk, sobald es sich Institutionen schafft und diese mit staatlicher Autorität ausstattet: mit umfassenden zwischenmenschlichen Regelungsbefugnissen. Diese staatliche Ordnung benötigt eine Ethik mit gemeinschaftsbildenden Tugenden. Elf Leute sind keine Fußballmannschaft, wenn sie sich nicht an die für alle geltende Spielregeln halten. Ohne Bereitschaft, sich an Regeln zu halten, gibt es keine kollektive Handlungseinheit: keine Fußballmannschaft, auch keinen Staat. Diese Bereitschaft besteht in der Anerkennung spezifischer Tugenden wie die der Staatstreue, der Vaterlandsliebe und der Familienbindung. An eine übersinnliche Qualität solcher gemeinschaftsbildender Werte muß niemand glauben. Wer Gott nur vom Thron stürzt, um sich selbst oder den Staat – individuell oder kollektiv – daraufzusetzen und als „gottesebenbildlich" anzubeten, hat nicht begriffen, was Aufklärung tatsächlich bedeutet. Daß es solche Werte aber bei allen Völkern und in allen Kulturen gibt, läßt den Schluß zu, daß es offenbar einen Nutzen hat, wenn die Mitglieder einer Gruppe ein die Gemeinschaft stabilisierendes System von Normen anwenden.

So verstanden schweben die Werte für eine Gemeinschaftsordnung nicht in übersinnlichen Sphären. Sie beeinflussen höchst real das menschliche Zusammenleben, weil viele Menschen gefühlsmäßig zu ihnen neigen. Es herrscht, wer den Inhalt des Glaubens bestimmt, auf dessen Grundlage die in der Staatsverfassung konkretisierte Wertordnung ruht. Rechtes Denken entscheidet sich hier für ein System von Tugenden, das unsere individuelle Freiheit mit dem Bestand der Gemeinschaft verknüpft, der wir alle angehören und die uns die individuelle Freiheit nach innen und außen garantieren soll. Diese Normen gibt es in Deutschland traditionell. Es ist sinnlos, Hirngespinste aus

---

153 Herzog (1971) S.44, Kunze (2020_2), S.79 f f., 82.

der intellektuellen Retorte zu ziehen. Nur intellektuell ausgeklügelte Werte erwärmen niemandem das Herz. Sie können weder die nötige soziale Bindungskraft entfalten noch Folgebereitschaft erzeugen. Wer wäre schon bereit, aus Liebe zur Staatsverfassung sein Leben aufs Spiel zu setzen oder materielle Opfer zu bringen? Wir dürfen sicher sein: Die Gesinnungsprediger in unseren hohen Staatsämtern, die dauernd von der „Würde unserer Demokratie" salbadern und Verfassungspatriotismus anmahnen, wären die ersten, die sich im Ernstfall absetzen, wenn es hart auf hart kommt, während ein Vater seine Familie bis zum letzten Blutstropfen verteidigt.

Nur die in den Gefühlen der Menschen wirklich vorhandenen, überlieferten Gefühle, Werte, Tugenden und Gemeinschaftsideen können dauerhaft sozial funktionieren: die Familie, das Volk und alle auf sie bezogenen Sekundärtugenden. Diese staatsbildenden und erhaltenden Tugenden sind Werte, für die Rechte sich bewußt entschieden haben. Sie entnehmen sie keinem normativen Ideenhimmel. Sie glauben an sie nicht wie an Wesenheiten. Sie gehorchen ihnen nicht aufgrund metaphysischer Aufträge. Als individuelle Menschen sind sie aber selbst keine aus dem Nichts gefallenen Abstrakta mit keiner weiteren Eigenschaft als der, ein Mensch zu sein. Alle deutschen Bedürfnisse nach Freiheit, nach Würde und Ehre, nach Gleichberechtigung und persönlicher Freiheit erwuchsen aus einer abendländischen Tradition. Diese stützt sich auf die Überlieferungen und Errungenschaften von der Antike über die Renaissance bis zur Aufklärung. Sie prägen unser gesamtes Verständnis der Art und Weise, wie wir selbst leben und mit unseren Mitmenschen zusammenleben wollen. Sie bilden den Kern unserer individuellen und kollektiven Identität.

Diese empfundene Identität mit den verwandten und gleichgesinnten Mitbürgern ruft jene eigentümliche Solidarität hervor, die sich mit dem Begriff der Vaterlandsliebe verbindet. Opferbereitschaft eines Rechten richtet sich auf verwandte Menschen, mit denen er sich auch gleich weiß in ihrer grundsätzlichen Sicht auf die menschlichen Verhältnisse. Mit ihnen bildet er gern einen staatlichen Bund, eine Solidargemeinschaft, deren personales Substrat immer diese konkreten Menschen sind und nicht abstrakte Begriffe.

Wir schulden – wenn überhaupt – Menschen unsere Solidarität, nicht Ideen. Das gilt auch, wenn die Ideen sich noch so verführerisch anhören mögen wie Humanität, Verfassung oder Vaterland. Ein Intellektualist mag sich in abstrakte Worte oder Begriffe verlieben, wenn er diese Vorstellungen in seinem Kopf so hoch schätzt. Für einen Realisten ohne metaphysischen Glauben lohnen es wirkliche Menschen viel mehr, geliebt zu werden. Er versteht darum das Wort Vaterland als Metapher für alle lebenden, verstorbenen und künftigen Menschen, die dieses Vaterland bilden. Sie sind es, die er liebt und denen er sich solidarisch verbunden fühlt.

Wenn man den Begriff des Volkes nicht als bloße Sammelbezeichnung für viele einzelne Menschen betrachtet, könnte man zu dem Schluß kommen, daß es Völker nur in unserer Vorstellung gibt: Real vorhanden sind allerdings die Menschen, die Verwandtschaftsbeziehungen, die gemeinsame Sprache und die gemeinsame Geschichte der Angehörigen eines Volkes. Alle diese Umstände bewahren das Phänomen „Volk" aber nicht, wenn es *als Volk* aus dem Bewußtsein seiner Angehörigen getilgt wurde. Ein Rechter liebt die Menschen, mit denen er diese gemeinsamen Eigenschaften teilt, mehr als andere Menschen, die ihm ferner stehen. In seinem Bewußtsein lebt sein Volk als Nation: Das „Deutschland, welches wir lieben und zu sehen begehren, hat nie existiert und wird vielleicht nie existieren. Das Ideal ist eben etwas, das zugleich ist und nicht ist. Es entspringt einem Gefühl und ist, metaphorisch gesprochen, „die im tiefsten Herzen der Menschen leuchtende Sonne, um welche unsere Gedanken"[154] sich drehen. Das reale Deutschland dagegen: das können nur konkrete Menschen sein, die Gesamtheit aller Deutschen. Wer sich für sie verantwortlich fühlt und sie zu seiner Herzenssache macht, rechnet zu ihnen die Gesamtheit der Lebenden, der Toten und der Ungeborenen. Das ideale heimliche Deutschland trägt jeder nur in sich allein.

Nationen sind daher vergängliche Gebilde und in ihrer Existenz verletzlich. Ihre Existenz hängt davon ab, den Willen zur Gemeinschaft tagtäglich aufrecht zu erhalten. Einer Nation diesen Willen, die Überzeugung von ihrer eigenen Identität also, zu nehmen, beför-

---

154 De Lagarde (1884/ 1914) S.83.

dert sie von der in unserer Vorstellung präsenten Existenz ins Reich der Schatten, in den Orkus des bloßen Erinnerns und schließlich Vergessens, also in die reale Nichtexistenz. *Finis Germaniae*? Das kann uns passieren, liegt aber allein an unserem Wollen. Ob eine „Nation als politische oder auch kulturelle Einheit erhalten bleibt, hängt nicht von irgendeiner unwandelbaren Substanz ab, die ihr innewohnen soll, sondern von den langfristigen Erfordernissen der planetarischen Lage, genauer: von der Art und Weise, wie die Akteure diese Erfordernisse begreifen und sich darauf einstellen."[155]

Deutsch bleiben

Politische Apathie hat unser Land erfaßt. Wie Kaninchen auf die Schlange starren Millionen Deutsche entsetzt auf die Mattscheibe: Wo hat sich heute der Messermob ausgetobt? Wie soll ich meine Heizkosten bezahlen? Bis wann darf ich meine Heizung benutzen? Sie fallen von einer Ohnmacht in die andere: Alle Angstpropaganda haben sie geglaubt, den Corona-Befehlen haben sie gehorcht, die aufmarschierte Staatsmacht trieb die wenigen Mutigen zu Paaren. Bloß nicht auffallen! Bloß nicht als Quertreiber oder Extremist gelten! Sie murrten, aber sie kuschten. So gewöhnten sie sich an ihre neue Unterwürfigkeit und ihre neuen Herren.

2015 kam eine Million Fremder in unser Land. Inzwischen werden es immer mehr. Hilflos wie Kinder mit großen, entsetzten Augen stehen die Deutschen dumm herum, wenn in ihrem Dorf bald mehr orientalische junge Männer wohnen sollen als deutsche Einwohner. Die verstehen die Welt nicht mehr, sie verstehen ihre SPD nicht mehr. Neben ihrem Bett könnte eine Bombe explodieren, und sie würden immer noch nichts begreifen. Und die Rechnung ihres Staates für diese Bombe, die würden sie auch noch bezahlen.

Einst hatte man vom stets verschlafenen deutschen Michel gesprochen. Lenin hatte über uns gesprochen: Wenn Deutsche in einer Revolution einen Bahnhof stürmen würden, würden sie vorher noch eine Bahnsteigkarte kaufen. Zu unserer traditionellen Knechtselig-

---

155 Kondylis (26.10.1994).

keit kommen aber strukturelle Gründe aus den Tiefen der Ideologie, mit der man uns seit Jahrzehnten täglich einseift.

Jedem sollte bei einfachem Nachdenken klar sein, daß zwischen den egoistischen Interessen des Einzelnen und allen gemeinsamen Interessen ein ausgewogenes Verhältnis bestehen sollte. Ohne den Schutz unserer gemeinsamen Rechtsordnung, ohne Schutz unserer Grenzen, ohne Schutz des Schwächeren vor der Eigenmacht des Stärkeren nützt dem Einzelnen seine persönliche Freiheit nichts. Sie wäre dann nur ein anderes Wort dafür, daß man nichts mehr zu verlieren hat. Darum muß jeder auf so viel von ihr verzichten, wie unbedingt erforderlich, den Bestand des Ganzen zu gewährleisten. Dieses Ganze löst sich sonst vor unseren Augen auf wie eine Fata morgana. Unseren Staat als Hüter unserer gemeinsamen Interessen gibt es so nicht mehr. Seine Staatsgewalt wurde von innen heraus erobert und zersetzt von Kräften, die uns als Gemeinschaft niemals beherrschen könnten. Isolieren sie uns aber alle voneinander, können sie es durchaus.

Es gibt zwei gedankliche Extrempositionen: den extremen Individualismus und den extremen Kollektivismus. Der eine hatte einst Sätze formuliert wie „Du bist nichts, dein Volk ist alles!“, oder „Alle Macht der Arbeiterklasse!“ Die Gegenposition zum kollektiven Extremismus bildet der Extremismus des Individuums. So geht der Liberalismus als politische Philosophie grundsätzlich und ausschließlich von den Bedürfnissen und Rechten des Einzelnen aus. Er degradiert die Bedürfnisse der Allgemeinheit, wie sie sich im Staat verkörpern, zu ihm allein dienender Funktion. Seine Metaphysik besteht in dem Glaubenssatz: Wenn jeder völlig frei und rein egoistisch handeln darf, geht es wie von unsichtbarer Hand der Gesamtheit am besten.

Darum greift die liberale Philosophie alle Vorstellungen verbissen an, die im Ganzen mehr sehen als die Summe seiner Einzelteile. Den Wald „dekonstruiert“ er zu einer Ansammlung von Bäumen, das Volk zu einer zufällig irgendwo herumwuselnden Gesellschaft, die Familie zu einer beliebigen Ansammlung von Leuten, die mal gerade „Verantwortung füreinander übernehmen.“ Jede höhere Gemeinschaft, die Bindungen und Verpflichtungen für das autonome

Individuum mit sich bringt, leugnet der philosophische Liberalismus und sucht sie in ihrem Bestand zu vernichten. Die Vernichtung beginnt ideologisch in den Köpfen. Sie setzt sich, zum Beispiel bei der Familie, gesetzgeberisch und fiskalisch fort. Am Ende wird die Familie nur noch eine schwache Erinnerung aus einer fremd gewordenen Vergangenheit sein.

Der Sozialismus hatte auch Gemeinschaften zum Verschwinden bringen wollen, aber zunächst nur diejenigen, die sich der staatlichen Neukollektivierung entgegenstellten. Die völlige Auflösung der zunächst noch dem Kollektiv zugedachten Macht sollte erst ein utopischer Kommunismus mit sich bringen. Diesen Zwischenschritt überspringt der Liberalismus. Für ihn ist jede Gemeinschaft nur ein störender Hemmschuh seiner individuellen Selbstverwirklichung. Der extreme Liberalismus hat uns gegenüber unseren gemeinsamen Interessen blind gemacht. Wir nehmen eine kollektive Bedrohung als solche gar nicht mehr wahr. Ratten verlassen das sinkende Schiff. Ist es in Kanada nicht auch schön?

Eine bloße Gesellschaft ist unfähig zur Selbstverteidigung. Das vermag nur eine Gemeinschaft, eine Gemeinschaft freier Individuen, die wissen, daß ihre Einzelfreiheit ohne die Freiheit des Ganzen nicht bestehen kann. In der Umdefinierung des deutschen Volkes von einer Gemeinschaft zu einer Gesellschaft trafen sich schon in den 1970er Jahren linksextreme und liberalextreme Positionen zu einem Amalgam: dem Linksliberalismus. Daß diese Kräfte zur Zeit eine Koalition bilden, ist kein Zufall. Sie sind Brüder im extremistischen Geiste. Den älteren Generationen vermochten sie mehrheitlich nichts anzuhaben. Wer noch aufwuchs in Liebe zu Volk, Familie und Vaterland, dem konnte man nicht das Herz aus dem Leibe reißen und durch liberale Hab- und Eigensucht ersetzen. Jahrzehnte linksliberaler Propaganda haben diese Generationen ersetzt durch andere, denen nichts wichtig erscheint als ihr persönliches Wohlergehen.

Sie vermögen sich vor den Gefährdungen ihrer individuellen Existenz nicht zu schützen, nicht zu organisieren, ihre Interessen nicht wirkungsvoll ins Spiel zu bringen. Wo protestieren die Millionen Eigenheimbesitzer, die durch enteignungsgleiche Heizungsgesetze ruiniert werden sollen? Wo demonstrieren die Millionen Deutsche, denen ihre Heimat verfremdet und in absehbarer Zeit als Heimat genommen werden wird? Ich sehe sie nirgends. Was ich nur sehe, sind in dumpfer Apathie vor der Glotze auf Anweisungen von Regierung und Staatsfernsehen brütende Einzelne. Widerständige Reste wie die Bauern werden sofort als Rechte erkannt, die sie mental auch sind, ob sie das wissen oder nicht. Sie bilden eine Minderheit.

Die übrigen bilden eine strukturlose, amorphe Masse, leicht manipulierbare Produkte jahrzehntelanger medialer Gehirnwäsche, leicht steuerbar, voller semineurotischer Identitätsängste und gefügig gegenüber jeder Schnapsidee ihrer Obrigkeit. Sie sind unfähig geworden, sich als machtvolles Ganzes zu verstehen und ihre gemeinsamen Interessen zu vertreten: unser aller Recht auf gemeinschaftliche Existenz. Sie können Worte wie deutsch, Deutschland, Volk oder Familie oft gar nicht mehr ohne Gewissensbisse denken. In ihren Herzen ist unser Vaterland erstorben, abgetötet worden. Es sind vaterlandslose Gesellen geworden, die würdigen Nachkommen ihrer sozialistischen und linksliberalen Väter und Vorväter.

Rechte sitzen mit ihnen in einem Boot. Während ein kleinerer Teil der Besatzung noch rudert, haben die anderen das Rudern eingestellt und lassen sich treiben. So treiben wir alle ohnmächtig und hilflos unserem Schicksal entgegen. Im Strom der Zeit gelangt man aber mit seinem Bötchen an der Mündung von Flüssen leicht auf eine Reise ohne Wiederkehr.

Gegenmoderne

Das polychrone Geschichtsbild

Ihr nostalgisches Schwelgen in vergangenen Zeiten hat Rechten oft den Vorwurf eingebracht, reaktionär oder ewiggestrig zu sein. Tatsächlich haben Rechte einen so innigen Zugang zu unserer Vergangenheit, daß sie diese gut kennen und manche Aspekte unserer Gegenwart vorziehen würden. Sie denken aber polychron, nämlich in allen Zeitdimensionen gleichzeitig. Geistig vermögen sie die Zeitachse beliebig herauf und hinunter zu fahren und sorgen sich dabei mehr um die Zukunft ihrer Nachkommen als durchschnittliche Zeitgenossen.

Diese leben oft nur im Jetzt. Rechte aber fühlen sich ihren Vorfahren eng verbunden und möchten in ihren Nachkommen fortleben. Das begründet ein Verantwortungsbewußtsein, das über kurze Legislaturperioden hinausgeht. Bewahrenswertes wollen sie bewahren und Verlorenes wiederbringen. Ist erst alles Wertvolle zerstört, mutiert ein Rechter zum Revolutionär: Er sucht künftig Erhaltenswertes neu zu schaffen. Dabei lebt er nicht aus irgendeinem bestimmten Versatzstück unserer Vergangenheit, sondern aus dem, was nach seiner Überzeugung immer gilt. Damit ist die rechte Gedankenwelt eine klare Absage an die Moderne, die der Dichter Botho Strauß prophetisch so formulierte: „Die Modernität wird nicht mit ihren sanften postmodernen Ausläufern beendet, sondern abbrechen mit einem Kulturschock. Der Kulturschock, der nicht die Wilden trifft, sondern die verwüstet Vergeßlichen."[156] Heute befindet sich unser fröhliches buntliberales Narrenschiff am Ende seiner Reise, und wer es bisher nicht durchschaut hatte, den trifft es spätestens jetzt am Geldbeutel. Ob dieses Narrenschiff nur die Nachhut der im 19. Jahrhundert beginnenden Moderne sein wird oder die Vorhut für die „Auflösung aller Dinge" (Sander), werden wir sehen.

Die Moderne als Epoche ist geprägt durch die industrielle Massengesellschaft mit massenhafter Produktion und Massenkonsum. Sie funktioniert optimal mit austauschbaren Massenmenschen ohne feste Identität. Geistesgeschichtlich entspricht diesem Denken die Auflösung jeder Formgebung im ästhetischen Bereich und der tradierten Formensprache im Literarischen sowie dem Übergang zu einem prozeduralistischen Philosophie- und Politikverständnis. Dieses schaffte die alten Gewißheiten ab und bietet als Ersatz für die verlorenen „Wahrheiten" ein diskursives Verfahren an. Was unter Menschen als „wahr" gelte, werde durch Diskurs überhaupt erst erzeugt. Danach gilt zum Beispiel als wahr, ein Transvestit sei eine Frau, wenn er das selbst will und alle es anerkennen. Rechtes Denken ist gegen diese Moderne, weil es für sie empirisch feststellbare Tatsachen und darum

156 Strauss (1993).

Objekte gibt, die sich allein aufgrund ihrer Form und Substanz jeder Diskussion entziehen. Diese Substanz ist unabhängig davon, was jemand über sie meint.

Bei Rechten steht alles Verflachende, Nivellierende, Durchschnittliche nicht hoch im Kurs. Jede Vermischung bedeutet einen Verlust an eigenständiger Form, an Schönheit, an unverwechselbarer Gestalt. Wenn man alle Farben durcheinandermischt, erhält man nur noch braun. Alle Differenzierungen gehen dem Auge verloren. Darum erfreuen Rechte sich an der Verschiedenheit der menschlichen Volkskulturen und begegnen der Massenzivilisation mit Distanz oder gar mit Abscheu. Sie möchten alle Ethnien fördern und erhalten. Diese Haltung bildet den Gegenbegriff zu einer Welteinheitskultur mit Welteinheitsmeinung und Welteinheitsregierung – für Rechte ein Moloch, der alles Schöne und Erhaltenswerte in käufliche Ware verwandeln und am Ende verschlingen wird.

Formvollendet können nicht nur Lebewesen und Gegenstände sein. Man kann sich auch formvollendet benehmen. Die höfliche Geste und das der Situation angemessene Betragen liegen rechtem Gefühl am Herzen. Und vollendet sich nicht selbst im Zweikampf nach klaren Regeln eine vorgegebene Form? Kann nicht ein Fußballspiel zweier Mannschaften, kann nicht ein Fechtkampf ein ästhetischer Genuß sein? Er vollendet sich, wenn Sieger und Verlierer sich danach die Hand geben. Im ritterlichen Tournier unseres Mittelalters oder in einem ostasiatischen Kampf(sport) zweier Gegner vereinigen beide Kontrahenten sich in einem höheren Ganzen, einer Form, die einer allein nicht bilden könnte.

Wertschätzung der Form

Rechte lieben die gewachsene Form ebenso wie die künstlerisch gestaltete. Ideenlehren und ihre kalten, grauen Begriffsnetze sagen ihnen nichts. Die greifbare Welt in ihrer Mannigfaltigkeit entzückt dagegen Auge und Herz. Rechte finden liebenswerte Formenvielfalt überall: in der Pflanzen- und Tierwelt, in den unterschiedlichen menschlichen Völkern und Kulturen, auch in den verschiedenen Sitten, Gebräuchen und Weltanschauungen. Als geborene Naturschützer sehen sie diese Welt als artenreiche Welt mit staunenden und bewundernden Augen an.

Ästhetik zu betonen ist rechts. Die Empfindungswelt Linker können wir dagegen in der Betonarchitektur vieler Gesamtschulen, neuerer Kirchen, Opernhäuser oder Parkhäuser bewundern. Hier ist alles wundersam gleichförmig – so gleichförmig, wie linkes Denken unsere Welt und uns Menschen gerne hätte. Bildet nicht linkes Gleichheitsdenken geradezu eine Anpassungsleistung an die Monotonie und Gleichförmigkeit moderner Großsiedlungen, grauer Nutzmenschenbatterien?

Die Auflösung der ästhetischen Form war Merkmal der künstlerischen Moderne. Sie entsprach damit der Auflösung aller strukturierten Vorstellungen gesellschaftlichen Zusammenlebens: Wie in der Kunst die ästhetische Formgebung, zerbrach die Moderne auch jede gesellschaftliche Form und Institution: Ehe, Familie und Staat. Rechte sind gegen diese Moderne, weil sie atomisiert und zerstört, was für Rechte unverzichtbare Errungenschaften sind.

Kennzeichen der Moderne als Epoche ist das Fehlen eigenständiger, substanzieller Formen. Die tradierten Formen klassischer Malerei lösten sich auf erst in impressionistische Bildpunkte, schließlich in einander gleiche Elemente ohne wesensmäßige Unterscheidung. Aus gleichen Einzelklecksen kann man alles und jedes neu konstruieren, nachdem die tradierte, gegenständliche Formgebung dekonstruiert war. Die Sprache als urwüchsiges und unverwechselbares Gebilde dekonstruiert man. Die moderne Linguistik löst sie auf in einzelne Urlaute, die ohne Respekt vor der Sprache beliebig zu jedwedem Neusprech wieder zusammengefügt werden können. Die Auflösung alle Formen und ihrer Vielfalt gehört geradezu zum philosophischen Grundprogramm der Moderne.[157]

Die hergebrachten sozialen Gebilde wie Ehe, Familie und Völker werden dekonstruiert, weil sie nicht ins ideologische Konzept passen. Wie genormte Industrieprodukte einander gleich sein müssen, um einen billigen Herstellungsprozeß zu gewährleisten, bildet auch

157 Vgl. eingehend Kunze (2022_1), S.107-121.

der einzelne Arbeiter oder Konsument der Massengesellschaft nur noch ein isoliertes Atom, frei von alten Bindungen, flexibel einsetzbar und damit frei für neues Angebundenwerden an die Bedürfnisse der Industrie. Aus solchen atomisierten Massen möchte man jede beliebige Gesellschaft neu konstruieren und beherrschen können.

Die überlieferte Formensprache der Kunst präsentiert sich uns ausgesprochen substanziell. Griechische Tempel und Skulpturen, romanische und gotische Dome und die Werke Michelangelos und Leonardo da Vincis verkörpern Maß und Harmonie. Diese Eigenschaften sind objektiv feststellbar, sie sind sogar meßbar, ebenso meßbar wie die Harmonie eines schönen menschlichen Körpers. Dem Biologen Konrad Lorenz war aufgefallen, daß die Evolution der Tiere und Pflanzen nichts Häßliches hervorgebracht hat. Er führt das darauf zurück, daß das Häßliche gewöhnlich auch funktional untauglich ist und der Arterhaltung nicht dient. Unser Schönheitssinn hat sich evolutionär parallel mit der Notwendigkeit biologischer Fitneß entwikkelt. Er ist uns angeboren. Jeder Mann und jede Frau reagiert auf ein gesundes, schönes Gegenüber anderen Geschlechts mit dem Wunsch nach Annäherung. Körpermerkmale, die biologisch für die Fähigkeit sprechen, gesunden Nachwuchs erzeugen und großziehen zu können, werden immer als attraktiv und schön empfunden.

Auf die Idee der modernen Formblindheit, Schönheit läge nur „im Auge des Betrachters“, ist jahrtausendelang kein Künstler gekommen. Das schließt nicht aus, auch Kunstwerke zu schaffen, die ganz bewußt häßliche Elemente enthalten, wenn gerade etwas Abscheuliches oder auch nur, wenn Armut und Elend dargestellt werden sollen. Aber auch das setzt ein objektivierbares Verstehen des Gegensatzes von Schön und Häßlich bereits voraus. Man kann das Häßliche nicht darstellen, wenn man von der Schönheit keine Vorstellung hat. Immer jedoch drückt sich in einem Kunstwerk eine über das materielle Objekt hinausweisende Idee aus, die ein formvollendetes Objekt so besonders machen kann. Nur und erst diese ist es, die sich als geistige Vorstellung hinter dem „Auge des Betrachters“ bildet.

Rechtes Denken hält Ästhetik für objektivierbar, Moralisches hingegen für subjektiv, darin liegt ein Hauptgegensatz beider Denkstile.

Verlustangst und Bewahrenwollen

Die Zerbröselung alles historisch Gewachsenen, Schönen und Wertvollen erzeugt in Rechten Verlustgefühle, Abwehr und das verzweifelte Bedürfnis, es bewahren zu wollen. Die Verluste ereignen sich zwar in der Epoche des Liberalismus und der Massengüter produzierenden Massengesellschaft. Sie fallen aber nicht ihm als Ideologie zum Opfer, sondern der modernen Produktionsweise und ihren Eigenbedingungen, welche die Ideologie erst aufnimmt und als wünschenswert ausdeutet. „Die Formen des Ideellen in ihrer Gesamtheit bilden zwar, wenn sie an sich betrachtet werden, das Pendant der materiellen Funktionsweise der Gesellschaft, gleichzeitig stellen sie aber einen Aspekt oder einen Teil eben dieser Funktionsweise dar."[158] Darum ist es die Produktions- und Lebensform der Moderne schlechthin, mit der sich Rechte nicht anfreunden. Es ist nur sekundär der Liberalismus, der erst in Anpassung an die neuen Verhältnisse und als geistiges Konzept eine mentale Anpassung und Neuorientierung nachvollzog.

So klagte auch der ursprünglich kommunistische, zuletzt rechte Publizist und Verfechter des bis 1806 bestandenen alten Reiches Hans Dietrich Sander (1928-2017): „Die Ubiquität der Technik, die nivellierenden Folgen der Industrialisierung und der entproblematisierende Anspruch der Rationalisierung haben, beschleunigt durch den Zerfall der bislang geschichtsbildenden Staaten, Reiche, Imperien, die entortenden Tendenzen zu fixen Dominanten in der Lage der Moderne aufsteigen lassen. Das Besondere droht vom Allgemeinen more geometrico verschlungen zu werden. [...] Das Subjekt drohte zum Objekt zu werden, ohne zu wissen, wessen."[159]

Die Moderne ist der physische und geistige Lebensraum der städtischen Ballungszentren, der massenhaft in engen Quartieren hausenden, jederzeit verfügbaren und überörtlich flexiblen, ledigen Arbeitnehmer und Sozialempfänger. Sozial über ihnen thront in ihren vom Volk abgesicherten Villen die Herrenschicht der neuen Elite aus Po-

---

158 Kondylis (1991), S.12.

159 Sander (1988), S.35.

litfunktionären und medialen Heilspropheten. Dagegen haben Rechte die Erinnerung an eine gänzlich andere Vergangenheit bewahrt. Botho Strauß hatte sie formuliert: „Rechts zu sein, nicht aus billiger Überzeugung, aus gemeinen Absichten, sondern von ganzem Wesen, das ist, die Übermacht einer Erinnerung zu erleben, die den Menschen ergreift, weniger den Staatsbürger, die ihn vereinsamt und erschüttert inmitten der modernen, aufgeklärten Verhältnisse, in denen er sein gewöhnliches Leben führt. Diese Durchdrungenheit bedarf nicht der abscheulichen und lächerlichen Maskerade einer hündischen Nachahmung, des Griffs in den Secondhandshop der Unheilsgeschichte. Es handelt sich um einen anderen Akt der Auflehnung: gegen die Totalherrschaft der Gegenwart, die dem Individuum jede Anwesenheit von unaufgeklärter Vergangenheit, von geschichtlichem Gewordensein, von mythischer Zeit rauben und ausmerzen will. Anders als die linke, Heilsgeschichte parodierende Phantasie malt sich die rechte kein künftiges Weltreich aus, bedarf keiner Utopie, sondern sucht den Wiederanschluß an die lange Zeit, die unbewegte, ist ihrem Wesen nach Tiefenerinnerung und insofern eine religiöse oder protopolitische Initiation. Sie ist immer und existentiell eine Phantasie des Verlustes und nicht der (irdischen) Verheißung. Eine Phantasie also des Dichters, von Homer bis Hölderlin. Der Rechte in solchem Sinn ist vom Neonazi so weit entfernt wie der Fußballfreund vom Hooligan, ja mehr noch: Der Zerstörer innerhalb seiner Interessensphäre wird ihm zum ärgsten, erbittertsten Feind."[160]

Ordnungsdenken

Es folgt keine konkrete Staats- oder Gesellschaftsform aus den rechten Denkgrundlagen. Ein Rechter kann in einer Demokratie ebenso zufrieden leben wie in einer Monarchie. Nur die Extreme von Ordnung und Chaos sind ihm zuwider: die Tyrannei und die Anarchie.

Es kommt rechtem Sinn für Ordnung, ja für ein ganzes menschliches Ordnungssystem entgegen, die Welt als gleichsam natürlich gegliedertes Ganzes zu begreifen. Wie Ernst Jünger als passionierter

---

160 Strauss (1993).

Käfersammler die Spezies und Subspezies verwandter Käferarten in seiner großen Sammlung sortierte, verleiht jedes Ordnungssystem seinem Schöpfer und Anwender ein Gefühl tiefster Sicherheit: Seine Welt ist in Ordnung. Zweideutigkeiten und Bastardisierung nähren die Angst vor dem Chaos. Wie unsere haarigen Vorfahren Angst vor einer für sie undurchschaubaren und oft unerklärbaren Umwelt gehabt haben mochten, erzeugt alles Chaotische ein mulmiges Gefühl des Kontrollverlustes. Menschen ordnen ihre Umwelt gedanklich, bringen sie in ein System und möchten sie dadurch kontrollierbar machen. „Die Erde bebt? – Ach, das ist nur Poseidon. – Na, dann ist ja alles in Ordnung!"

In einem Staat mit berechenbarer Rechtsordnung zu leben, ist traditionell jedem Rechten wichtig. Historisch war die Rechte aus jenem liberalen Bürgertum hervorgegangen, daß sich im 19. Jahrhundert gegen die absolutistische Monarchie gewandt hatte. Es forderte eine rechtliche Verfassung und nachvollziehbare Gesetze. Die Forderungen bündelten sich im aufkommenden Gedanken eines Rechts- und Verfassungsstaates. Dieser bildete den Gegenbegriff zum absolutistischen Machtstaat, aber auch zu Staaten, die sich als Hüter irgendeiner religiösen Idee aufspielten. Liberalem Denken entsprang damals die Vorstellung einer „unverbrüchlichen Herrschaft des Gesetzes", und zwar des staatlichen. Es sollte frei sein von allen religiösen Sinndeutungsallüren, was der nachlassenden religiösen Glaubenskraft jener Zeit entgegenkam. Das rein weltlich verstandene staatliche Recht galt nicht, weil es „höheres", metaphysisches Recht lediglich beglaubigte, sondern aus sich selbst heraus, und zwar ganz schlicht, weil es im staatlichen Gesetzblatt verkündet und dadurch „positiviert"[161] wurde: Die Gesetzgebungsmacht erzeugt das Gesetz, keine „höhere Wahrheit".

Aus dieser Vorstellungswelt heraus sonderte sich erst im 20. Jahrhundert die werdende Rechte heraus, behielt die Rechtsstaatsidee aber bei, zumal die Träger rechten Gedankenguts damals bürgerlicher Herkunft waren. Chaos statt Staat? Das wäre ihnen genauso unheimlich gewesen wie eine religiöse oder ideologische Gedankenpolizei,

---

161 Hobbes, 2. Teil, 26. Kap., S.239 der Reclam-Ausgabe.

die einen Bürger früh um 6 Uhr aus dem Bett holt, weil er – Modell Inquisition – etwas Ketzerisches verbreitet haben sollte, sich nicht als linientreu bewiesen habe – Modell Stalinismus – oder der einen Feindsender hörte – Modell NSdAP. Bis heute entspricht es rechtem Ordnungsdenken, eine Ordnung unbedingt zu benötigen, allerdings eine berechenbare, klare Rechtsordnung, die ihn in Ruhe läßt und nur einschreitet, wenn er etwas gesetzlich Verbotenes ausgefressen hat. Mit Thomas Hobbes ist rechtes Denken überzeugt: Die Hauptsache ist, daß überhaupt eine Ordnung besteht, denn die Alternative bestünde in einem Rückfall in Zeiten, in denen „der Mensch des Menschen Wolf" war. Wenn sich die Wölfe aber als Oberpriester, Inquisitoren oder ideologische Zuchtmeister aufspielen, büßen sie die Legitimität ihrer Herrschaft ein.

Rechtem Denken ist auch jede Ideologie und ist jedes Gesellschaftssystem verdächtig, das jeden Tag zum Frühstück bereit ist, alle zwischenmenschliche Ordnung aufzuheben und „neu auszuhandeln". So beruht die ultraliberale Diskurstheorie auf der Annahme, es gebe keine substanziellen Unterschiedlichkeiten und darum nichts, das immer gilt. Als Ersatz dafür bietet sie an, in einem ewigen Diskurs jeweils neu auszuhandeln, was aktuell gelten soll. In einem niemals endenden Diskussionsprozeß soll sich immer neu herausbilden, was zwischen Menschen als unumstößlich gilt.[162]

Dazu hat ein Rechter aber gar keine Lust und sieht es als Zeitverschwendung an. Wozu soll er mit jemandem jeden Tag aufs neue darüber diskutieren, ob der ein Mann ist oder eine Frau? Was jemand substanziell ist, kann sich nicht aus einer Diskussion herausbilden oder aus einer Entscheidung, die er jeden Tag wieder rückgängig machen kann. Aber nur das Bedürfnis ist Merkmal rechten Denkens, sich an irgendeiner verläßlichen Ordnung der Dinge orientieren zu können. Welche Ordnung das ist, hängt von den Zeitumständen ab. So verband sich rechtes Denken vor 200 Jahren mit der Vorstellung einer ständisch gegliederten Gesellschaft, in der Adlige und Bauern als substantiell verschiedene Menschen galten. Frauen, so glaubte mancher Mann noch vor 150 Jahren, seien weniger bildungsfä-

---

162 Dazu eingehend K. Kunze (1995).

hig aufgrund einer substantiell geringeren Verstandesleistung. Das glaubt heute niemand mehr. Das Bedürfnis nach einer Halt gebenden Orientierung aber ist geblieben.

Es ist aber keine Besonderheit rechten Denkens. Auch orthodoxe Linke streben mittelfristig eine Ordnung an: mit einem Politbüro an der Spitze, einer straff gegliederten, allmächtigen Partei und vielen konformistischen Gefolgsleuten. Darum sind Rechte und solche Linke gemeinsame Gegner der alles auflösenden und infrage stellenden Macht des Liberalismus.

Machtkritik macht antiautoritär

Wir trennen scharf zwischen den strukturellen Voraussetzungen rechten Denkens und Denkinhalten, die in Vergangenheit und Gegenwart von Rechten vertreten wurden. Aus den philosophischen Denkvoraussetzungen wie dem Realismus folgt noch kein konkreter politischer Standpunkt. Politische Standpunkte nehmen nur politisch denkende und handelnde Rechte ein, also ihre Minderheit.

Niemand setzt sich grübelnd in sein Studierstübchen und denkt sich inhaltliche politische Standpunkte aus. Diese bilden sich immer als Abwehr- oder Angriffswaffen angesichts realer Interessenkonflikte. Daß sie geschmiedet und geführt werden, ergibt sich aus der Natur eines konkreten Konflikts. Zu welchen Denkfiguren eine Seite greift, hängt wesentlich davon ab, wie der Gegner sich selbst definiert und positioniert.

Darum dürfen wir die historisch von Rechten eingenommenen Positionen nicht zwingend zum Nennwert nehmen. Sie ergaben sich vielmehr häufig aus dem Bedürfnis, den inneren Kern eines Gegners durch die polemische Behauptung des Gegenteils anzugeifen. So hatten Staaten mit rechtsautoritären Regierungen im 20. Jahrhundert aus einer Frontstellung gegen die nicht minder autoritären Varianten des Kommunismus gestanden. „Da Privateigentum und Wirtschaftsliberalismus, auf welchem Niveau und in welcher Form auch immer, mit autoritären Mitteln gegen die Linke in Schutz genommen werden sollten, so besteht der programmatische Antikommunismus der Rechten aus einer Reihe von Grundsätzen, die eigentlich eine

Umkehr der kommunistischen Losungen darstellen: An die Stelle der Klasse und des Internationalismus tritt die Nation und der Patriotismus, an die Stelle der universalen Emanzipation die traditionelle vaterländische Wertskala"[163] und so fort.

Solche, von historischen Rechten eingenommene inhaltliche Positionierungen folgten aber nicht zwangsläufig aus der rechten Denkstruktur, sondern wurden situativ eingenommen. Sie konstituieren nicht das rechte Weltbild, sondern es hätten auch andere Positionen sein können. So hatte sich rechter Autoritarismus herausgebildet, um die liberale Wirtschaftsfreiheit gegen die autoritäre Kollektivierung in Sowjetrußland zu schützen. Auch solche rechten Regime im Südamerika der 2. Hälfte des 20. Jahrhunderts gelangten an die Macht, um die (vermeintliche) Wirtschaftsfreiheit gegen Verstaatlichungstendenzen zu verteidigen.[164] Wie situativ Merkmale wie Autoritarismus sind, ergibt sich schon aus der Analyse der rechten Persönlichkeitsstruktur, die sich nicht gern unterordnet, und aus der Umkehr der Verhältnisse in Deutschland in den letzten 50 Jahren: Waren es damals antiautoritäre Linke, die gegen die autoritäre Verteidigung des altbundesrepublikanischen Status quo aufbegehrten, ist es heute genau umgekehrt: An die Macht gelangt, handeln sie selbst noch viel autoritärer als das damals vielgeschmähte Bonner „Establishment" je regiert hatte: Sie sind dabei, einen linksautoritären Gesinnungs- und Verbotsstaat zu errichten.

Darum sind es heute Rechte, die sich dagegen mit Argumenten verteidigen, die der antiautoritären Bewegung der 1970er Jahre strukturell entsprechen. Die Ausführungen in diesem Buch über die Autonomie belegen das nachdrücklich. Autoritarismus ist kein notwendiger Bestandteil des rechten Weltbildes. Er stellt die Verhaltensweise jeder herrschenden Macht dar, während Antiautoritarismus die gegebene Waffe jeder Opposition ist.

Es entspricht der gegebenen Lage der politischen Machtverhältnisse, daß eher der Rechten zugerechnete Strömungen seit den autoritär durchgesetzten Corona-Maßnahmen sich über „Diktatur"

163 Kondylis (1986), S.504.

164 Kondylis (1986), 505.

beschwerten. Der lange Arm des autoritären Linksstaates reicht bis in unsere Kinderzimmer, wenn Polizisten Kindergeburtstage wegen angeblicher Seuchenverbreitung „auflösten“. Die Obrigkeit kennt keine Verhältnismäßigkeit der Mittel mehr. Das Schlimmste bei allem ist nicht, daß, rückblickend gesehen, eine so weitgehende Maskenpflicht medizinisch sinnlos war und Kinder gar kein besonderer Ansteckungsherd waren. Das Erschreckendste war der Eindruck, daß es unseren Regierenden Spaß gemacht zu haben schien, uns alle einmal richtig zu schurigeln und auf Gehorsam zu drillen. „Am Anfang der europäischen Erfolgsgeschichte, von Wissenschaft und Technik, von Kunst und Kultur, steht die Entdeckung des Individuums. Mit ihm einher gehen Freiheit und Privatheit. Beides bedingt einander. Existiert keine Privatheit, gibt es auch keine Freiheit. Das Private ist die letzte Verteidigungslinie der Freiheit. Deshalb richten totalitäre Diktaturen ihre Bemühungen darauf, die Privatheit zu brechen, alles öffentlich, alles kontrollierbar, alles überwachbar, manipulierbar, bewertbar zu machen und jeden zu jedem Zeitpunkt seines Lebens unter die von oben verordnete Norm zu zwingen.“[165]

Zur Zeit sind es linksextreme Allmachtsphantasien mehrerer Ministerinnen, die der rot-grün-liberalen Regierung den Vorwurf einbringen, ein totalitäres System installieren zu wollen. Dabei ist offenkundig, daß es verfassungswidrig wäre, beflügelt von antifaschistischem Kampfgeist die Demokratie auf den Kopf zu stellen. Zu Recht urteilte das Bundesverfassungsgericht, deren Merkmal sei die Willensbildung aus dem Volke heraus zu den Staatsorganen hin, also von unten nach oben.[166] Demgegenüber schüttet die Regierung Millionen um Millionen an linke Gruppierungen und Vereine aus, um die Willensbildung von oben nach unten zu regulieren. Selbst vor den Grundrechten soll nicht halt gemacht werden. So denkt man schon amtlich daran, wie man erlaubte Meinungsäußerungen unter-

---

165 Mai, S.43.

166 Vgl. ausdrücklich etwa Art. 11 IV Verfassung Bayern: „Die Selbstverwaltung der Gemeinden dient dem Aufbau der Demokratie in Bayern von unten nach oben“ sowie BVerfG, Urteil vom 17.12. 1953 – 1 BvR 147/52 –, BVerfGE 3, 58-162, Rdn. 85, U.v. 23. 10.1952 – 1 BvB 1/51 –, BVerfGE 2, 1-79, Rdn. 166..

binden oder Versammlungen verhindern kann, denen man das Etikett „rechtsextrem“ aufgeheftet hat.

So haben sich gegenüber der alten Bundesrepublik die Fronten vertauscht: Nach ihrer Machtergreifung werden antiautoritäre Linke plötzlich dogmatisch und autoritär, während die angeblich so autoritätsgläubigen Rechten ihre Liebe zur Machtkritik entdeckt haben. Sie haben erkannt, daß es immer ein Akt der Machtausübung ist, wenn jemand seine Ideologie, ihre Wertvorstellungen und Normen als allgemeinverbindlich ausgibt, als universell und absolut gültig. Der Befehl lautet dann: „Ich habe den Sinn des Lebens erkannt und die Weisheit mit Löffeln gefressen, darum hört ihr jetzt gefälligst alle auf mein Kommando und haltet euch daran!“

Rechte werden bei solchen Befehlen trotzig. Sie sind selbst imstande, ihrem Leben einen Sinn zu geben und benötigen nicht die von dem Soziologen Schelsky so genannten Sinnproduzenten der theologischen und politologischen Fakultäten. Der Rechte denkt selbständig und durchschaut die „verborgene Herrschaftsgier“ der ideologischen Rundumbetreuer: Jene „sind doch heute vor allem diejenigen, die ohne großes personales Existenzrisiko und mit großer beruflicher Selbständigkeit leben können, nämlich die öffentlich ausgehaltenen Hochschullehrer, Lehrer, Studenten und Schüler, die Medienbeherrschenden, Journalisten des öffentlichen Rundfunks und Fernsehens und die im kapitalistischen System gut verdienenden Schriftsteller, die amtlichen Sozialbetreuer und sonstigen Organisationsfunktionäre, also die in ihrer ‚Selbständigkeit‘ in unserem Sozialsystem wahrscheinlich international freiesten ‚Intellektuellen‘, die alles tun, um die Frage der sozialen Verteilungsgerechtigkeit hochzuspielen.“[167] Sie erzählen uns seit Jahren, wen wir lieben sollen und was wir nicht hassen dürfen und wie wichtig sie für uns sind. Ohne sie nämlich würden wir gewiß schlimme Sachen anstellen.

Die Stoßrichtung ihrer Agitation richtet sich erklärtermaßen ausschließlich „gegen Rechts“, weshalb die Rechte sich nicht anders wehren konnte als mit antiautoritären Argumenten. Diese müssen die autoritäre Beherschung durch die linksextreme Funktionärskaste

---

167 Schelsky (1978), 21 f.

„delegitimieren“ – nicht etwa „den Staat“, dessen Machtmitteln und Institutionen jene sich bemächtigt haben. Sie erheben einen ideologischen und gesellschaftlichen Totalitätsanspruch, sodaß es heute zwangsläufig die von ihnen diskriminierten Rechten sind, die sich auf die Totalitarismustheorie besinnen und der linken Repression mit dem Grundgesetz in der Hand entgegentreten. Das Recht, zumal unser Verfassungsrecht, ist immer die gegebene Waffe der gesellschaftlich Ohnmächtigen gegen die Verlockung der totalen Macht.

Resistenz gegen Gehirnwäsche

Das Reich der Lüge

Wer über die Informationsquellen herrscht und darüber entscheidet, was mit welchen Worten übermittelt werden darf, kann auf stabile gesellschaftiche Dominanz hoffen. Der Soziologe Schelsky hat schon 1975 analysiert, wie linksrevolutionäre Kräfte die hergebrachte Sprache unterwandert und durch eine Art neoreligiöser Priestersprache ersetzt haben.[168] Begriffe mit konkreter Bedeutung wurden durch einen neuen Wortschatz verdrängt, der durch „Abstraktionserhöhungen“ und Sprachformeln immer mehr die erfahrene Realität überdeckte. Diese formelhaften Wendungen bilden nach der linksradikalen Machtergreifung eines ihrer wesentlichen Herrschaftsinstrumente. Hallen einem in den Hörsälen und ihrem Fernsehen „dann die Wortfetzen der stereotypen klassenherrschaftlichen Verdummung durch die intellektuelle Sozialvormundschaft entgegen, mit denen ja aufgrund ihrer Sendegewalt nicht mehr zu ‚kommunizieren‘ oder zu ‚argumentieren‘ ist, dann wird einem der unvermeidbare Glaube früher Kulturen an die ‚Dämonen‘ oder den ‚Teufel‘ völlig verständlich. Der neue Teufel, das ist vor allem der unfaßbare Sprachverderber, der dadurch herrscht, daß er die Menschen ‚sprachlos‘ macht.“[169]

Rechte lassen sich nicht sprachlos machen und reden, wie ihnen der Schnabel gewachsen ist. Darum sind sie bevorzugtes Ziel sprach-

---

168 Schelsky (1975), S.233 ff., 237, 238.

169 Schelsky (1975), S.247.

politischer Verunglimpfung und Diskriminierung. Aus Sicht rechten Denkens versteht sich der Wert rechten Denkens von selbst. Er ist untrennbarer Bestandteil einer rechten Persönlichkeit. Jede autoritäre Einschränkung oder Manipulation seines Denkens bildet einen Frontalangriff auf seinen Persönlichkeitskern. Darauf reagiert er so empfindlich wie Menschen mit anderen Weltbildern auch. Ein Marxist, der ins Gefängnis käme, wenn er bloß das Wort *Klassenkampf* benutzt? Ein Christ, der *Gott* nicht mehr aussprechen dürfte? Immer wieder aber haben Herrschaften ihren Untertanen das Denken auszutreiben und herrschaftskonformes Denken eintrichtern wollen. Nach gelungenem Exorzismus aller teuflischen Worte schreiten sie dann zur Tat und installieren mit den Worten ihrer Herrschaftsideologie eine ganz eigene Gedankenwelt, in der sich die Untertanen schließlich freuen, beherrscht zu werden.

„In seinem 1947 erschienenen Buch *LTI – Notizbuch eines Philologen* beschäftigt sich der Romanist Victor Klemperer mit der Sprache des Dritten Reichs: ‚Worte können sein wie winzige Arsendosen: sie werden unbemerkt verschluckt, sie scheinen keine Wirkung zu tun, und nach einiger Zeit ist die Giftwirkung doch da,'", notiert Klemperer.[170] Auch heute geraten unbewußt immer mehr Menschen unter den Einfluß vergifteter Wörter. Sie bemerken nicht, wie sie nach und nach alles infizieren und die Geister bis in die Mitte der Gesellschaft verwirren."[171]

Rechte nehmen solche Manipulationen sportlich. Sie erkennen die Sprachsteuerung als Methode der Machtgewinnung und Beherrschung und nehmen den Kampf auf. Schon Heraklit hatte gewußt: Ein Volk solle um seinen Nomos kämpfen wie um seine Stadtmauer.[172] Die geistige Integrität einer Gruppe ist so wichtig wie seine physische. Dieser „Begriff umfaßt natürlich die Traditionen und Überlieferungen eines Verbandes ebenso wie seine Ehre, und ein Volk gewaltsam von seiner Geschichte abzutrennen oder zu entehren, be-

---

170 Viktor Klemperer: LTI. Notizbuch eines Philologen, S. 10 und 27.

171 Heidlberger 18.2.2020.

172 Heraklit, zit.: Capelle S.154.

deutet dasselbe, wie es zu töten."[173] Ob ein Untertan – wie bei George Orwell (1984) – gezwungen wird, 2 + 2 als = 5 anzuerkennen oder ob ein Regime Dutzende sexueller Geschlechter erfindet und die Untertanen zu deren Anerkennung zwingt, mag man mit Arnold Gehlen metaphorisch resümieren: „Teuflisch ist, wer das Reich der Lüge aufrichtet und andere Menschen zwingt, in ihm zu leben. Das geht über die Demütigung der geistigen Abtrennung noch hinaus, dann wird das Reich der verkehrten Welt aufgerichtet, und der Antichrist trägt die Maske des Erlösers wie auf Signorellis Fresco in Ovieto. Der Teufel ist nicht der Töter, er ist der Diabolos, der Verleumder, ist der Gott, in dem Lüge nicht Feigheit ist, wie im Menschen, sondern Herrschaft. Er verschüttet den letzten Ausweg, die Erkenntnis, er stiftet das Reich der Verrücktheit, denn es ist Wahnsinn, sich in der Lüge einzurichten."[174]

Mit ideologischem Wahnsinn aber wird sich rechtes Denken niemals abfinden, sonst würde es sich selbst aufgeben. Es widerspricht antagonistisch der wissenschaftlichen Suche nach den uns Menschen konstituierenden biologischen und sozialen Fakten, es widerspricht rechtem realistischen Menschenbild, es widerspricht der freigeistigen Ablehnung metaphysisch hergeleiteter Sollensforderungen, und zuguterletzt fordert es das Selbsterhaltungsbedürfnis heraus, Willenskraft und Standhaftigkeit und damit typisch rechte Charakterzüge.

Zugriff auf die Medien

Mit dem Zugriff auf das Fernsehen und mit seinem parteipolitischen Mißbrauch haben die etablierten Parteien das ausschlaggebende Machtinstrument der modernen Mediengesellschaft in der Hand. Sein Einsatz beseitigt die Chancengleichheit vollständig und trifft damit den Nerv der freiheitlichen demokratischen Grundordnung. „Was wir über die Gesellschaft, ja über die Welt, in der wir leben, wissen, wissen wir durch die Massenmedien."[175] Chancengleichheit

173 Gehlen, S.185.

174 Gehlen, S.185.

175 Luhmann (1996), S.9

ist aber nicht beabsichtigt, wenn die rot-grüne-gelbe Regierung seit langem ihre Fanfaren zum „Kampf gegen Rechts“ bläst. Wie schon ihrer Vorgängerregierungen mißbraucht sie von oben die ihr in die Hände gefallenen institutionellen Machtmittel dazu, die Gemütslage, Stimmungen und Meinungen der Bürger nach unten zu steuern. Die Beherrschung durch Sprache ist dabei ein Machtinstrument. Obwohl gesetzlich nichts dagegen sprechen kann, werden Worte wie Neger[176] oder Ausländer tabuisiert. Wer meint, es gebe welche, wird so seines sprachlichen Ausdrucksmittels beraubt und kann zuguterletzt in Ermangelung eines Begriffs auch einen geistigen Zusammenhang nicht mehr denken. Genau das ist der Plan. Wann haben wir im Fernsehen zuletzt das Wort *Ausländer* gehört? Es sperrt sich gegen eine globalistische, panhumanistische Ideologie, derzufolge jeder kommen und gehen soll wie er mag.

Planmäßig werden Begriffe aus der Medienwelt geschafft und neue eingeführt. Diese sind allesamt mit normativer Ideologie kontaminiert. Es gibt viele Begriffe, die einen Tatsachenkern enthalten können, hauptsächlich aber religiöse oder ideologische Vorstellungen beschreiben, die außerhalb eines Glaubenssystems in der Realität keine Entsprechung haben, zum Beispiel die Worte Dreifaltigkeit, Erbsünde oder Paradies. Menschen können beherrscht werden, indem man sie zwingt, nur mit ausgewählten Verhaltensnormen aufgeladene Worte zu benutzen und andere zu vermeiden. „Die Beherrschung durch Sprache scheint uns die vorläufig letzte Form der Versklavung von Menschen zu sein, die als soziale Wesen auf den Verkehr durch Sprache genauso angewiesen sind wie jeder lebende Organismus auf Zufuhr von Nahrung und Sauerstoff. In der Herrschaft durch Sprache ist ein Herrschaftsgrad von Menschen über Menschen erreicht, demgegenüber physische Gewalt geradezu harmlos und veraltet ist.“[177] Die moderne Beherrschung bedient sich einer „sanften Gehirnwäsche“.[178]

---

176 Dazu Kunze, Die sanfte Gehirnwäsche (2020_1), S.145-148.

177 Schelsky (1978), S.116.

178 Kunze, Die sanfte Gehirnwäsche (2020_1).

Kein Denken ohne Begriffe

Auch Hunde können denken, wenngleich nicht begrifflich. Wir Menschen vermögen uns durch abstrakte Symbole auszudrücken: als Worte und Begriffe stehen sie für eine Sache. Jeder sprachliche Begriff beinhaltet zugleich eine bestimmte Denkweise. Ohne das jeweils passende Wort können wir einen bestimmten Gedanken gar nicht denken und ein Gefühl nicht mehr nachempfinden, das uns jemand durch ein Wort nahebringen möchte. „In vielen Sprachen gibt es Wörter für Emotionen, die sich nur schwer in eine andere Sprache übersetzen lassen. So bezeichnet etwa der portugiesische Begriff ‚saudade' ein Gefühl der tiefen Melancholie, das durch das Verlangen nach etwas entsteht, was abwesend oder verloren ist. Auf Deutsch würde man dazu am ehesten ‚Sehnsucht' sagen, was wiederum ebenfalls keine genaue Entsprechung im Englischen hat."[179]

Wer das Denken seiner Untertanen manipulieren will, muß bei ihrer Sprache anfangen. Bestimmte Vorstellungen sollen aus dem Denken verschwinden, weshalb man die Bezeichnungen für bestimmte Worte verbieten will. Wer etwas nicht mehr auf den Begriff zu bringen vermag, kann es noch nicht einmal mehr denken. Schon der bloße Gedanke an etwas Verbotenes – das Gedankenverbrechen – wird dem Unterworfenen dann unmöglich. Einst durfte man in Deutschland nicht wagen, frei zu denken. Heute *darf* man es. Gesamtschulgeschädigt und medienmanipuliert, *kann* der moderne Deutsche es aber häufig nicht mehr. Er vermag nur noch das zu denken, was er nach Ansicht unserer Medienzaren und volkspädagogischen Betreuer wollen soll, und eben das hält er nach einem Wort Oswald Spenglers für seine Freiheit. George Orwell schrieb in seinem Roman „1984": „Siehst du denn nicht, daß die Neusprache kein anderes Ziel hat, als die Reichweite des Gedankens zu verkürzen? Zum Schluß werden wir Gedankenverbrechen buchstäblich unmöglich gemacht haben, da es keine Worte mehr gibt, in denen man sie ausdrücken könnte."[180]

---

179 Zeibig, Spektrum 19.12.2019.

180 Orwell, Neunzehnhundertvierundachtzig, S.50.

Die moralisierende Religionsmaschine

Gibt es „das Gute“ und „das Böse“?

Rechte denken nicht in Gegensatzpaaren wie Gut gegen Böse. Mit Nietzsche betrachten sie solche Sichtweisen als Froschperspektiven. Rechte sind Pragmatiker. Gesinnungsrigorismus ist ihnen fremd.

Wir haben uns oben davon überzeugt, daß ihr Skeptizismus und jeder Dezisionismus vollständig gegen moralisierende Befehle immunisieren. Skeptisch hinterfragen Rechte, wer denn bitte den Befehl erteilt haben soll, der hinter irgendeinem moralischen „Du sollst!“ steckt. Bei staatlichen Gesetzen ist ihr Urheber klar. Allgemeingültige Moralgesetze aber erkennen Dezisionisten nicht an, weil hinter jenen niemand steht, der sie uns als Anweisungen aufgibt.

Wer an keine absolute Moral glaubt, ist keineswegs unmoralisch oder gar antimoralisch. Für seine eigene, höchstpersönliche Moral entscheidet er sich durchaus. Er erklärt sie aber nicht für allgemeingültig. Damit ist er moralisch indifferent. Er bestreitet die angebliche Universalität irgendeiner Moral. Er meint: Es gibt sie nicht universell oder gar absolut. Wo Moralisten ihren Leitstern sehen, ist für freie Geister – nichts, lateinisch *nihil*!

Wie alle Prinzipien kann man auch moralische Prinzipien verabsolutieren. Dann glaubt man an die reale Existenz eines konkreten, universellen Gut und Böse und schwingt sich zum Propheten, Ankläger, Richter und Vollstrecker auf – immer „des Guten“, versteht sich. Neben seiner Moral duldet der Moralist nichts. Während Not bekanntlich „kein Gebot kennt“, haben die deutschen Nachkriegsgenerationen jede Not weit hinter sich gelassen. „Die zunehmende physische Sättigung wird von Kritik und moralisierender Querulanz begleitet.“[181] Satte Moralisten beurteilen alles nur moralisch.

Andere Menschen erklären die Welt aus Sicht anderer Sachgebiete: der Naturwissenschaftler zum Beispiel auf Grundlage der Chemie und Physik. Für ihn ist eine Aussage richtig oder falsch. Der Ästhet betrachtet die Welt, und was er sieht, findet er schön oder häßlich. Der

181 Gehlen, S.121.

Ökonom unterscheidet das Nützliche vom Unnützen. Ob man nach den Maßstäben des einen oder eines anderen Sachgebiets handelt, führt zu unterschiedlichen Handlungsoptionen. Jeder muß sich zum Beispiel manchmal entscheiden, ob er „das Gute" oder das Nützliche wählt. Ob ein Handeln moralisch ist, kann immer nur ein Kriterium bei der Abwägung verschiedener möglicher Handlungsoptionen anhand unterschiedlicher Handlungsmaximen sein. Der Moralist aber glaubt nicht nur daran, immer müsse die Moral das letzte Wort haben. Er wähnt sich auch in Besitz einer höheren Erkenntnis, welche konkrete Moral das sein soll und was sie gerade fordert.

Die potentielle Aggressivität moralischer Verbote ist unübertroffen. Wer ohnehin aggressiv ist, kann erst recht auftrumpfen, wenn er sich zuvor moralisch bewaffnet. „Das moralische Urteilen und Verurteilen ist die Lieblings-Rache der geistig Beschränkten an denen, die es weniger sind."[182] Die Empörung ist der typische Gestus des Moralisten. Unsere vom Internet und sozialen Medien dominierte Diskussion wird von einer Empörungswelle nach der anderen heimgesucht. Moralische Schiet-Stürme fegen durchs Land und brechen sich im Internet oft erst an den Innenwänden der jeweiligen Echokammern. Sie bilden seit Jahrzehnten eine bewährte Allzweckwaffe kommunistischer Subverson.

Moral wird zur Religion

Nachdem die Deutungshoheit über das zwischenmenschlich Gute und Böse sich völlig von der Religion getrennt hatte und auf die Moralisten übergegangen war, hinderte nichts mehr die Moral daran, auf eigene Hand selbst Religion zu werden.[183] Man braucht sie angeblich nicht mehr zu begründen, sondern muß sie glauben.

Diese Hypertrophie der Moral hat sakrale Formen angenommen. „Es gibt heute", sagte Pareto, „eine humanitäre Religion, die den Gedankenausdruck der Menschen reguliert, und wenn sich zufällig einer dem entzieht, dann erscheint er als Ungeheuer, wie jemand im

182 Nietzsche (1886) Aph.219, S.112.

183 Stirner, S.61.

Mittelalter als Ungeheuer erschienen wäre, der die Göttlichkeit Jesu geleugnet hätte."[184] Politische Reden werden wie ein moralisch-rhetorisches Hochamt begangen, in dem die Liturgie vom guten Menschen zelebriert wird.

Jeder Jüngling, dem beim Anblick eines Mädchens noch vor Aufregung die Eiterpickel platzen, darf sich auf einer Demonstration gegen das rechte absolute Böse als moralischer Supermann oder berufener Hohepriester des Humanitarismus fühlen. Dann geht es, mit den Worten Zara Rifflers, so zu: „Die gefühlte Bedrohung in Kombination mit der übertriebenen Political Correctness läßt die Moral in universitären linken Kreisen zu einer Hypermoral wuchern. Es wird moralisch entschieden, was „richtig" sei. Eine solche moralisch „richtige" Meinung wird absolut gesetzt, abweichende Meinungen hingegen als obsolet ausgesondert. Diese Hypermoral hat die Oberhand gewonnen und läßt kaum einen Diskurs zu, da andere politische Auffassungen unmittelbar verurteilt werden – denn diese entsprechen nicht den eigenen moralischen Prinzipien, daher gefährden sie den Kampf gegen die gefürchteten -ismen. Die Hypermoral ersetzt das Bewußtsein von der Relevanz der Meinungsfreiheit und blockiert jede Toleranz. Linke Gruppierungen maßen sich an Universitäten die Definitions- und Entscheidungsgewalt darüber an, welche Personen die Universität betreten, welche innerhalb der Räumlichkeiten reden dürfen und welche Inhalte noch erlaubt sind. Da sich die Hypermoral durch das Ausbleiben eines Diskurses mit Andersdenkenden verfestigt, wird der offene Diskurs unmöglich. Damit sind die Universitäten in eine politisch linke Wohlfühlzone geraten und im eigenen moralisierenden Wortgeklingel gefangen. Realität stört."[185]

Mit der sogenannten Ampel sind diese Fanatiker an die Regierung geraten und hetzen ihre linken Gefolgschaften zu einer permanenten Revolution gegen alle tradierten Strukturen und Wertvorstellungen auf. Sie nennen sie „Kampf gegen Rechts". Mit moralischem Mobbing versucht man, Argumente anderer zu unterdrücken. „Es gibt im Leben den Rigorismus der einzelnen Werte. Er kann sich bis zum Fa-

---

184 Pareto, Cours de Soc. Gén. § 1172, 1, zit. nach Gehlen, Moral, S.82.

185 Zara Riffler, 14.1.2020.

natismus steigern. Jeder Wert hat – wenn er einmal Macht gewonnen hat über eine Person – die Tendenz, sich zum alleinigen Tyrannen des ganzen menschlichen Ethos aufzuwerfen, und zwar auf Kosten anderer Werte, auch solcher, die ihm nicht material entgegengesetzt sind. [...] Solche Tyrannei der Werte zeigt sich schon deutlich in den einseitigen Typen der geltenden Moral, in der bekannten Unduldsamkeit des Menschen gegen fremdartige Moral; noch mehr im individuellen Erfaßtsein einer Person von einem einzigen Wert."[186]

Wer an eine alleinseligmachende Moral glaubt, sieht den Ungläubigen als böse, unmoralisch und schlechthin verwerflich an. Wie der Kirchenvater Augustin stellt er seine Moral über Freiheit und Lebensrecht Andersdenkender: „‚*Es kommt nicht darauf an, ob jemand gezwungen wird, sondern allein darauf, wozu er gezwungen wird, ob es nämlich etwas Gutes oder etwas Böses ist.*'[187] Dieser Satz, der wie bei Platon die souveräne Nichtachtung der individuellen Freiheit und subjektiven Moralität durch den, der sich im Besitze der absoluten Wahrheit glaubt, zum Ausdruck bringt, hat historisch zur Rechtfertigung der Ketzerverfolgungen gedient."[188] Aus dieser Geisteshaltung folgten die Greuel der Religionskriege, die Robespierre'sche Guillotinenmoral, der Tugendterror und die Schrecken des Archipels GULAG.

Der Weg in die Erziehungsdiktatur

Der Kölner Soziologe Erwin Scheuch hatte sie schon in den 1970er Jahren gern als deren „Moralbrigade" oder „Pharisäer der Kulturrevolution" bezeichnet[189]: Die damalige „Volksfront aus Linkssozialismus, Kulturrevolution und Erziehungsdiktatur"[190] bildet heute den

186 Hartmann, (1926) S.524 ff. = (1962) S.576.

187 Aurelius Augustinus, Ep.93 (V 16) ad Vicentinum.

188 Welzel, S.65.

189 Ute Scheuch (2008), 91.

190 Erwin K. Scheuch (1971), 36 .

Kern der neuen Herrschaft aus Politfunktionären, ihren Medien und Erziehern.

Sie nutzen ihre Machtpositionen in Kindergärten, Schulen und Universitäten, um die Jugend im Sinne ihrer Moral zu „sensibilisieren". So rief im am 27.2.2024 ein Schuldirektor (SPD) in Ribnitz-Damgarten die Polizei, weil eine Schülerin ein paar Monate zuvor auf der Plattform Tik-Tok unter anderem geschrieben hatte, Deutschland sei für sie nicht nur ein Fleck auf der Landkarte, sondern ihre Heimat.[191] Das Mädchen wurde von drei Polizisten aus dem Unterricht abgeführt und vernommen. In einer Pressemeldung schrieb die Polizei am 14.3.2024 über die „Meldung" des Direktors: „Demnach lägen Informationen vor, wonach eine Schülerin mutmaßlich staatsschutzrelevante Inhalte in sozialen Netzwerken verbreitet haben könnte. Die Beamten begaben sich zur Schule, nahmen Einsicht in die vorliegenden Informationen in Form einer E-Mail einer Hinweisgeberin und kamen zu dem Ergebnis, daß kein Anfangsverdacht einer Straftat besteht. [...] Da der Grat zwischen erlaubtem und strafbarem Handeln mitunter schmal ist, entschlossen sich die Beamten zusammen mit der Schulleitung, mit der 16-Jährigen ein Aufklärungsgespräch mit präventivem Charakter zu führen." Der Vorfall hat über die Grenzen Deutschlands hinaus Empörung ausgelöst. Er zeigt beispielhaft den Mißbrauch pädagogischer und polizeilicher Staatsmacht auf, sogar Minderjährige einzuschüchtern. „Präventiv" heißt: „Halte lieber künftig den Mund!"

Oft besteht der Schulunterricht aus Indoktrinierung mit der neuen Heilsreligion, ähnlich wie Konfirmandenunterricht bei der alten Religion oder Schulungen der Scientology-Sekte. Die neuen Gesellschaftstheoretiker knüpfen damit an Fichte an. Dieser hatte ein staatliches Erziehungswesen mit, damals nationalistischer, Moral gefordert: Ganz im Stile des 18. Jahrhunderts und seines Erziehungsoptimismus solle die Freiheit „so eng als immer möglich beschränkt" und „alle Regungen unter eine einförmige Regel" gebracht und „immerwährender Aufsicht" unterstellt werden.[192] Heutige Sozial-

---

191 Schwarz, JF 16.3.2024.

192 Fichte, Reden an die deutsche Nation, 8. Rede, S.138.

techniker finden hier eine gewaltige Spielwiese vor. Dagegen hatte sich Schopenhauer unverändert aktuell gewandt: „Einige deutsche Philosophaster dieses feilen Zeitalters möchten [den Staat] verdrehn zu einer Moralitäts-, Erziehungs- und Erbauungs-Anstalt: wobei im Hintergrunde der jesuitische Zweck lauert, die persönliche Freiheit und individuelle Entwicklung des einzelnen aufzuheben, um ihn zum bloßen Rade einer Chinesischen Staats- und Religions-Maschine zu machen. [...] Dies aber ist der Weg, auf welchem man weiland zu Inquisitionen, [Ketzerverbrennungen] und Religionskriegen gelangt ist."[193]

Wer einen realen Interessenkonflikt nicht zusätzlich mit moralischen Imperativen befrachtet, glättet die Wogen und ist eher zu einer friedlichen Verständigung bereit. Es ist dagegen „eine einfache, historisch unbestreitbare Tatsache, daß das größte Leiden in der bisherigen Geschichte nicht aus der Zerstörungslust von Nihilisten, sondern aus den Kämpfen um Durchsetzung der jeweils ‚einzig wahren' Moral oder Religion entstand."[194] Rechtes Denken ist dabei viel geeigneter, hinter Moralwolken stehende reale Interessengegensätze zu erkennen. Der Soziologe Schelsky hat nachdrücklich auf die neue „Klassenherrschaft der Sinnvermittler" hingewiesen, die zur produktiv arbeitenden Bevölkerung in mancherlei Interessenkonflikt stehen.

Sie pflegen ihre Zukunftsvisionen auf Kosten der produktiven Bevölkerung. Als Schelsky 1975 sein Werk „Die Arbeit tun die anderen" publiziert hatte, bestanden die Visionen der Sinnstifter und Volkserzieher nur in einer Sozialreligion, in welcher anstelle der christlichen Erlösung der Glaube an die „Emanzipation des Menschen" getreten war. Heute sind die Sekten der neuen Klimareligion und Propheten anderer Sinnstiftungen hinzugekommen. Lehrer hetzen ihre Schüler auf, an Haßdemonstrationen teilzunehmen, die immer „gegen" irgend etwas sind. Wenn aber derartige Sozialingenieure „selbst zur ‚Klasse' werden, dann liegt die Freiheit des Menschen in der *Abwehr der Erziehung als Herrschaft* und in Verbindung mit den Kräften,

193 Schopenhauer, Die beiden Grundprobleme der Ethik, § 17, S.242.

194 Kondylis (1981 / 1986), S.494.

die ihm zur Verfolgung seiner aktuellen Interessen zur Behauptung seiner erreichten sozialen und wirtschaftlichen Lage und Selbständigkeit ermöglichen."[195]

Moralrausch oder Interessenpolitik?

Rechte denken primär politisch und historisch, nicht moralisch. Für sie ist die Moralisierung des Politischen eine politische Frage, keine moralische. Ein alter Trick im politischen Machtkampf besteht darin, Interessen moralisierend vorzutragen. Ein moralisch maskierter Machtanspruch wirkt auf schlichte Gemüter gerechtfertigter als ein offener.

Gewisse ökonomische Interessengruppen „des Westens" mit sehr viel Geld finanzieren viele „Nichtregierungsorganisationen", um Einfluß auf demokratische Wahlentscheidungen und auf Regierungshandeln zu gewinnen. Multikulturelle Gesellschaften liegen in ihrem Interesse. In Deutschland stützt ihr Einfluß sich auf akademisch ausgebildete Kreise, aus denen unsere Funktionseliten sich zu rekrutieren pflegen: „Young global leaders". Vom Lehrer über den Hochschullehrer bis hin zu den ausgebildeten „Politikwissenschaftlern" und Journalisten sind sie heute weitgehend links sozialisiert. Sie haben die früheren Funktionseliten der Nachkriegsjahrzehnte ersetzt. Jene waren hervorragend ausgebildet gewesen. Ein antitotalitärer Grundkonsens verband sie. Dieser schloß ideologische Konstrukte weitgehend aus, verpönte politische Propaganda und widmete sich pragmatisch dem Aufbau der deutschen Institutionen und unseres Wohlstandes.

Die heutige Funktionselite verkörpert das Gegenbild. Nach 1968 standen sie langhaarig und nickelbebrillt hinter roten Büchertischen und erklärten uns, je nach Fraktion, daß Breschnew, Mao, Pol Pot oder Che Guevarra nette Leute seien und die Weltrevolution eine gerechte Sache wäre. Sie regieren heute unser Land, obwohl sie es eingestandenermaßen gar nicht lieben wie Habeck oder die Existenz des deutschen Volkes rundweg als „Konstrukt" abstreiten. Das hin-

195 Schelsky, S.225.

derte sie freilich nicht daran, mit ihrem Amtseid zu schwören, daß sie „das Wohl des deutschen Volkes mehren und Schaden von ihm abwenden“ wollten.

Ihre Machtinstrumente sind die Hypermoralisierung aller Entscheidungen und die scheinbare Abschaffung interessengeleiteter Politik. Inhaltlich stützt die Hypermoralisierung sich auf das Postulat der „Gerechtigkeit“. Damit ist aber nicht Leistungsgerechtigkeit gemeint, sondern die Utopie sozialer Ergebnisgleichheit: Durch Umverteilung soll einst keiner mehr besitzen als der andere. Um sie zu erreichen, sollen „Privilegien abgebaut“ und „historische Ungerechtigkeiten“ kompensiert werden. Die Privilegien bestehen zum Beispiel darin, daß Deutsche selbstbestimmt in Rechtssicherheit und Wohlstand in ihrem eigenen Land leben, womöglich gar im alten Häuschen ihrer Oma mit Vorgarten.

Moral als Rammbock eigener Interessen

Jenseits aller Moralisierungen geraten die Interessen von über acht Milliarden Menschen zwangsläufig miteinander in Konflikte zwischen Arm und Reich, übervölkert oder überaltert, tolerant oder fanatisch, militärisch bedroht oder in Sicherheit: Nichts deutet auf das von dem Liberalen Fukuyma 1989 ausgerufene Ende der Geschichte hin. Das Gegenteil ist der Fall.

Nun ist der äußere Ablauf der Menschheitsgeschichte nichts anderes als zu Vergangenheit geronnene Politik. Interessenkonflikte und Machtkämpfe gehören zu ihrem Wesen. Typischerweise maskieren sich Machtansprüche durch den Anschein höherer Moral oder Gerechtigkeit. So tarnte sich der Finanzimperialismus der USA immer schon mit der moralischen Parole „to make the world safe for democracy“. Eroberer aller Herren Länder schmückten sich mit dem Titel der „Befreier“. Der sowjetrussische Imperalismus trat unter der Devise an, die Proletarier aller Länder sollten sich gefälligst unter Führung der KPdSU vereinigen. Frau Baerbock tingelt durch die Lande und säuselt überseeischen Potentaten etwas von „feministischer Außenpolitik“ vor, hinter der allerdings handfeste Interessen stehen.

Die Moral als Ideal scheint im Gegensatz zur Politik zu stehen. Realistisch betrachtet ist sie aber eine der Waffen, deren ein politischer oder persönlicher Machtanspruch sich bedient, um sich Geltung zu verschaffen. „Ideen und Werte sind Funktionen, ja Funktionsweisen des um Selbsterhaltung und Machterweiterung kämpfenden sozialen Existenz.“[196] Wer einen Gegner der eigenen Interessen dazu bringt, seine eigene Moral zu vergessen und die des Konfliktgegners zu übernehmen, hat verloren. Sie fesselt und bindet ihn. Er kann nicht mehr frei nach eigenem Interesse handeln, sondern wird fremdbestimmt durch fremde Moral.

Tatsächlich hat politisch nie „die Moral“ geherrscht, sondern reale Interessen haben das Handeln bestimmt. Niemals herrschen Religionen, Morallehren oder Ideologien, sondern konkrete Menschen, die ihre Interessen im Namen solcher Lehren durchsetzen. Die Moral wurde oft wie ein Fähnchen des guten Gewissens vor den Armeen hergetragen. Es gab aber niemals nur eine Moral, sondern stets so viele, wie es Menschen mit verschiedenen Interessen und Moralvorstellungen gibt. Was im eigenen Interesse lag, erkannten Menschen schnell und gern als das moralisch Gebotene an. Die Moral seiner Gegner findet aber jeder empörend und streitet ihre Moralität rundweg ab. Die Moral des Gegners wird zur Unmoral und dieser zum Unmenschen, darauf läuft die Funktionsweise jeder Moral in letzter Konsequenz hinaus.

Moral ist ein Mittel, eigene Machtansprüche ideologisch oder gar religiös zu überhöhen. „Das ist der Grund, warum alle festen und langlebigen Herrschaften in der bisherigen Geschichte im Namen von objektiv gültigen Prinzipien und nicht einer nackten Entscheidung ausgeübt wurden; der Herrscher muß theoretisch dienen, um praktisch herrschen zu können.“[197]

---

196 Kondylis (1984) S.119.

197 Kondylis (1984), S.56.

Interessenkonflikte hingegen sind elementar. Sie haben ihren Ursprung nicht im Kopf wie die vielen Moralvorstellungen, sondern in realen Verhältnissen. Freilich machte sich bei Moralisten noch nie beliebt, wer das klar aussprach. Von unbestechlichem Urteil war der athenische Feldherr und spätere Geschichtsschreiber Thukydides. Er lebte in der zweiten Hälfte des 5. vorchristlichen Jahrhunderts. In seinem Werk über den peloponnesischen Krieg berichtet er über die Rede des Radikaldemokraten Alkibiades vor den athenischen Bürgern 415 v.Chr. Dieser überzeugte sie vom Feldzug gegen Sizilien:

„Gegen den Mächtigen wehrt man sich nämlich nicht nur, wenn er angreift. Sondern damit er nicht angreift, kommt man ihm zuvor, Wir können uns nicht einteilen, wie weit wir herrschen wollen, sondern sind gezwungen, da wir nun einmal auf dem Stand angelangt sind, gegen die einen Anschläge zu ersinnen, die anderen nicht hochkommen zu lassen, da uns droht, von anderen beherrscht zu werden, wenn wir nicht selbst über andere herrschen.“[198] So wurde der Angriffskrieg demokratisch beschlossen. Der Imperativ der Macht gilt bis heute: Wer nicht beherrscht werden will, muß dem zuvorkommen, der sonst über ihn herrschen würde. Das läßt sich nicht auf ein moralisches Angriffskriegsproblem verengen, denn bei jedem existenziellen Konflikt sagt jeder Seite ihre Moral, daß es schrecklich unmoralisch wäre, gewänne der Feind weiteren Boden oder gar den Krieg.

Die Seemacht Athen sah ihren Imperialismus als Garanten ihrer Existenz an. Der Krieg gegen die Landmacht Sparta währte schon Jahre, und jede Aktion wurde am Gebot der Nützlichkeit gemessen. Athens Flotte segelte zur „spartanischen“ Insel Melos, um die Melier in ein Bündnis mit Athen zu zwingen. Die Melier beschworen Recht und Gerechtigkeit, Moral und alle Götter. Unbeeindruckt erwiderten 416 die Athener: „Sucht das Mögliche zu erreichen, da ihr ebenso gut wie wir wißt, daß Recht im menschlichen Verkehr nur bei gleichem

---

198 Alkibiades, Rede vor der athenischen Volksversammlung 415 v.Chr., nach THUKYDIDES, 6.Buch, 18.

Kräfteverhältnis zur Geltung kommt, die Stärkeren aber alles in ihrer Macht Stehende durchsetzen und die Schwachen sich fügen."[199]

Jeder der Konfliktparteien sagte ihre Moral, sagten ihre Götter, mit höheren Gesetzen in Einklang zu handeln. Als die Melier nämlich auf ihre Gottesfurcht pochten und in ihre Götter ihre Hoffnung setzten, erklärten die Athener: „Wir glauben, daß der Gott wahrscheinlich, der Mensch ganz sicher allezeit nach dem Zwang der Natur überall dort, wo er die Macht hat, herrscht. Wir haben dieses Gesetz weder aufgestellt noch als bestehendes zuerst befolgt. Als gegeben haben wir es übernommen und werden es als ewig gültiges hinterlassen."[200]

Als sich die Melier trotzdem nicht fügten, wurden nach kurzem Kampf alle Männer getötet und ihre Frauen und Kinder in die Sklaverei verkauft. Das weckt das Mitgefühl jedes Hörers oder Lesers und war gewißlich schrecklich unmoralisch. Kein Rechter würde fordern, so solle es in der Welt zugehen. Er erkennt es aber als menschenmöglich: So konnte es geschehen und wird immer wieder geschehen, und immer wird jede Partei ihre Moral gegen die der anderen ins Feld führen. Sie fühlen sich immer im Einklang mit ihrer jeweiligen Moral und ihren Göttern. Darum erkennen Rechte Moralen als historisch relativ, als standpunktbedingt und interessenbedingt. Sie würden nie darauf hereinfallen, den Moralgeboten ihrer Interessengegner zu gehorchen.

Die elementare Kraft des Politischen erkennen wir historisch überall, und im gegenwärtigen Welttheater bestimmt es das Handeln der globalen Großakteure. Die moralischen Maskeraden sind etwas für die sich über das breite Publikum ergießenden Propaganda der Staatsmedien von Moskau über Kiew, von Berlin bis Washington.

Die moralische Maskerade

Sie wird aber nicht nur bei Staats- und Völkerkonflikten benutzt, sondern bildet auch ein Instrument der Herrschaft im Innern. Je ho-

---

199 Antwort der athenischen Verhandlungsführer an die Melier, nach Thukydides, 5.Buch, 89.

200 Thukydides, 5.Buch, 105.

mogener eine Bevölkerung ist, desto weniger konfliktträchtig geht es zu. So war es in den ersten Nachkriegsjahren in Westdeutschland.

Nach dem Scheitern der multikulturellen Experimente befinden wir uns in einer völlig anderen Lage. Die Meinungslager sind tief gespalten und bis zum weltanschaulichen Haß gegeneinander aufgebracht. Zwischen Stadt- und Landbevölkerung bestehen erhebliche Unterschiede an inneren Haltungen und objektiven Interessen, zum Beispiel im Bedürfnis nach Verkehrsmitteln, und zwischen oft ländlichen Hauseigentümern und Bewohnern städtischer Mietskasernen. Während die deutsche Bevölkerung immer laizistischer, toleranter und altersweiser geworden ist, werden die Anhänger fanatischer orientalischer Kulte immer zahlreicher und pflanzen ihre Gebetstürme wie Siegeszeichen ins Herz unserer Städte.

Die Kinder der Nachkriegsgeneration, denen es „einmal besser" hatte gehen sollen, sind saturiert, während Millionen ausländischer Kolonisten ökonomisch Habenichtse sind. Freien Wohnraum gibt es nicht mehr. „Was tun?" spricht Zeus, „die Welt ist weggegeben, Der Herbst, die Jagd, der Markt ist nicht mehr mein."[201] Wo regierungsamtlich hunderte Kolonisten in einem Dörfchen angesiedelt werden sollen, das auch nur ein paar hundert Bewohner zählt, bricht der Interessenkonflikt auf. Die meist orientalischen jungen Männer werden den Dörflern vor die Nase gesetzt, und mit ihren Steuern sollen sie das auch noch teuer mit bezahlen.

Seit 2015 haben unsere Regierungen Millionen Fremder ins Land gelassen, von denen die weit überwiegende Mehrheit, beköstigt, behaust, versorgt, therapiert und gepampert werden muß. Wie viele Fachkräfte sind allein erforderlich, all diese Arbeit zu leisten? Fachkräftemangel ist unausweichlich, wo die Anforderungen der Regierungsparteien über unsere Kräfte gehen.

Diese Entwicklungen führen zu klar erkennbaren Interessenkonflikten. Diese sind die unausweichliche Konsequenz der Multikulti-Ideologie und Frucht ihrer moralisierenden Bannerträger. Der Interessenkonflikt besteht zwischen denen, die ihr Eigenes behalten und erhalten wollen, und den hier anlandenden und einfliegenden Bevöl-

201 Friedrich Schiller, Der Poet.

kerungsüberschüssen südlicher Länder, denen man jahrzehntelang „Brot für die Welt“ geschickt hatte. Von Generation zu Generation stellt alle Welt immer wieder völlig verblüfft fest, daß deren Anzahl sich mal wieder verdoppelt hat und die Infrastruktur ihrer Länder nicht ausreicht, alle satt, reich und glücklich zu machen.

So suchen denn die Wohlhabenden unter ihnen, die sich die teure Reise und Geld für die Schlepper leisten können, ihr Heil bei uns, gerade so, wie Millionen Deutsche im 19. Jahrhundert nach Amerika ausgewandert waren. Individuell kann man das niemandem verdenken. Auswanderer sind keine bösen Menschen. Die Einwanderung in die USA hatte dem Land damals genützt. Die Einwanderung solcher Leute, wie sie eben tagtäglich kommen, nützt aber dem deutschen Volk gar nichts. Ihr Aufenthalt hier nützt ihnen, schadet aber uns. Darin liegt ein klassischer Interessenkonflikt.

Utopismus oder Realismus?

Er ist rein politisch zu lösen, nicht moralisierend. Ob und welche Moral man auf ihn anwenden könnte, ist eine politische Frage. Man seift uns aber regierungsamtlich jeden Tag moralisch ein. Die Zutaten wuchsen im ideologischen Gärtlein der Grünen und der Roten, irgendwo fern im utopischen Nirwana. Dort sind alle Menschen gleich, das gilt dann als gerecht. Wie auf den kitschigen Werbebildern der Zeugen Jehovas Löwen und Lämmer friedlich beieinander liegen, integrieren sich Menschen aus aller Herren Länder fröhlich auf grünen Blümchenwiesen. Da schwören womöglich monotheistische Fanatiker ihrem allein seligmachen Gott ab und entdecken den stillen Charme der Ungläubigkeit und der Ketzerei.

Und wer an diese Idylle nicht glaubt, sind die skeptischen Bösewichter der ganzen Geschichte. Denn jede Moral erzeugt als Antithese ihre spezifische Unmoral. Und Unmoral, weiß jeder Moralist, hat keine Existenzberechtigung, weil sie ja unmoralisch ist. Wer gegen die Kolonisierung Deutschlands durch Fremde ist, wer sie nicht mit seinem Steuergeld durchfüttern möchte, wer als Fan der freiheitlichen demokratischen Grundordnung keinen Zustrom religiöser Fanatiker dulden möchte, wer realistisch bemerkt, daß Deutschland für so viele Kolonisten weder Grund und Boden noch Wohnungen, Ärzte, Therapeuten und Polizisten besitzt: Für alle jene findet man als politischer Moralist flugs das passende N-Wort. Über den Wolken mögen viele hübsche, bunte moralische Seifenblasen schweben. Wer seine Schritte aber als moralisierender Hans-guck-in-die-Luft nach ihnen lenkt, fällt alsbald auf die Nase. „So jagt ihr gleichsam einer anderen Welt nach, als in der wir leben, versteht euch aber nicht einmal hinreichend auf die Gegenwart."[202]

Die moralischen Blockwarte unseres Parteienblocks sind schon auf die Nase gefallen. Mit Utopien allein kann eine Küchenhilfe kein Land regieren. Noch halten sie sich verzweifelt an den Restbeständen unseres früheren Wohlstandes fest und glauben an ein finanzielles Füllhorn, das niemals versiegt. Sie halten sich am tätigen Arm aller Tüchtigen fest, die noch arbeiten und Steuern zahlen. Sie reißen sie aber mit sich in den Abgrund, wenn sie nicht vorher in die Küche zurückgeschickt werden, wo sie hingehören. Wie heißt es doch in ihrer eigenen Utopie: „Jeder nach seinen Fähigkeiten, jeder nach seinen Bedürfnissen!" – Nun, eine Beschäftigung nach den Fähigkeiten unserer rotgrünen Parteipolitiker werden sie sicherlich bald finden bei dem „Fachkräftemangel".

Starker Fachkräfteüberschuß herrscht freilich in der Branche der Klimapropheten, der Gesundheitsangsterzeuger, der Moralprediger, der Gleichheitsapostel, der Gesellschaftsingenieure, der Internetzensoren, der Fernsehhetzer und der Nachahmer Karl Eduard von Schnitzlers und seiner DDR-Sendung „Der schwarze Kanal". Sie alle leben von der Arbeit und dem Geld der werktätigen Bevölkerung. Sie nehmen es vom Lebendigen. Zwischen ihnen und den Familien, der Arbeitenden, den Steuerzahlenden, den Bewohnern kleiner Eigenheime und allen, die gern freie Luft in einem Land mit freier Rede atmen möchten, besteht ein fundamentaler Interessenkonflikt.

Diesen hat Schelsky (1975) treffend herausgearbeitet: Während der eine Teil der Bevölkerung produktiv arbeitet, führt die Kaste der

---

202 Rede des Kleon vor dem athenischen Volk 427 v.Chr. nach THUKYDIDES, 3.Buch, 38.

bloße Sinnproduzenten ein drohnenhaftes Leben und ist mit nichts anderem beschäftigt, als den Arbeitenden und Steuerzahlern weiszumachen, was sie tun und lassen sollen und wen sie lieben müssen und wen sie nicht hassen dürfen. Zwischen beiden soziologisch abgrenzbaren Schichten besteht ein klassischer sozialer Interessengegensatz. Die Produktiven müssen nämlich den Lebensunterhalt aller ihrer Sinnstifter mit erwirtschaften, nämlich ihrer neuen Priesterschaft aus Sozialpädagogen, Inhabern von Genderismus-Lehrstühlen, diversen Minderheiten-Beauftragten, Fernsehmatadoren mit ihren Heerscharen an Absolventen linksextrem geprägter Studiengänge und Bischöfe nebst Gefolgschaft in kirchlichen Organisationen. Alle diese Drohnen thronen in ihren Wolkenkuckucksheimen und lassen sich vom produktiven Teil der Bevölkerung alimentieren.

Die Tendenz unserer Industriegesellschaft hin zur Dienstleistungsgesellschaft führte auch zu einer zunehmenden räumlichen Trennung beider Schichten. Sie schlägt sich demoskopisch im meßbaren Gegensatz der Einstellungen von Stadt- und Landbevölkerung feststellen. Rechtes Gedankengut ist eher auf dem Land verbreitet, wo vom Bauern bis zum Handwerker am konkreten Gegenstand arbeitende Menschen Wirtschaftsgüter produzieren. In ihrer Lebensumwelt orientieren sie sich völlig anders als ein alleinstehender Geisteswissenschaftler in seinem städtischen Kiez, der vielleicht im Leben noch keinen Hammer in der Hand gehalten und schon als Kind keine feste Familienstruktur erlebt hatte. Wie ich hier beide Charaktere idealtypisch umreiße, müssen sie zwar in der Lebenswirklichkeit nicht in Reinform vorkommen. Es wird aber deutlich: Je stärker eine Person ein von der Wirklichkeit, in der produzierende Menschen leben, abgekoppeltes, eintöniges Leben in einer inneren Matrix zwischen Büro, U-Bahn und Einraumwohnung führt, desto eher liegt nahe, sich ein von ihr abgelöstes Weltbild zu konstruieren – und an ihm zu leiden.

Antirassismus als Herrschaftsideologie

Im Konfliktsfall tarnt jede Seite ihre Interessen gern unter der Kappe einer hübsch klingenden Ideologie. Wer eine Herrschaft nur aus Machtgelüst stürzen und sich selbst zum Herrscher aufschwingen möchte, gilt als niederträchtig, wenn er das offen zugibt. Die bekämpfte Herrschaft muß darum im Namen einer guten Sache gestürzt werden, und dieser Kampf wird scheinbar im Namen hoher, absolut geltender Werte geführt. Umgekehrt verteidigt die bekämpfte alte Herrschaft sich durch eine wertegeleitete Politik und herrscht gern im Namen einer göttlichen, einer natürlichen oder mindestens einer „humanen Wertordnung". Soziologisch gesehen sind solche Ideologiekonstrukte Herrschaftsideologien.

Solche Konstrukte sofort zu durchschauen, bildet die zwangsläufige Konsequenz des aufgeklärten, realistischen Weltbildes,. Es gibt keine Herrschaft von Gottes Gnaden, auch keine von der Humanität oder der Femininität Gnaden. Es gibt nur Menschen, die im Namen solcher Werte-Konstruktionen herrschen oder die Herrschaft erringen möchten. Das wußte Thukydides,[203] das wußte Machiavelli, das weiß jeder Realist und ein rechter schon lange. Max Weber hatte das erkannt, und Helmut Schelsky hat es 1975 einem großen Lesepublikum bewußt gemacht. Seine soziologisch fundierte Aufklärung war die Frucht skeptischer, wissenschaftlich denkender Generationen. Sie vermochte allerdings die 1968 ausgebrochene Neuideologisierung nicht zu verhindern. Die damalige Jugend beherrscht heute mit ihren Jüngern den öffentlichen Raum, und Antirassismus ist einer ihrer Kampfbegriffe. Sie glauben an ihre eigene metaphysische Wertordnung. Wer sie anzweifelt, den hassen sie zutiefst, so wie alle Anhänger von Wertordnungen die glaubenslosen freien Denker fürchten und zugleich verabscheuen. Während ihre historischen Vorgänger gerufen hatten: „Ein Ungläubiger, ein Ketzer, kreuziget ihn!", lautet ihr Bannruf: „Ein Rassist!"

Zweifelsfrei bildete auch der historische Rassismus eine Herrschaftsideologie. Bis in die 2. Hälfte des 19. Jahrhunderts teilten die

203 THUKYDIDES, Der Peloponnesische Krieg, 5.Buch, Ziff. 89, 105.

USA und europäische Mächte die Welt unter sich auf. Am Schluß herrschte England über ein Fünftel der Erde. Den Ureinwohnern brachten sie, so ihre Überzeugung, die Zivilisation, vom Toilettenpapier bis zu ihrer Bibel. Vom Prärieindianer bis zum Hottentotten galten die Eingeborenen als Primitive, und das nicht nur hinsichtlich ihrer fehlenden „Zivilisation“: Charles Darwin hatte nämlich die Gesetze von Mutation und Selektion entdeckt. Die Evolutionsbiologie steckte noch in den Kinderschuhen und schwankte zwischen richtigen Beobachtungen und zu weitgehenden Schlußfolgerungen. In der Öffentlichkeit setzte sich schnell der von Darwins Gegnern befeuerte Eindruck von der Evolutionstheorie fest, sie betrachte den Affen als Vorfahren des Menschen. Die Evolution als eine Entwicklung von etwas Niederem zu etwas „Höherem“ aufzufassen, lag nahe.

Als Motor der Selektion stellte man sich lange vor, es überlebe und pflanze sich weiter fort, wer objektivierbar stärker sei als der andere. Der Überlegene fresse jeweils den weniger Tüchtigen. Die Stärksten würden dadurch überleben. Biologisch ist das eine Simplifizierung, die heute so nicht mehr haltbar ist. Sie entsprach aber dem Wissensstand der Biologie bis zur 1. Hälfte des 20. Jahrhunderts und bildete eine Steilvorlage für eine auf sie aufbauende rassische Herrschaftsideologie. Diese besagte, es *solle* jeweils das überlegene Tier das unterlegene fressen und der überlegene Mensch über den unterlegenen herrschen, so sei nun einmal das Gesetz der Natur. Wir finden hier in neuem Gewand dieselbe Argumentationsstruktur vor, die schon die Athener gegen die Melier benutzt hatten. Damit war die ideelle Rechtfertigung dafür perfekt, überseeische Gebiete zu kolonialisieren und die Eingeborenen zu beherrschen. Der Rassismus als Herrschaftsideologie war geboren.

Wissenschaftlich gesehen war die damals so verstandene Evolution eine Theorie mit keinem weiteren Anspruch, als die Realität zu beschreiben. Von Ideologen wurde sie aber mit einem verpflichtenden Sollen versehen. Das Primitivere sollte dem Höheren weichen. So eroberten tief christliche Kolonialmächte mit gutem Gewissen fremde Länder, was sie sonst vielleicht nur mit schlechtem vermocht hätten. Denn nicht nur biologisch glaubte man sich höherstehend, sondern auch kulturell. Man nahm sich selbst als Richtmaß, End- und

Höhepunkt auch der kulturellen Evolution und fand die halbnackten Eingeborenen in ihren Baströckchen ziemlich zurückgeblieben.

Bis heute beinhaltet die Forderung nach Entwicklungshilfe die teleologische Vorstellung, in anderen Menschen stecke im Kern angelegt bereits, was wir unter Zivilisation verstehen, es sei nur quasi noch eingewickelt, nicht richtig ausgewickelt, aber als Anlage vorhanden, so wie die Blüte in der Knospe schon angelegt ist. Auch die „Entwicklungshilfe" beruht auf einem zutiefst rassistischen Grundgedanken und stabilisiert in ihren konkreten Auswirkungen die Herrschaft über die „Unterentwickelten." Diese sollen ihre Kultur aufgeben und sich am Ende der Segnungen von Zivilisation und Demokratie erfreuen.

Heute versteht die Biologie die Wechselwirkung von Mutation und Selektion aber so, daß der jeweils einer bestimmten Umweltsituation am besten Angepaßte sich stärker fortpflanzt. Die Evolution verläuft also nicht zielgerichtet auf einen schon feststehenden Endpunkt hin und schon gar nicht zwangsläufig in Richtung auf eine „höhere" Entwicklungsstufe. Zu dieser Erkenntnis gelangte die Biologie aber erst in der zweiten Hälfte des 20. Jahrhunderts. Der Rassismus auch als Herrschaftsideologie war damit passé. Es schlug die Stunde des Antirassismus als Herrschaftsideologie.

Wenn wir uns eine biologische Eigenschaft einer Spezies nicht recht erklären können, kommen wir ihr auf die Spur durch die Frage: Inwiefern ist sie dem Überleben der Art dienlich? Bei der Erklärung einer geistigen Leistung wie einer verbreiteten menschlichen Ideologie ist dieselbe Frage angebracht: Inwiefern stärkt es im sozialen Leben die Position eines Menschen oder einer Gruppe, eine bestimmte Ideologie anzunehmen?

Für den Rassismus ist das völlig klar, aber für seine logische Umkehrung ebenso. Sie besagt, alle Menschen seien erstens gleich und zweitens darum gleichwertig, also sollten sie auch als gleichwertig behandelt und am liebsten gleichgemacht werden. Mit dem Rassismus gemeinsam fußt der Antirassismus auf einer vermuteten biologischen Eigenschaft des Menschen. Bei ihm ist es die angebliche Gleichheit. Antirassismus knüpft an sie die moralpolitische Forderung, diese Eigenschaft im sozialen Leben sicherzustellen. Inhaltlich handelt es sich beim Rassismus um die angenommene Ungleichheit an Wert und beim Antirassismus um die Gleichheit an Wert. Strukturell denken die Anhänger beider Ideologien aber gleich: Sie leiten aus einem angeblichen Sein eine Wertordnung und ein moralpolitisches Sollen ab. Innerhalb dieser Wertordnung mußten die Europäer früherer Jahrhunderte sich als höherstehend und geradezu verpflichtet glauben, den Eingeborenen europäische Sitte, Kultur und den Glauben an Jesus Christus beizubringen.

Realistisches rechtes Denken findet dagegen keinen Anhaltspunkt für eine allgemeingültige Bewertung. Es glaubt nicht an frei im All schwebende objektive Werte oder Unwerte. Jemanden oder etwas zu bewerten ist immer eine höchstpersönliche Tätigkeit. Diese kann, muß aber nicht an Eigenschaften von Menschengruppen anknüpfen. Einer Hofdame des 17. Jahrhunderts konnte „ihr Kammermohr“ durchaus wertvoll sein, vielleicht wertvoller als ihr blonder Stalljunge. Viele Menschen begegnen jemandem, den sie nicht kennen, allerdings mit verallgemeinernden Urteilen oder Vorurteilen. Ein venezianischer Kaufmann, der mit zwanzig levantinischen Teppichhändlern die gleichen Erfahrungen gemacht hatte, verstand seine Meinung über diese nicht als Vorurteil, sondern als Urteil.

Als soziales Phänomen können Rassismus und sein Gegenteil nur wirksam werden in einer Gesellschaft Ungleicher. Wo in einem Lande nur Angehörige desselben Volkes leben wie in Island, läßt sich keine Herrschaft auf eine Ideologie der Gleichheit oder der Ungleichheit stützen. In den Südstaaten der USA hingegen diente der Rassismus als Herrschaftsideologie. Er rechtfertigte die Herrschaft der einen über die anderen. Nur in einem solchen Land taugt umgekehrt der Antirassismus als ideologische Waffe. Diese wird heute von zwei unterschiedlichen sozialen Gruppen zu ihrem jeweiligen Nutzen geführt:

Für Angehörige früher vom sozialen Aufstieg ausgeschlossener ethnischer Gruppen liegt auf der Hand, daß ihre soziale Karriere nur über der Leiche des früheren Rassismus gelingen kann. Sie sind solange die geborenenen Antirassisten, wie sie von der Herrschaft ausgeschlossen sind. Ihr Antirassismus ist aber kein prinzipieller. Zum Beispiel kann unter der Losung „Black Power“ ein eigener, handfester Rassismus keimen. Der gegen die frühere, „weiße" Herrschaft gerichtete Antirassismus schlägt oft in einen eigenen Rassismus um, sobald die demographischen und politischen Verhältnisse dies erlauben.

Prinzipielle Antirassisten sind hingegen Intellektuelle, deren sozialer Aufstieg sich mit allgemeiner Durchsetzung einer antirassistischen Ideologie verbindet. Diese besagt, daß Rassismus zu böser Unterdrückung führt, daß er darum überall bekämpft und unterdrückt werden muß. Er muß in jedem seiner Schlupfwinkel aufgespürt und entlarvt werden. Um ihn in jeder Maskerade zu durchschauen und immer neue rassistische Diskriminierungen aufzudecken, bedarf es freilich speziell geschulter und hoch bezahlter Fachleute. Nur antirassistische Intellektuelle sind imstande, aufgrund ihrer hohen geistigen und moralischen Kompetenz mit verbindlicher Wirkung für die ganze Gesellschaft zu interpretieren, was unter Rassismus konkret zu verstehen ist.

Sie bilden die neue Herrschaftskaste. In einer solchen antirassistischen Gesellschaft herrscht, wer darüber entscheidet, was Rassismus konkret bedeutet, welche sozialen und politischen Folgerungen daraus zu ziehen sind, mit welchen Gesetzen und Maßnahmen man Rassismus bekämpft und wie mit Rassisten schließlich zu verfahren ist.

Ideologische Gezeiten

Rechtes Denken ist sich immer bewußt: Etwas zu bewerten ist eine höchstpersönliche Tätigkeit, die man niemandem abnehmen und deren Ergebnis man niemandem vorschreiben kann. Jeder kann für sich Werte „setzen" und sich an sie halten oder auch nicht. Sie gehören ihm allein. Er kann sie nutzen und benutzen. Darum durchschauen Rechte auch spontan: Propagiert ein Fremder seine Werte als absolut und universell, erhebt er den Machtanspruch: „Alles hört auf mein moralisches Kommando!" Diesen Anspruch weist ein Rechter für sich zurück.

Wie Wertbegriffe innerhalb einer Gesellschaft dem Machtanspruch des Individuums gegenüber seiner unmittelbaren Umwelt dienen, so dienen sie konkreten Kollektiven – Völkern, Staaten und Staatenbündnissen also – gegen konkurrierende Kollektive zur Abstützung von Geltungsansprüchen. Ideologeme wie Freihandel, Freiheit der Meere, Souveränität, Selbstbestimmungsrecht, gerechter Krieg oder Menschenrechte haben im Völkerverkehr immer einen bestimmten polemischen Sinn und die Funktion, konkrete Machtansprüche zu begründen und eigenes Verhalten zu legitimieren.

In der Vergangenheit wechselten Phasen kollektiver Ideologisierung mit Phasen der Aufklärung. Arnold Gehlen hat für die Epoche des Hellenismus exemplarisch herausgearbeitet, wie sich jeweils vor dem Hintergrund konkreter Lagen bestimmte Ideologeme entwickelten.[204] Die Epoche der autonomen Stadtstaaten und Inselreiche hatte ihren Ausdruck in einem polytheistischen, republikanischen und individualistischen Weltbild gefunden. Dieses wurde nach Abräumung der vielgliedrigen Staatenwelt durch Alexander im darauf folgenden Hellenismus durch ein monotheistisches, monarchisches und universalistisches Weltbild ersetzt: ein Gott, ein Weltbild, ein König. Die menschenähnlichen Götter der Klassik waren zahlreich wie die griechischen Kleinstaaten, und wie die Menschen standen sie für unterschiedliche Lebensentwürfe und Ideen. Der Partikularismus der klassischen Epoche und die Idee der Polis endeten mit Alexander und den Diadochenreichen. Entwurzelte Menschen fanden sich in postnationalen Reichen wieder und entwickelten kosmopolitische Ideen. Solche Ansichten traten nicht als Ursachen auf, sondern verarbeiteten und bewältigten die schon eingetretene Katastrophe, machten sie bewußt und endgültig und idealisierten ihre Konsequenzen.[205]

Wie heute im „Westen“ entwickelte sich schon im multiethnischen römischen Weltreich eine einheitliche Ideologie. Sie deutete und erklärte die Welt und erhob Sollensforderungen. Wer sich erfolgreich in der gegebenen sozialen Umwelt bewegen wollte, tat gut daran, sie zu beherzigen. Der nach Athen verschlagene Phönizier Zenon, ein Entwurzelter – heute würden wir Intellektueller sagen –, vertrat die Ansicht, daß alle Verwandtschaftsbindungen und Stammespflichten vor der *Tugend* zurückzutreten hätten. Er war ein früher Moralisierer.

---

204 Gehlen, 1. und 2. Kapitel.

205 Gehlen, S.15.

Nach Gehlen kann dies „als eine zukunftsträchtige Erfindung angesprochen werden, man verlieh so etwas wie ein gesinnungsethisches Bürgerrecht in einem noch utopischen Überstaat." Das neue universalistische Weltbild ergab sich aus einer „Addierung von Zweckmäßigkeiten. Der neuartigen Wirklichkeit einer aus allen Richtungen durcheinander gewürfelten Bevölkerung, wie sie das Alexanderreich hervorbrachte, konnte diese Kosmos-Bürgerschaft eine Formel bieten:" – „Die Welt", formulierte in diesem Sinne der Stoiker Chrysippos, „ist ein großer Staat mit einer Verfassung und einem Gesetz." Der gemeinsame ideologische Nenner dieser gedanklichen Kosmopolis war ein moralisierendes Vernunft- und Naturrecht, unter dessen Geltung der Philosoph als authentischer Interpret unentbehrlich wurde. „Je großartiger das Naturrecht durch ihn erhöht wird, um so gewaltiger wird die eigene Rolle."[206]

Nach Carl Schmitt ist die Vorstellung eines absolutistischen Monarchen einem Zeitalter unmittelbar evident, das auch an einen absolut den Kosmos regierenden Gott glaubt. Geistiges Merkmal des Mittelalters war ein geschlossenes religiöses Weltbild: Der Kosmos – Diesseits und Jenseits – war von Gott geschaffen und von einer göttlichen Ordnung erfüllt, deren Abbild die menschliche Gesellschaft zu sein hatte. Unter dem Eindruck der Wiederentdeckung klassischen antiken Gedankengutes in der Zeit der Renaissance bekam dieses Weltbild einerseits Risse, radikalisierte sich aber in seinen Hauptströmungen bis zum dreißigjährigen religiösen Bürgerkrieg. Die offenkundige Sinnlosigkeit, sich konfessioneller Spitzfindigkeiten zuliebe bis zur Ausrottung ganzer Landstriche selbst zu zerfleischen, war das bestimmende Motiv des Thomas Hobbes: Er wollte die religiöse Fanatisierung durch ein friedenstiftendes staatliches Machtwort beenden. Der Verfallsprozeß religiöser Glaubensgewißheiten mündete in eine zunehmende Aufklärung.

Die Reideologisierung ließ nicht lange auf sich warten: Kaum hatten die französischen Hauptvertreter aufklärerischen Denkens Gott von seinem Thron gestoßen, setzten sie 1793-1794 die *Göttin Vernunft* darauf und bald den „Menschen an sich" daneben. In Deutsch-

---

206 GEHLEN, Zitate in diesem Absatz dort S.30,31,33.

land nahm die Reideologisierung angesichts anderer polemischer Bedürfnisse einen abweichenden Weg: Unter dem Eindruck der nationalen Niederlage durch Napoleons Armeen setzten schon vor 1800 die Anfänge einer deutschen Nationalideologie ein, die sich auf deutsches Wesen besann und aus bedingungslosem Gemeinschaftspathos die Kraft für einen Befreiungskrieg schöpfte. Nach dem Ende der französischen Besetzung wirkte diese zwar noch Jahrzehnte untergründig fort, vermochte aber nicht mehr die Massen zu mobilisieren und versandete schließlich in einem aufgeklärten, technizistisch-bürokratischen Wilhelminismus und dem aufgeklärt-nihilistischen Lebensgefühl der Jahrhundertwende um 1900.

Auch im 20. Jahrhundert haben sich die Deutschen wechselnder Ideologien bedient, weil sie sich in unterschiedlichen konkreten Lagen befunden haben. Der Druck der Niederlage und des Versailler Diktats verlangte nach Tröstung, und die wirtschaftliche Verelendung und Demütigung Deutschlands ließen die schon vor dem Weltkrieg latent vorhandenen Ideologien aufblühen wie Pilze nach einem Regen. „Jean Paul hatte gespottet, sei ein Krieg zu Ende gegangen, dann gebe es zu jeder Buchmesse ein neues System des Naturrechts." Dieses haben wir in Form des Grundgesetzes vor Augen.[207] Das Jahr 1945 begründete eine völlig neue Situation für die Deutschen, und sie reagierten ihr entsprechend. Die Lage erzwang einen erneuten ideologischen Paradigmenwechsel. Eine von Ideologie berauschte Jugend hatte das 3. Reich maßgeblich getragen. Ihre Nachfolger waren dagegen völlig ernüchtert und bildeten eine skeptische Zwischengeneration. Paradigmatisch für sie stand Helmut Schelskys Buchtitel „Die skeptische Generation" von 1957.

Unter den Bedingungen der Nachkriegszeit flüchtete sich das Bürgertum aber bald in eine neue Gesinnungsethik mit extrem moralisierendem Pathos. „Widerlegte Völker, die sich einer übermächtig-fremdbestimmten Zukunft gegenübersehen, versuchen doch in weiten Verkehrs- und Mitteilungsräumen zu missionieren, um eine Atmosphäre der Schonung zu verbreiten."[208] Das deutsche Volk war

---

207 Präsident des BGH Weinkauff NJW 1960, 1689 ff. (1691).

208 Gehlen S.112.

nach dem Zusammenbruch verängstigt und verunsichert. In der realen Interessenwelt und im militärisch-wirtschaftlichen Machtkampf unterlegen, flüchtete es sich in die Ideenwelt des Moralischen und hoffte, die in der Außenwelt durch Interessenwettstreit nicht zu erzielende Ruhe und Sicherheit dort zu erlangen. Es verschanzte sich hinter Moralforderungen und ethischen Rigorismen. Der Deutsche wurde zum „moralisierende Bürger, der sich birgt in seinem Ideengehäuse."[209]

Vor 1945 hatte sich dasselbe Bürgertum gedacht: „Hier sind unsere Reichsgrenzen, die wir militärisch hinausschieben, und hinter diesen Reichsgrenzen können wir ruhig und in Frieden leben." Nach dem Krieg fühlte es: „Wir stecken hier der Mitwelt gegenüber moralische Grenzen ab. Diese moralischen Grenzen darf niemand übertreten. Bei ihrer Einhaltung darf uns niemand etwas tun, denn das wäre ja unmoralisch." So erwiesen sich moralische Forderungen als situationsbedingte Waffen im Interessenwettstreit konkreter Menschen. Alle potentiellen Feinde sollten sich in friedliche Handelspartner verwandeln.

Auf militärischem Felde geschlagen setzte man nach dem Krieg, in eine kosmopolitische neue Weltordnung geworfen, auf das Ökonomische. Das ideologische Gewissen der Deutschen war anpassungsfähig. Seine moralische Wesensänderung war aus der Not geboren, und so war sie eine freiwillige und unfreiwillige zugleich. Unfreiwillig war sie, weil wir gar keine Wahl hatten. Massiver noch als nach dem 1. Weltkrieg wußten die Sieger schon vor ihrer Invasion, „daß es nicht genügt ‚zur Umklammerung und Knechtung eines Volkes, ihm seine Angriffs- und Verteidigungswaffen wegzunehmen und es friedlich-ökonomisch auszubeuten, wenn man nicht gleichzeitig seine ideologische Widerstandskraft zerstört und ihm sozusagen das Gehirn durch die Nasenlöcher abpumpt.'"[210]

Freiwillig war die Entscheidung für den westlich-liberaleren Weg, weil man aus der gegebenen Verliererlage das beste machen wollte. Man wollte wieder wer sein, und als Spielplatz ließen die Sieger nur

209 Krockow, Die Entscheidung, S.47.

210 Maschke, S.134.

das Feld der Ökonomie zu. Zur eigenen Verteidigung blieb nichts als ein moralisierender Universalismus mit dem Hintersinn: „Damit uns niemand unsere Fabriken wegnimmt oder am Verkaufen hindert, mögen doch bitte alle Menschen sich der Logik der reinen Ökonomie unterwerfen." Diese neue, universal verkündete Händlermoral führt weltweit unmittelbar zur „westlichen Wertegemeinschaft" als einer politischen und wirtschaftlichen Ordnung, bei deren Einhaltung die wirtschaftlichen Interessen Deutschlands bestens geschützt zu sein schienen, ohne daß wir auch nur einen Schuß Pulver verbrauchen mußten, was die Deutschen seit 1945 auch erst nicht durften, später nicht konnten und heute nicht wollen dürfen.

Unter der Fahne eines sich zunehmend radikalisierenden Humanitarismus kehrte aber der Weltanschauungsstaat wieder. Seinen Sprachregelungen zufolge ist *Ideologie* das falsche Bewußtsein seiner weltanschaulichen Gegner, während der ja so freieste Staat auf deutschem Boden selbst keine Ideologie habe. Doch das vielfach proklamierte Ende der Ideologien ist bloßer Bestandteil ihres eigenen ideologischen Selbstverständnisses.[211] Die postmodernen Massengesellschaften mußten den Weg in den Gesinnungsstaat einschlagen, um einen Ersatz für ihre verlorengegangene Legitimität zu finden. Das früher einende Band zwischen ihren Bürgern dekonstruierten sie. Damit diese ihnen aber jetzt noch willig folgen, benötigen sie neue ideologische Energiequellen.

Jeder Staat bedarf eines inneren Zusammenhalts. Bürger müssen einen Sinn darin sehen, ihrem Staat zu gehorchen. In Monarchien hatte die Idee der Fürstenherrschaft von Gottes Gnaden Legitimität gestiftet. Im 19. und 20. Jahrhunderts trat das Bewußtsein hinzu, ungeachtet aller sozialen Gegensätze einem und demselben Volk anzugehören. Jede Epoche hatte ihre spezifische Weltdeutung. Die Anschauungen und Ideologien starben und sterben mit den sich ändernden Lebensbedingungen der Menschen ab. Heute wandeln die materiellen und geistigen Besonderheiten der massendemokratischen Industriegesellschaft nach und nach die toleranten Staaten der Aufklärung in Gesinnungsstaaten um.

---

211 Kondylis FAZ 21.12.1994.

Noch vor der Wiedervereinigung 1990 hatte der Soziologe Schelsky genau diese Gefahr erkannt und treffend prophezeit: „Diese Gesinnungsharmonisierung, im Osten durch die Gesinnungsdiktatur der herrschenden Einheitspartei erzwungen, wird in den westlichen Gesellschaften durch eine sozialreligiöse Sinnherrschaft von Wissenschaftlern und Publizisten durchgesetzt werden."[212] Als Profiteure der Wiedervereinigung wuchs in den letzten dreißig Jahren auch hier zusammen, was zusammengehört: Die Methoden der östlichen Gesinnungsdiktatur und das Sendungsbewußtsein der westlichen Linksextremisten leben heute vereint in der Berliner Regierungskoalition.

Der Anlaß für den inzwischen galoppierenden Wandel vom Rechtsstaat zum Gesinnungsstaat liegt in der multikulturellen Gesellschaft. Diese verspricht zwar eine Pluralität von Kulturen und Gesinnungen. Sie kann dieses Versprechen aber aus systemimmanenten Zwängen nicht einhalten. Als Deutschland noch ethnisch weitgehend homogen war, gab es keine nennenswerten innergesellschaftlichen Gräben. Die überwältigende Mehrheit war sich völlig einig über die ethischen Mindestvoraussetzungen für ein gutes Leben und ein friedliches Zusammenleben. Diese Mindestvoraussetzungen aber konnte und wollte der liberale Staat des Grundgesetzes nicht garantieren und erst recht nicht erzeugen. Was ein anständiger Mensch zu tun und zu lassen hat, wußte jeder von allein. Wenn man allerdings Millionen von Orientalen, Moslems und überseeischen Völkerschaften als gleichberechtigt ins Land läßt, versteht sich nicht mehr von selbst, wie man zum Beispiel respektvoll mit einer Frau umgeht, auch den anderen mal ausreden läßt, Mehrheitsentscheidungen akzeptiert und sich „gut erzogen" benimmt. Die liberale Doktrin verlangt, das müßten „die gesellschaftlichen Akteure" täglich miteinander „neu aushandeln". Leider haben viele neue Akteure ebensowenig Lust, mit der Mehrheitsbevölkerung etwas auszuhandeln, wie unsere notorischen Schuldverbüßer und Deutschlandhasser.

Die zwangsläufige Spaltung der Gesellschaft anhand tiefer Gräben, Bruchlinien und Interessengegensätze läßt bereits bürgerkriegsähnliche Zustände als Möglichkeit am Horizont erscheinen. Darum

---

212 Schelsky (1975), S.283.

hält man das Volk tunlichst entwaffnet und sucht die Bürger auch geistig zu entwaffnen, vor allem „Rechte“: Große Teile der Deutschen werden wegen ihrer falschen Gesinnung diskriminiert, und die richtige Gesinnung wird zum neuen Maßstab gemacht. Diese Wende war spätestens 2015 unter Merkel vollzogen: Fast eine Million Syrer reiste an, und – juristisch unbestritten unter Bruch der Gesetze – ließ Merkel ihre moralische Gesinnung entscheiden, alle hereinzulassen.

Der Gesinnungsstaat ist der Preis, den wir für ungehemmte Multikulturalität zu zahlen haben. Ohne ideologische Homogenisierung und Gesinnungsaufsicht könnte er mittelfristig an seinen inneren Widersprüchen zerbrechen. Es ist das Schicksal aller Vielvölkerstaaten mit diversen Sprachen, Kulten und Religionen, eine einheitliche Staatsideologie auszubilden oder in Bürgerkriegen unterzugehen.

Aus rechter Sicht ist jede Homogenisierung problematisch, weil sie zwangsläufig mit Fremdbestimmung verbunden ist. Vor der Wahl, weniger Fremde mit orientalischen Sittengesetzen nach Deutschland zu lassen oder alle – auch die Deutschen – ideologisch zu homogenisieren, wählt ein Rechter die Alternative, die seinen eigenen Interessen entspricht. Überdies wird er immer jedem widerstreben, der ihn mit der Macht seiner Gesetze und seiner Medien indoktrinieren und ideologisch homogenisieren will.

Und unser Staat?

Abschied von der offenen Gesellschaft

Eine bestimmte, von allen rechts Denkenden akzeptierte Staats- und Verfassungsidee gibt es nicht. Das ist die notwendige Folge rechter Denkstruktur. Rechte verlieren sich nicht in Utopien. Sie malen sich keinen idealen Staat mit starren Merkmalen aus. Wichtig ist für sie die Anpassungsfähigkeit an die jeweilige Lage. Beispielhaft dafür steht der aus dieser Skepsis folgende Untertitel eines Buchs: „Abschied vom idealen Staat“ von 1996.[213] Auf Seiten der publizierenden Rechten dürfte das weitgehend unbestritten geblieben sein.

213 Kunze (1996).

Dabei gehören „Reichsverfassungsentwürfe“ wie der des Marxisten und Hegelianers Reinhold Oberlercher ausdrücklich nicht zur Rechten, sondern zur radikalen Linken.

Aus skeptischer Grundhaltung und mit gebotenem historischen Überblick wissen Rechte: Jeder Staat und jede Verfassung müssen sich täglich neu vor der Realität legitimieren. Von der Existenz des Staates an sich bis hin zu seinen internen Spielregeln muß er für seine Bürger da sein, er muß ihnen nützen. Wenn wir uns in einer Verfassung befinden, deren Folge unser eigenes demografisches Aussterben sein wird, ist sie allerdings dysfunktional. Er muß funktionieren wie ein Schlüssel, der auf ein Schloß paßt. Wenn ein Haus 1945 zerbombt und neu errichtet wurde, kann man nicht den aus Trümmern geborgenen Schlüssel von Anno dunnemals verwenden, um die neue Haustür zu öffnen.

Seit 200 Jahren wurde jede neue Generation wieder in eine andere historische Lage versetzt. Die umfassendste Änderung brachte die industrielle Massengesellschaft mit sich. Gesellschaftliche Formen und Vorstellungen aus der Epoche der Adelsgesellschaft wurden irgendwann einfach nicht mehr verstanden. Die aus der Massengesellschaft entstehende Moderne bildet die umfassende Antwort der massenhaft lebenden, arbeiten und konsumierenden Menschen auf die historisch nie dagewesenen neuen Verhältnisse. Geistesgeschichtlich spiegelten diese sich in neuen künstlerischen, philosophischen und literarischen Ausdrucksformen. Auch die Funktion des Staates mußte von Grund auf neu gedacht werden. Politische Ideologien wie der Sozialismus, der Liberalismus oder der Marxismus versuchten das. Wir haben keinerlei Anlaß für eine Prognose, der historische Beschleunigungsturbo könne zum Stehen kommen.

Rechte teilen keinesfalls den Ewigkeitsoptimismus der Väter des Grundgesetzes, die dem harten Kern ihrer Verfassungsbestimmungen in Art.79 eine Ewigkeitsgarantie mit auf den Weg gegeben haben. Skeptisch denken sie an Heraklit, der schon wußte, daß „alles fließt“ und nicht ewigen Bestand hat. Sie denken auch an die vielfältigen Erfahrungen des alten Griechenland mit wechselnden Staatsformen.

Von deren Kreislauf waren schon Aristoteles und Polybios[214] überzeugt: Auf das Königtum, die Herrschaft des dem Allgemeinwohl verpflichteten Tüchtigsten, folgt als Entartungserscheinung die Tyrannis des eigensüchtigen Diktators. Dieser wird von wenigen der Edelsten gestürzt. Deren Aristokratie neigt zum Umschlagen in eine eigensüchtige Oligarchie. Diese wird vom Volk gestürzt, das mit der Demokratie die höchste Staatsform verwirklicht. Auf die Dauer gewinnt in ihr aber der Pöbel die Oberhand und tobt sich in einer Ochlokratie aus, bis ein Tüchtigster das zerrüttete Staatswesen wieder aufrichtet und der Kreislauf mit ihm als König von neuem beginnt. – Diese klassische Staatsformenlehre läßt sich heute natürlich nicht wortwörtlich als Patentrezept anwenden. Gegenüber der herrschenden Doktrin unwandelbarer Verfassungsklauseln, wonach es aus den historischen Niederungen vorsintflutlicher Zeiten immer nur linear aufwärts gehe bis zu irgendeinem Ende der Geschichte in einem idealen Staat, wirkt die bescheidene Einsicht der Antike in die Vergänglichkeit und Wandelbarkeit gesellschaftlicher Organisationsformen aber erfrischend realitätsnah.

Schon 1911 formulierte der Kölner Soziologe Robert Michels das „eherne Gesetz der Oligarchie" und bemerkte, wie wenig sich die Tendenzen der staatlichen Oligarchien (Regierung, Hof usw.) von denen der proletarischen Oligarchien unterscheiden. „Sobald die Demokratie ein gewisses Stadium ihrer Entwicklung erreicht hat, setzt ein Entartungsprozeß ein; sie nimmt aristokratischen Geist, bisweilen auch aristokratische Formen an und wird dem immer ähnlicher, gegen das sie einst zu Felde zog. Dann entstehen ihr aus ihrem eigenen Schoß neue Ankläger, die sie der Oligarchie zeihen."[215] Der Weg der heutigen grünen Partei von ihrem Aufsieg vor 40 Jahren bis zur Verbonzung mit eigenem „Visagisten" für amtsinhabende Funktionäre kann beispielhaft für einen solchen Weg stehen. Schon 1788 hatte man keine Kosten gescheut, die damaligen Majestäten zu pudern und zu schminken, doch auf 1788 folgte 1789, und auf 1789 folgte 1793

214 Vgl. bei Machiavelli, Discorsi, I.Buch, 2.Kapitel, S.14 f.; Klein, (1993) S.130 ff., 144-145.

215 Michels, Soziologie, S.145, 378.

mit den bekannten und für die vormals Gepuderten überraschenden Ergebnissen.

Und auch heute wieder stehen neue Machtanwärter bereit und kritisieren die Verbonzten als volks- und lebensferne, abgewirtschaftete Elite, weshalb ein Elitenwechsel höchst nötig sei. Von der derzeitigen „Machtelite" aus linken Sinnstiftern und Volkspädagogen werden sie mit der typischen Geste aller etablierten Obrigkeiten als „Populisten" abgetan. Robert Michels hatte 1911 schon die naheliegende These aufgestellt, daß in jedem Staat nur vielleicht 400 Personen in unterschiedlichen Funktionen die Fäden der Macht in der Hand halten. Letztlich laufen die meisten Umwälzungen nur auf einen Elitenwechsel hinaus, während die Briefträger die Post austragen wie zuvor und der Bauer ruhig seine Furchen zieht. „Seit Beginn der Geschichtsschreibung kontrolliert in fast allen Gesellschaften ein sehr kleiner (allerdings unterschiedlicher) Prozentsatz der Bevölkerung (die ‚herrschenden Klassen' oder ‚die Eliten') den größten Teil des Vermögens und der Macht. […] Infolge dessen setzt sich die innenpolitische Führung stets aus bestimmten Klassen von Menschen zusammen, die über Wohlstand und Macht verfügen und in symbiotischer Beziehung miteinander stehen, damit die bestehende Ordnung erhalten bleibt."[216]

Daß Elitenwechsel friedlich möglich bleibt, ist das zentrale Anliegen der liberalen Pluralismustheorie. Sie bildete jahrzehntelang unsere halboffizielle Staatsideologie. Unser System, besagt sie, sei so stabil, weil es eine sozial durchlässige „offene Gesellschaft" bilde und für jede demokratische Modifikation empfänglich sei. Es könne sich beliebig biegen und darum nicht brechen. Der Glaube, ein offenes System zu sein und sich ständig verändern und Zeitproblemen anpassen zu können, täuscht. In diesem Kern seines Anspruchs ist er durch die Wirklichkeit widerlegt. Linksextremisten haben sich als neue Elite in den Sesseln der Macht bequem gemacht, das Schlagwort von der offenen Gesellschaft umdefiniert und diese, wie es von links schon zu Zeiten der 1968er hieß: umfunktioniert. Es steht heute nicht mehr für Offenheit zum sozialen Aufstieg, sondern für einen

---

216 Dalio, S.119.

Staat mit offenen Toren für jeden, der da kommt. Gleichzeitig schottet die machthabende Elite der neuen Sozialreligion sich mit allen Machtmitteln ihrer Gesetze, ihrer Behörden und ihrer Medien vor der Möglichkeit einer friedlichen Erneuerung ab. Sie hat die Türen der offenen Gesellschaft faktisch verschlossen und bildet eine eigene, in sich geschlossene Gesellschaft, den neuen Klerus unserer Zeit.

Systeme sind nicht für Ewigkeiten da. Sie müssen die ständig erforderliche Innovation an Gedanken und Problemlösungsstrategien gewährleisten, eine permanente Evolution. Verfassungen als juristisch fixierte Problemlösungskonzepte müssen sich zwangsläufig wandeln können und mit den Problemen kommen und gehen. Da offenbar jedes System zum Gegenteil neigt, nämlich zum Beharren auf sich selbst und auf vergangenen Perspektiven, muß notfalls in Abständen ein ganzes System über Bord geworfen und ersetzt werden, um den unabdingbaren Wandel zu erzwingen. Das gilt gegebenenfalls für jedes System. Wo er verhindert wird, befindet das Gemeinwesen sich in höchster Gefahr. Manchmal kommt sogar „der Untergang von Staaten daher, daß sich ihre Verfassungen nicht mit den Zeitnotwendigkeiten ändern."[217]

Was muß bleiben?

Gibt es denn einen Grundbestand an Verfassungsmerkmalen, die aus rechter Sicht schlechthin unverzichtbar sind? Schon aus Perspektive der rechten Denkstruktur und der rechten emotionalen Lage ergibt sich zwingend, daß das durchaus der Fall ist. Als realistisch denkender Mensch wird ein Rechter sich niemals mit einer religiösen oder ideologischen Herrschaft abfinden, die ihn zwingt, 2+2=5 anzuerkennen oder seine Kinder in Kindergarten und Schule vor den Altären irgendwelcher Gedankengespenster auf Knien herumrutschen zu lassen. Wenn unsere neuen Heilsbringer alle Schafe ihrer Herde einverleiben wollen, traben Rechte lieber als schwarze Schafe abseits. Wenn in einem öffentlichen Massenexorzismus der Teufel „Rechts" ausgetrieben wird, verweigern sie sich.

---

217 Machiavelli, Discorsi, Buch III Kap.9, S.314.

Darum werden Rechte immer auf den im Grundgesetz niedergelegten Grundrechten beharren und diese als individuelle Abwehrrechte gegen Staat und Gesellschaft verstehen. Diese Rechte sind, wie jedes Recht, die letzte Waffe der momentan Schwachen gegen den herrschenden Stärkeren. Rechte verstehen diese Grundrechte aber nicht als Freibrief für Staat und Gesellschaft, dem Bürger durch die Hintertür der Grundrechte eine neue Religion aufzuzwingen. Die Vertreter der modernen Heilslehren projizieren nämlich mit Vorliebe ihre neue Sozialreligion, ihr metaphysisch aufgeheiztes Verständnis von Humanität und all die anderen schönen Sachen aus der guten alten APO-Zeit in grundgesetzliche Begriffe wie Menschenwürde hinein, all die kleinen Sprengsätze gegen die ihnen verhaßte bürgerliche Gesellschaft und ihre Institutionen.

Rechte verwahren sich gegen jede religiöse oder quasireligiöse Indienstnahme oder gar Eroberung des Staates durch irgendwelche Heilsbringer oder die sich herausbildende neue Sozialreligion. Genau das ist aber bereits so gut wie vollzogen. Ihre Sektenführer sitzen in Parlament und Regierung. Sie mißbrauchen die Geldmittel des Staates zur Indoktrinierung seiner Bürger. Der Staat in den Händen solcher Leute ist nicht mehr neutral, er „kämpft gegen Rechts" und damit gegen einen Teil seiner selbst. Dazu wendet er Milliarden Euro auf, die an dubiose Vereine und Zusammenschlüsse ausgeschüttet werden, also an nicht staatliche, rein gesellschaftliche Gruppierungen und Vereine. Diese dürfen dann mit staatlichem Geld unter dem Schutz ihrer persönlichen Freiheitsrechte diejenige Propaganda gegen die Opposition machen, die der Staat selbst von Rechts wegen nicht in eigenem Namen betreiben dürfte.

Wie schon 1933 eine gesellschaftliche Kraft den Staat von innen heraus erobert und alle Konkurrenz bekämpft hatte, ist es wieder geschehen. Eine gesellschaftliche Teilkraft wendet sich mit staatlichen Mitteln gegen andere. Die Rechtswissenschaft hat die Problemstellung schon sehr lange diskutiert und die Forderung entwickelt, in einem freiheitlichen Staat müßten Staat und Gesellschaft voneinander getrennt werden, so gut es eben geht.

Die Beherrschten sind das Staatsvolk. Wenn wir es als Objekt zu seinem regierenden Subjekt in Beziehung setzen, können wir es sinnvollerweise auch als *Gesellschaft* in Beziehung auf die *Staatsgewalt* bezeichnen. Dem Dualismus von Staat und Gesellschaft entspricht strukturell der von Exekutive und Legislative. Schon in Montesquieus Lehre vertritt der König als Regierender den Staat, wohingegen Bürgertum und Adel (heute gemeinsam „Volk") das Objekt der Regierung sind und die *Gesellschaft* bilden. Sie steht damit der staatlichen Regierungsgewalt gegenüber. Sie organisiert sich im Parlament und setzt sich dort autonom ihre Rechtsregeln. Wer diese Trennung von Staat und Gesellschaft aufhebt, entfesselt einen absoluten Staat oder eine absolute Gesellschaft. Beide garantieren das Ende der individuellen Freiheit. Deutschland tendiert heute zur absoluten Gesellschaft.

Staat und Gesellschaft miteinander verschmelzen zu lassen oder dem Staat die Rolle des Regierens und der Gesellschaft die der autonomen Rechtsetzung zuzuordnen, Staat und Gesellschaft damit also funktional gewaltenteilend zu trennen, ist die Gretchenfrage heutiger Staatswissenschaft.[218] Wo die Gewalten nicht geteilt sind, herrscht Diktatur. Absoluter Staat und absolute Gesellschaft sind solche Diktaturen, weil sie keine Gewaltenteilung besitzen, sondern sich alle Gewalten in Händen des Staates oder in Händen der vorherrschenden gesellschaftlichen Mächte befinden.

Zwischen der Skylla des absoluten Staates und der Charybdis des absoluten Gesellschaft bedeutet Gewaltenteilung, den exekutiven Teil der (theoretisch als umfassend vorgestellten) Staatsgewalt dem *Staat* als solchem und den legislativen Teil der *Gesellschaft* zuzuweisen und diese somit vom Staat sowohl zur Wahrung ihrer Freiheit abzugrenzen als auch funktionell zu integrieren. So gesehen liegt der Gewaltenteilungslehre Montesquieus faktisch die Trennung von *Staat* und *Gesellschaft* zugrunde.[219] Ohne diese Trennung gibt es keine Freiheit: wenn die Gesellschaft den Staat beherrscht und zur *absoluten Gesellschaft* wird ebensowenig, wie wenn umgekehrt der Staat die Gesellschaft verstaatlicht und zum *absoluten Staat* wird.

---

218 HESSE, DöV, 1975, S.437 ff., 438.

219 Roman HERZOG, in M-D-H, Art.20 GG, V. Rdn.34 und ebd. Fußnote 3 m.w.N.

„Die Geschichte kennt in Wahrheit nur zwei große Gegensätze in der Staatsauffassung: Freiheit und Absolutismus. Fälschlicherweise wird unter Absolutismus nur die offene Gewaltherrschaft" des Staates „verstanden, während deren verdeckte Form meist übersehen wird:"[220] die absolute Herrschaft der indirekten gesellschaftlichen Gewalten.

Wenn der Staat die Gesellschaft an seine Macht kettet, lassen beide sich voneinander nicht mehr unterscheiden. Dasselbe gilt, wo gesellschaftliche Kräfte den Staat erobert haben. Überall dort, wo *Staat* und *Gesellschaft* ununterscheidbar ineinander verwoben sind, gibt es keine Gewaltenteilung. Es gab nicht nur im Staatsabsolutismus keine individuelle und gesellschaftliche Freiheit. Auch die Vereinigung der Gewalten in der Hand eines einzelnen Bürgers, einer ideologischen Formation, einer Partei oder der Priesterschaft einer Sozialreligion läßt zwangsläufig Staat und Gesellschaft ineinander übergehen. Damit ist aber eine Grundbedingung menschlicher Freiheit beseitigt:[221] nämlich der gesellschaftlich neutrale Rechtsstaat.

Nur er ist Schutzmacht der innergesellschaftlich Schwachen gegen die Starken, er schützt die Armen vor Ausbeutung, die Alten vor dem Elend, die Ungeborenen vor dem Egoismus der Lebenden. Er hütet die Freiheit gegen Übergriffe wohlorganisierter Machtgruppen und wahrt den Rechtsfrieden gegen das Faustrecht und die latent bürgerkriegsbereiten innergesellschaftlichen Machtgruppen. Fehlt er oder wurde von innen heraus korrumpiert, sehen wir in diesen Tagen in Haiti: einen entmachteten Staatspräsidenten und einander bekriegende Gangsterbanden. Hier zeigt sich exemplarisch, wie Recht schon Thomas Hobbes hatte: Der Mensch ist des Menschen Wolf. Ohne Staatsgewalt gibt es keinen inneren Frieden und keine persönliche Freiheit. Aber beide Prinzipien – Staat und Gesellschaft – haben ihre Daseinsberechtigung. Daher darf keines das andere vernichten. Sie müssen zueinander in einem ausgewogenen Verhältnis stehen. Menschen sind von Natur aus Einzelpersönlichkeiten *und* Gemeinschaftswesen. Als auf Individualität bedachte Einzelne bilden sie in

220 Ernst Julius JUNG, S.156.

221 HESSE, DöV 1975, S.437; BÖCKENFÖRDE (1973)

ihrer Summe eine Gesellschaft; insoweit sie aber sozialverbunden und -bedürftig sind, bilden sie Gemeinschaften wie Familie und Staat, die mehr bedeuten als die Summe ihrer Teile, und sind auf diese bezogen.

Die *Gesellschaft* ist das Innenleben der *Gemeinschaft.* Beide Aspekte menschlicher Existenz sind gleichermaßen real und in jedem Menschen vorhanden. Sozialverbundenheit und Einzelpersönlichkeit sind zwei ergänzungsbedürftige Aspekte des Menschen und verkörpert in Staat und Gesellschaft. Keiner dieser Aspekte darf extremistisch verabsolutiert werden. Trotz seiner Eigenständigkeit braucht der Mensch die Gemeinschaft, ist auf sie bezogen und bleibt daher Mensch *in* der Gemeinschaft.[222] Die Bindung an die im Staat verkörperte Gemeinschaft verhindert, daß Freiheit zur egozentrischen Willkür wird.

So schält sich aus der latenten Bedrohung geistiger Freiheit die Kernforderung jedes Rechten an seinen Staat heraus: Er muß schützen. Dazu ist er da. Staaten sind weltliche Gebilde, keine Kirchen. Kein Staat darf zulassen, daß seine Bürger zum bloßen Objekt religiöser Zwangsmission oder irgendeiner anderen Form ideologiepädagogischer Bemühung um ihr „Seelenheil" werden. Es ist ganz gleichgültig, ob dies in Form herkömmlicher Kirchen oder Sekten, durch sozialreligiöse Agitation, Rufe zu kollektiven Gebeten, Zwangsverschleierungen oder eine Strafdrohung geschieht, wenn jemand einen Kerl nicht mit *Frau* anredet, obwohl der Rock und hochhackige Schuhe trägt. Rechte haben dieselbe Würde und denselben sozialen Geltungsanspruch wie alle Bürger. Sie lassen sich nicht dazu zwingen, Geßlerhüte zu grüßen. Jedermann kann das Recht fordern, von seinem Staat in Ruhe gelassen und nicht umerzogen zu werden.

Solange wir ein parlamentarisches Regierungssystem haben, tritt unvermeidlich immer jemand eine Regierung an, der seine eigene weltanschauliche Orientierung mitbringt und vielleicht gerade wegen ihr gewählt worden ist. Wenn er aber die Institutionen und Geldmittel des Staates nicht für alle Bürger verwendet, die zu schützen er beschwören muß, sondern in einem religiösen oder ideologischen

222 BVerfG E 4,15,16; 7,205; 18,267,273; 24,144.

Kettenhemd über „Ungläubige" herfällt, ist er – dann in der Tat! – ein Fall für den staatlichen Verfassungsschutz.

Es gehört zu den tragenden Prinzipien des demokratischen Staatsaufbaus, daß alle Staatsgewalt von unten, dem Volk, nach oben zu den Staatsorganen aufgebaut wird. Wer diesen demokratischen Staatsaufbau umkehrt und sich mit Regierungsmacht ein neues Volk aus Einwanderern oder staatlich radikalisierten Kämpfern gegen Ungläubige zusammenbastelt, verwirkt seinen Anspruch auf den Gesetzesgehorsam der Bürger. Es gibt einen ewigen Zusammenhang zwischen Schutz und Gehorsam: Der Bürger gehorcht nur deswegen und nur solange, wie sein Staat ihn auch schützt.

Unsere Staatsquote liegt inzwischen bei über 50%. Soviel von den Erträgen unserer Arbeit müssen wir inzwischen aufwenden, um die Lasten aufzubringen, die jene Kaste sozialreligiöser Fanatiker uns auferlegt. Rechte zürnen nicht dem Staat, denn nicht der Staat ist es, der sie gängelt. Wir leben in einer absoluten Gesellschaft, in der eine gesellschaftliche Teilkraft die absolute Dominanz über Staat und Gesellschaft beansprucht. Die Institutionen unseres Staates sind ihrer Parteiklientel als Versorgungsposten zum Opfer gefallen. Der Parteienstaat ist gesellschaftlich dermaßen überwuchert, daß er unter dem gesellschaftlichen Geflecht gar nicht mehr zu sehen ist. Wie eine parasitische Schlingpflanze rankt sich eine – nach Schelsky – unproduktive Priesterkaste sozialer Heilsbringer um den Staat, saugt ihn aus und produziert ständig Ableger.

Es wird eine rechte Herkulesarbeit sein, diesen Augiasstall auszumisten und wieder die rechtsstaatlich sauberen Verhältnisse herzustellen, die wir aus der Anfangszeit der Bundesrepublik noch kennen. Zielpunkte sind dabei die größtmögliche Freiheit des Einzelnen und der Fortbestand unseres Volkes. Niemand will das Kind mit dem Bade ausschütten und die autoritäre absolute Gesellschaft gegen einen nicht minder autoritären absoluten Staat eintauschen. Staatsvergottung ist kein geeignetes Mittel gegen Gesellschaftsvergottung. Rechte wollen nie wieder irgendeine Vergottung. Sie haben diese Botschaft der Aufklärung besser begriffen als die meisten anderen.

Die Frage der Staatsform ist aus rechter Sicht wenig relevant. Auf den Inhalt kommt es an. Eine Monarchie kann ebensogut einen Rechtsstaat beinhalten wie eine Republik, und eine Demokratie vermag genauso tyrannisch zu regieren wie eine Oligarchie. Die Rechtsstaatlichkeit ist aber staatsformunabhängig. Sie wird garantiert durch staatliche Institutionen, die nur dem gesetzten Recht verpflichtet und von demokratischen Mehrheitsenscheidungen unabhängig sind. Unsere Grundrehte dürfen schlechterdings nicht relativiert werden, indem man sie Abstimmungsmehrheiten oder demoskopischen Umfragen unterwirft.

Die Aktualität dieser rechtsstaatlichen Forderung haben wir gerade erst erlebt, als von medieninduzierter Angst erfüllte Umfragemehrheiten mit allen Corona-Maßnahmen einverstanden waren. Grundrechte wurden relativiert und eingeschränkt. Kritiker wurden verunglimpft und stigmatisiert. Nachträglich stellte sich heraus, daß sie in manchem Recht hatten. Schon 1975 hatte Helmut Schelsky vor der inneren Bereitschaft vieler Menschen gewarnt, ihre Freiheit vor lauter Angst hintanzustellen. Sie wünschen sich lieber einen mächtigen Versorgungsstaat: „Wenn ein großer Teil der Bevölkerung am individuellen Freiheitsraum des Handelns gar kein Interesse hat, sich durch Obrigkeiten gar nicht beengt oder bevormundet fühlt, sondern nach dem von Hobbes schon formulierten Grundsatz der Gegenseitigkeit von Schutz und Gehorsam denkt, seine soziale Versorgung und Sicherheit durch eine autoritäre Staatsbetreuung für wichtiger hält als die Wahlfreiheiten des individuellen Verhaltens, dann schwindet die grundlegende Forderungsbereitschaft zum Rechtsstaat allmählich dahin gegenüber der Forderung der ‚sozialen' Versorgung und materiellen Lebenssicherheit an die institutionellen Autoritäten. Das ist heute längst die Richtlinie der großen Parteien in der Bundesrepublik."[223]

Nur Rechtssicherheit stiftet inneren Frieden. Schon im hohen Mittelalter wurden „ewige Landfrieden" erlassen. Privatfehden und

223 Schelsky (1975), S.280.

Bürgerkrieg wurden durch das Recht gebändigt, das damals noch der deutsche König erließ. Innerhalb des eigenen Landes sollte es keine Feindschaft mehr geben. Diese zivilisatorische Errungenschaft steht auf dem Spiel, wenn regierende Kräfte einen Teil der Bürger als *Rechte* deklarieren und zum *Kampf gegen Rechts* aufrufen.

Schon 1954 schrieb Winfried Martini weitsichtig: „Diese Gefahr ist um so größer, je mehr sich unter dem Eindruck sozialer Krisen der consensus verdünnt, so daß sich die Parteien in zunehmendem Maße mit der Nation, mit der ‚volonté générale' identifizieren, die Gegenparteien also damit als nationalen Feind diskriminieren."[224] Der Staat kann seine ordnungsstiftende und befriedende Funktion nur ausfüllen, wenn er tatsächlich keine Feindschaften duldet und schon gar nicht selbst erzeugt. „Wo ein Teil der Bürger in einem Teil der anderen aus welchen Gründen auch immer nicht ‚Rechtsgenossen', sondern *Feinde* erblickt," erkennt der Rechtsphilosoph Johann Braun, „an deren loyaler Gesinnung man zweifeln muß, dient das Recht in der Sicht der beiden Kontrahenten weniger dem Schutz der eigenen Person; es schützt und erhält vielmehr zunächst den ‚Feind' und verdient daher selbst bekämpft zu werden. [...] Es erscheint nunmehr als Schutzschild und Waffe des jeweiligen Gegners."

In Händen der Partei, die an den Schalthebeln des Staates sitzt, wird es dann zwar bewußt mißbraucht, aber moralisch hoch erhobenen Hauptes; und die andere Seite wird bald einem Recht die Loyalität verweigern, das zu offenkundig nur als Kampfinstrument zu ihrer Niederhaltung eingesetzt wird – und sie wird ihre eigene Moral behaupten. Die formelle Akzeptanz des Rechts setzt nämlich voraus, daß alle Normadressaten den uneingeschränkten Schutz der anderen auch wirklich wollen.[225] Genau das meinte Rousseau, wenn er schrieb: „Es ist unmöglich, mit Leuten, die man für verdammt hält, in Frieden zu leben."[226] Heute wird es für Rechte immer schwerer, von Leuten, die sie für verdammt halten, in Ruhe gelassen zu werden und in Frieden zu leben. Darum könnten Rechte die letzten Ver-

224 Martini, S.292.

225 Braun, JuS 1994, S. 730 f.

226 Rousseau, S.155.

teidiger der freiheitlichen demokratischen Grundordnung werden, wenn diese zwar im Wortlaut so bleibt, von radikalisierten Linken aber zum „Kampf gegen Rechts“ „umfunktioniert“ sein wird.

Die Sache mit der Menschenwürde

Ein Staat muß die Würde der Menschen achten. Er soll sie aber nicht zur Religion erheben und uns zum Beten zwingen. Auf diese prägnante Formel könnte man eine „rechte“ Einstellung bringen. Ein Rechter faßt Würde als persönliche Ehre und damit als etwas auf, das man verkörpern oder sich verdienen, dessen man sich aber auch selbst entledigen kann. Wer hätte das nicht schon mit eigenen Augen gesehen? Rechte sehen in der Menschenwürde etwas empirisch Feststellbares. Man kann ihre Anwesenheit oder Abwesenheit graduell erkennen. Sie zu achten und zu schützen, erwarten und verlangen Rechte von ihrem Staat.

Menschenwürde ist sowohl ein Gesetzesbegriff als auch eine im Kern religiöse Vorstellung. Als Staatsbürger achten Rechte den verfassungsrechtlichen Begriff der Menschenwürde. Sie glauben aber nicht im quasireligiösen Sinn an eine übersinnliche Substanz hinter diesem Wort. Sie sind keine Naturrechtler, die an im Menschen verborgene Normen glauben. Doch selbst Thomas Hobbes als Naturrechtler hatte anerkannt: „Das Naturgesetz, welches auch göttlichen Ursprungs ist, will, daß wir dem Staate in allem Gehorsam leisten, nicht aber, in allem glauben sollen.“[227] Würde der Staat das von seinen Bürgern verlangen, würde er seine gesetzliche Menschenwürdevorstellung selbst zerstören. Es gehört nämlich nach dieser Doktrin zum Kern menschlicher Würde, zu einem Glauben oder einem Bekenntnis nicht gezwungen werden zu dürfen.

Ihre weltanschaulichen Gegner vertreten dagegen eine weitergehende, im Kern metaphysische Interpretation des Begriffs. Sie haben seine ideologischen Aufblähung zur zentralen Waffe in ihrem Kampf gegen die Realität und damit „gegen Rechts“ ausgebaut. Es ist immer wieder der Rekurs auf angebliche Verschwörungen gegen die Menschenwürde, mit dem sie ihre Phrasen von „Menschenverachtung“

227 Hobbes, 2.Teil 26. Kap., S.240 der Reclam-Ausgabe.

und Inhumanität begründen. Die Menschenwürde, gern auch in ihrer Interpretation durch das BVerfG, ist der zentrale Nasenring, an dem man alles Rechte inzwischen durch die Manege zu ziehen sucht. Diese verstehen in ihrem Realitätssinn häufig noch nicht einmal das Problem und den archimedischen Punkt jener Argumentationen.

Es ist darum zwingend, diese in Hinblick auf das rechte Weltbild beispielhaft zu vertiefen. Die Entwicklung und Analyse des Begriffs Menschenwürde wird ergeben, daß wir mit dem zweidimensionalen Rechts-Links-Gegensatzpaar nicht auskommen. Der Begriff Menschenwürde, wie jene ihn verstehen, ist nicht links, rechts oder in der Mitte zu verorten, sondern gewissermaßen darüber: Aus der uns inzwischen geläufigen „höheren" Sphäre der Religion nämlich ist er verpflanzt in ein Jahrhundert, das sich doch als aufgeklärt versteht. Menschenwürde wird jetzt verstanden als ein metaphysisches Etwas, das jedem Menschen innewohnt und dessen er sich selbst mit aller Eigenanstrengung nicht entäußern kann.

Die Menschenwürde fungiert heute als verfassungsrechtliche Wundertüte. Unsere obersten Verfassungshüter entnehmen ihr, was immer von der Politik nachgefragt wird und ideologisch jeweils erwünscht ist. Sie bildet die Einbruchstelle eines rechtsphilosophischen Ladenhüters in unser positives Recht: des Naturrechts. Dieses wiederum enthält beliebige Inhalte je nach ideologischer Haltung des Naturrechtlers. Es bildet das Gängelband, an dem man uns führt. Der Verfassungsrechtler Duttge formulierte[228], die Menschenwürde als solche gelte inzwischen vielen ‚als mehr oder minder ausfüllbare Leerformel[229] mit gefährlich expansiven Zügen – eine Wanderdüne ohne Halt', bedeutend und wohlklingend, als ‚Opium fürs Volk'[230] schnell in aller Munde, tatsächlich aber ohne greifbaren Sinngehalt, in Wahrheit eine ‚terra incognita'.

---

228 Duttge (2007), S.76 (78).

229 Anm. von Duttge: In diesem Sinne bereits Schopenhauer, Preisschrift über die Gundlage der Moral, 1840, in: sämtliche Werke (hrg. Löhneysen, Bd.III, Kleinere Schriften, S.629,695: „hohle Hyperbel"…

230 Anm. Duttge: [Franz Josef] Wetz, in: [Matthias] Kettner S.221 ff., 227: „spielt Menschenwürde in der Diskussion oft die Rolle einer benebelnden Droge."

Ideologen gehen über die nüchtern rechte, realitätsnahe Sicht weit hinaus. Mit der Realität haben es Ideologen nicht so. Wenn sich jemand nicht nach ihren fixen Ideen richtet: umso schlimmer für ihn! In einer berühmten Szene der Komiker Monty Python besteht ein Mann darauf, auch Babys zu bekommen: „Als Mann möchte ich das Recht haben,“, quengelte er, „Kinder zu gebären.“ Das Filmpublikum bog sich 1979 vor Lachen. Heute ist ihm das Lachen vergangen. Eine verquere linksextremistische Ideologie hat sich dutzende Geschlechter ausgedacht.

Männer sollen nicht männlich sein und Frauen nicht weiblich. Es könnte gegen ihre Menschenwürde verstoßen, wenn sie das nicht selbst entscheiden dürften. Genderisten kultivieren in ihren Köpfen eine ganz spezielle Art höchstpersönlicher „Realität“, die vielleicht geschultem Fachpersonal noch zugänglich ist. Man müsse zwischen biologischem Geschlecht und „sozialem Gender“ unterscheiden. Rechte bestreiten skeptisch, daß es so etwas überhaupt gibt. Das sei nur erfundenes, sinnloses Wortgeklingel einer quasi-religiösen Szenensprache, ebenso wie „Seelenhirte“, „Epiphanie“, „Rassenschande“, „Klimagerechtigkeit“ oder der astrologische Begriff „Aszendent“. „Astrologie hat natürlich ihren Sinn, aber nur in Bezug auf das Denken seiner Anwender, in deren Köpfen allein jene mystische Information zu suchen ist.“[231]

Männer, die sich für eine Katze halten, kultivieren gelegentlich manche Charakterzüge der fauchenden kleinen Biester. Halten sie sich für Frauen, bevorzugen manche rosa Spitzenunterwäsche. Wieder ein andere hält sich für Napoleon und reagiert gereizt, wenn man ihn nicht mit *Empereur* anspricht. Wenn man mit professioneller Distanz zu ihm spricht, muß man ihn in seiner Selbsttäuschung aber nicht unbedingt bestärken und stramme Haltung vor ihm annehmen. Seit Jahrhunderten gibt es Leute, die sich ausschließlich mit staubigen alten Schriften abgeben und am Ende nicht wissen, an welchem Ende einer Kuh vorne ist. Sie können höchst belesen sein. In ihrer Vorstellung nehmen Romane und Traktate Wirklichkeit an. Wie manche Jungs nach nächtelangem Computerspielen nicht mehr den

231 Heschl S.159.

Weg zurück in die Wirklichkeit finden, verirrten sie sich in früheren Zeiten in Phantasiewelten wie denen von Karl May oder des Science-Fiction-Helden Perry Rhodan. Es kommt immer darauf an, den Ausgang aus seiner Phantasiewelt noch finden zu können.

Wer ihn nicht mehr gefunden hat, war der Italiener Pico della Mirandola, geboren 1463. Er ist der Erzvater der queeren Bewegung. Freilich wissen beide nichts voneinander: Er wurde 1494 mit Arsen vergiftet, und seine modernen Epigonen sind nicht belesen genug, von ihm zu wissen. Pico lernte schon als Kind Latein und andere Sprachen und kannte mit 20 Jahren alle Klassiker der Antike. Er war in der Bibel ebenso zuhause wie im Homer und im Platon.

So weltfremd war der junge Mirandola aber nicht, daß er nicht gewußt hätte, daß man auch, „gelockt von den Verführungen der Wollust, als Sklave seiner Sinne“ leben kann. Wer so lebt, „ist nur ein Tier, kein Mensch.“[232] Doch Menschen können auch anders: „Wir sind geboren worden unter der Bedingung, daß wir das sein sollen, was wir sein wollen. Darum muß unsere Sorge vornehmlich darauf gerichtet sein, daß man uns jedenfalls nicht nachsagen kann, wir hätten, als wir im Ansehen standen, keinen Verstand gezeigt, dem Vieh und vernunftlosen Tieren ähnlich. Vielmehr soll jener Ausspruch des Propheten Asaph für uns gelten: ‚Götter seid ihr und Söhne des Höchsten alle‘[233], damit wir nicht den freien Willen, den er uns verliehen hat, mißbrauchen und ihn gebrauchen statt zu unserem Heil, zu unserem Schaden.“[234]

„Götter seid ihr und Söhne des Höchsten alle“? Welch revolutionärer Satz! Diese Attribute waren bislang Jesus vorbehalten. Und weiter: „Wir sind geboren worden unter der Bedingung, daß wir das sein sollen, was wir sein wollen?“ Diese Behauptung beendete schlagartig das Mittelalter. In Demut hatte man sich ehedem geübt. Das Diesseits hatte als Jammertal gegolten, in dem wir *in miseria* leben, im Elend. Wir sollten sein, was wir wollen, war eine epochale geistige Zäsur, die Europa nachhaltig vom Rest der Welt schied. Sie

---

232 Mirandola, De dignitate hominis, 1496, S.11.

233 Bibel, Psalm 86, Vers 6 (Anm. d. Verf.)

234 Mirandola, De dignitate hominis, 1496, S.13.

wies uns den Weg aus engstirnigem Dogmatismus, ebnete aber zugleich eine breite Straße zur modernen Hybris der Queerköpfe. Wir wollen sein, was wir wollen? Da leben die Traum-Napoleoniden auf und mit ihnen alle, die nicht zufrieden sind mit dem, was sie sind.

Hören wir uns einmal die Kernsätze Mirandolas mit den Ohren einer Frau an, die viel lieber ein Mann wäre. Sie wird frohlocken, wenn Mirandola Gott in den Mund legt: „Keinen bestimmten Platz habe ich dir zugewiesen, auch keine bestimmte äußere Erscheinung, und auch nicht irgendeine besondere Gabe habe ich dir verliehen, Adam, damit du den Platz, das Aussehen und alle die Gaben, die du dir selber wünschst, nach deinem eigenen Willen und Entschluß erhalten und besitzen kannst. Die fest umrissene Natur der übrigen Geschöpfe entfaltet sich nur innerhalb der von mir vorgeschriebenen Gesetze. Du wirst von allen Einschränkungen frei nach deinem eigenen freien Willen, dem ich dich überlassen habe, dir selbst deine Natur bestimmen. In die Mitte der Welt habe ich dich gestellt, damit du von da aus bequemer alles ringsum betrachten kannst, was es auf der Welt gibt. Weder als einen Himmlischen noch als einen Irdischen habe ich dich geschaffen und weder sterblich noch unsterblich dich gemacht, damit du wie ein Former und Bildner deiner selbst nach eigenem Belieben und aus eigener Macht zu der Gestalt dich ausbilden kannst, die du bevorzugst. Du kannst nach unten hin ins Tierische entarten, du kannst aus eigenem Willen wiedergeboren werden nach oben in das Göttliche."[235]

Was sich nach einem Freibrief anhört, war allerdings damals nur moralisch so gemeint. Mirandola sieht den Menschen in der Mitte der Welt: Der Anthropozentrismus trat seinen Siegeszug an. Man bedankte sich artig bei seinem Schöpfer, den man aber künftig hienieden nicht mehr funktional benötigte. Nur da oben durfte er noch walten, was uns nichts weiter angeht.

Auch wenn Mirandola die nach oben und unten offene moralische Natur des Menschen meinte und nicht etwa glaubte, er könne sich frei nach Laune mal eben zur Katze machen, führen seine Gedanken unweigerlich zur Schlußfolgerung: Wir dürfen alles, wir dürfen uns

---

235 Mirandola, S.9.

nicht nur moralisch, sondern auch körperlich selbst definieren und gegebenenfalls umformen. Es ist dann kein prinzipieller Unterschied mehr, ob einer sich kastriert und künftig rosa Spitze trägt oder ob wir uns nach Kolonisierung eines fernen Wasserplaneten durch Genmanipulation Kiemen und Flossen wachsen lassen. Wir dürfen alles. Lesen sie das „Adam“-Zitat ruhig noch einmal. Es sind atemberaubende Sätze.

Auch dem Papst und der Inquisition stockte der Atem. Sie waren nicht erbaut von Mirandolas Ansichten. *Über die Menschenwürde*? So hieß die 1496 erschienene Schrift. Man stutzte. Menschenwürde? Kam nicht Gott in der Höhe allein das Attribut der Würde zu? Den ehemaligen Bundesverfassungsrichter di Fabio wundert das nicht: „Der moderne Ursprung dieser radikalen Idee liegt auf der Hand. Der Humanismus, repräsentativ verewigt durch die kleine Schrift *Pico della Mirandolas* über die Würde des Menschen, beginnt die Konstruktion seines Ideengebäudes mit einer im Grunde nur notdürftig kaschierten Gotteslästerung. Die biblische Offenbarung, wonach jeder einzelne Mensch ein Ebenbild Gottes sei, wird von seinen transzendenten theologischen Wurzeln und den praktischen Demutsermahnungen getrennt. Die jeweils einzelne Gottesebenbildlichkeit wird zur Identität des Menschseins schlechthin gemacht, wenn jeder Mensch auf Erden in den Rang eines gottgleichen Schöpfers erhoben wird: ungebunden, souverän und und jeder als Schöpfer seines Schicksals, im Range gleich.“[236]

Der Mann kennt sich aus, schrieb doch das Bundesverfassungsgericht schon 1977: „Der Staatsgewalt ist in allen ihren Erscheinungsformen die Verpflichtung auferlegt, die Würde des Menschen zu achten und sie zu schützen. Dem liegt die Vorstellung vom Menschen als einem geistig-sittlichen Wesen zugrunde, das darauf angelegt ist, in Freiheit sich selbst zu bestimmen und sich zu entfalten.“[237] – Von Rechts wegen, also nach unserer herrschenden Verfassungsdogmatik, kann kein Mensch seine Menschenwürde durch würdeloses Ver-

236 Di Fabio, S.98.

237 BVerfG, Urteil vom 21. Juni 1977 – 1 BvL 14/76 –, BVerfGE 45, 187-271, Randnummer 144 – 145.

halten einbüßen. Die unverlierbare Würde des Menschen als Person besteht hiernach darin, daß er stets als selbstverantwortliche Persönlichkeit anerkannt bleibt.[238] Diese Anerkennung bildet eine sinnvolle rechtliche Fiktion. Der Staat muß seine Menschen also immer behandeln, als ob jeder jederzeit Würde hätte, weil er potentiell dazu fähig ist. Bewendete es dabei, wäre aus rechter Sicht nichts einzuwenden. „Die Würde des Menschen ist unantastbar", befiehlt das Grundgesetz. Wer auf einen Staat Wert legt, der ihn nicht foltern darf, kann dem nur zustimmen. Der Gesetzeswortlaut ist in Ordnung.

Zu Recht verbietet das BVerfG dem Staat, den Achtungsanspruch eines Menschen einzuschränken. Es weitet diese richtige Einschränkung staatlicher Macht aber ins Metaphysische aus, wenn es behauptet, die Würde könne niemandem genommen werden: „Mit der Menschenwürde ist der soziale Wert- und Achtungsanspruch des Menschen geschützt, der es verbietet, den Menschen zum bloßen Objekt des Staates zu machen oder ihn einer Behandlung auszusetzen, die seine Subjektqualität prinzipiell in Frage stellt. [...] Menschenwürde in diesem Sinne ist auch dem eigen, der aufgrund seines körperlichen oder geistigen Zustands nicht sinnhaft handeln kann. Selbst durch „unwürdiges" Verhalten geht sie nicht verloren. Sie kann keinem Menschen genommen werden. Verletzbar ist aber der Achtungsanspruch, der sich aus ihr ergibt."[239] Tatsächlich wissen wir aus der Geschichte der letzten Jahrhunderte empirisch, daß einem Menschen seine Würde so restlos genommen werden kann, daß er nur noch ein blutig zuckendes und stammelndes Bündel Fleisch ist. Weil das GG das genau weiß, befiehlt es dem Staat, so etwas niemals zu tun oder zu dulden. Könnte man niemandem die Menschenwürde rauben, brauchte das Grundgesetz es nicht strikt zu verbieten.

Die Idee, jeder Mensch habe eine „unverlierbare" Würde, geht zwar auf Mirandola zurück. Dieser freilich hatte sie keineswegs für unverlierbar gehalten und betont, zwischen gottgleicher Würde und tierischen Schweineigeleien hätten wir jederzeit die freie Wahl. Um

---

238 BVerfG, Urteil vom 26. Februar 2020 – 2 BvR 2347/15 –, BVerfGE 153, 182-310, Rdn. 206.

239 BVerfG, Beschluß vom 20. Juni 2012 – 2 BvR 1048/11 –, BVerfGE 131, 268-316, Rdn. 70

von Mirandolas Ideen zur Ansicht unserer Verfassungsrichter zu kommen, aus der Menschenwürde folge das Recht, jederzeit sein Geschlecht zu ändern (Monty Python: „Aber du hast doch gar keine Mumu, Loretta!" – „Aber ich will das Recht haben, Kinder zu kriegen!"), lag ein weiter Weg. Unsere Verfassungsrichter haben die an sich banale Einsicht, daß wir uns frei entscheiden können, zu einer Fundamentalnorm unserer Verfassung aufgeblasen.

Mit so raffinierten Spitzfindigkeiten, daß selbst Jesuiten vor Neid erblassen würden, haben unsere Verfassungsrichter, Jahrzehnt für Jahrzehnt, eine umfangreiche Fallrechtsprechung daraus gemacht und diese bis in die Höhen der Theologie hinaufkonstruiert. Darf man abtreiben? Darf man klonen? Darf ein von Terroristen gekapertes Flugzeug im Anflug auf ein volles Fußballstadion abgeschossen werden? Wie viele Geschlechter gibt es? Ist ein Feind der Menschenwürde, wer für den Erhalt des ethnischen deutschen Volkes eintritt?

Unser höchstes Gericht weiß immer Rat. Es steckt moralische „Werte", in den Zylinder der Menschenwürde hinein und holt sie wie ein Kaninchen als Gebot der Menschenwürde wieder aus ihm hervor. Oft sind es die gerade gesellschaftspolitisch und nicht zuletzt parteipolitisch erwünschten Kaninchen, die hier hervorgezaubert werden. Das fällt umso leichter, wenn der Verfassungstext als Richtschnur vergessen und durch „naturrechtliche" Erwägungen ersetzt wird. Das sind Rechtsprinzipien, die nicht in unseren Gesetzen stehen und angeblich unmittelbar „aus der Natur des Menschen" folgen.

Historisch betrachtet waren sie immer säkularisierte theologische Postulate. Die Verfassungsväter hatten das nicht gewollt: „Die im Parlamentarischen Rat verbreitete Ansicht, das Grundgesetz übernehme mit der Menschenwürdeklausel ‚deklaratorisch' einen Staat und Verfassung vorgeordneten Anspruch ins positive Recht, hat aber immer noch beachtliche Suggestivkraft und wirkt auch in metaphysischen Interpretationsansätzen fort. Das zähe Festhalten am überpositiven Charakter der Menschenwürdegarantie und deren Deutung als verfassungsrechtliche Einbruchstelle für naturrechtliche Vorstellungen in Teilen der deutschen Staatsrechtslehre muß überraschen. Denn schon im Parlamentarischen Rat vermochte sich der ausdrückliche Bezug zu den naturrechtlichen Grundlagen der Menschenwürde nicht durchzusetzen. Bestimmend dafür war die Skepsis gegenüber einem von subjektiven Wertvorstellungen geleiteten Naturrechtsverständnis."[240]

Heute sind viele Behauptungen des Bundesverfassungsgerichts, warum dies oder das gegen die Menschenwürde verstoßen solle, nur noch theologisch nachvollziebar. Im positiven, also dem geschriebenen Gesetzesrecht finden wir keine Hinweise darauf, Menschenwürde gebiete, daß Männer als Frauen gelten dürfen, daß man ein Terroristenflugzeug im Anflug auf ein volles Stadion nicht abschießen darf[241] oder daß man nicht für den ethnischen Erhalt seines eigenen Volkes eintreten dürfe. Es gibt aber keine „vorstaatlichen" Normen, die uns das so vorschreiben, wie das barocke Naturrecht es einst behauptet hatte.

Der Verfassungsrechtler Herdegen kritisiert: „Seither haben die Streiter für überpositive Deutungsmuster kein neues Argument für eine objektive Normativität im vor- oder überpositiven Raum formuliert. Das gilt erst recht für die ins Religiöse gehende Aufforderung, die Menschenwürde dürfe auch im Rahmen verfassungsrechtlicher Betrachtung nicht allein staatlicher Exegese überantwortet werden. Zu Forderungen dieser Qualität hat schon Theodor Heuss im Parlamentarischen Rat das Nötige gesagt. Sie befrachten das Verfassungsrecht mit Aufgaben der Theologie. Für die staatsrechtliche Betrachtung sind demnach allein die (unantastbare) Verankerung im Verfassungstext und die Exegese der Menschenwürde als Begriff des positiven Rechts maßgeblich. Wer dies bestreitet, kann nur das Hohepriestertum seiner persönlichen Ethik und deren Überzeugungskraft in der Gemeinschaft der Würdeinterpreten setzen."[242]

Die Hypertrophie der Menschenwürde in der Rechtsprechung unseres Verfassungsgerichts läßt die Grenzen zwischen einem säkularen Rechtsstaat und einem Religionsstaat zuweilen verschwimmen. Die neue Religion verehrt eine bestimmte Vorstellung eines Men-

---

240 Herdegen, (2005), Kommentar zu Art. 1 I GG, Rdn.17.

241 BVerfG, Urteil vom 15. Februar 2006 – 1 BvR 357/05 –, BVerfGE 115, Rdn. 118-166.

242 Herdegen (2005), Kommentar zu Art. 1 I GG, Rdn.17.

schen an sich, so wie die frühere die Vorstellung einer Dreieinigkeit Gottes verehrt hatte. Verstehen kann das niemand mehr, man muß es eben glauben. Sie bildet zugleich ein Machtinstrument in den Händen derer, die sich als Orakel der Menschenwürde, als Hohepriester des Gutmenschentums und zugleich als Herrscher und Vollstrecker seiner Konsequenzen aufführen.

Eine Staatsfundamentalnorm wie Art. 1 Grundgesetz, wenn sie im Kern religiös ausgelegt wird und deren Auslegung darum je nach ideologischer Haltung schwankt, kann keine Normenklarheit schaffen. Eine solche Auslegung genügt ebensowenig rechtsstaatlichen Maßstäben wie eine Rechtsordnung, die zwar in sich konsistent ist, deren oberstes Prinzip aber zum Beispiel der Wille Allahs ist, wie Mohammed ihn verkündet hat. Solche Staaten legen alle weltlichen Gesetze in letzter Konsequenz theologisch aus, indem sie die unbestimmten Rechtsbegriffe im Zweifel „im Lichte der wertsetzenden Bedeutung“, so unsere ständige Rechtsprechung, der Menschenwürde auslegen. Über die Auslegung letzter, nicht hinterfragbarer Glaubenssätze entscheiden im Iran Mullahs und in Deutschland Bundesverfassungsrichter.

Der aufgeklärte Selbstbehauptungswille

In rechtem Denken verkörpert sich aufgeklärter Selbstbehauptungswille. Nach allen Überlegungen dürfen wir darum das strukturell rechte Denken definieren als ein

> die historische Identität von Individuum und Gruppe betonendes
>
> rationales,
>
> aufgeklärtes,
>
> skeptisches,
>
> auf naturwissenschaftlicher Grundlage die empirische Ungleichheit
>
> anstelle metaphysischen Gleichheitsdenkens betonendes Menschenbild,
>
> das alle fremdbestimmenden Sinnstiftungen zurückweist.

Dabei ergeben seine in untrennbarem Zusammenhang miteinander stehenden ontologischen und philosophischen Grundlagen das Resultat einer vollständigen, sich ihrer selbst bewußten und reifen Aufklärung. Während verschiedene Ideologien die Folgerungen aus der Aufklärung immer nur für ihre Gegner zogen und selbst Kernbestände metaphysischen Glaubens bewahrten, zog das rechte Weltbild als einziges die Konsequenz, die Erkenntnisse der Aufklärung auch auf rechtes Denken früherer Epochen anzuwenden und deren metaphysische Schlacken und ideologische Restbestände abzuwerfen. Damit setzt es erstmals und als einziges Weltbild konsequent die aufklärerische Erkenntnis in die Tat um, daß alle Wertungen nur in unserem Kopf ihren Ursprung haben und wir Menschen a limine normativ ungebunden sind. Alle Menschen sind zu eigener Sinnstiftung und Normsetzung befähigte und von absoluten, universellen Werten freie Wesen.

Wie stark sich bei einer Person im Einzelfall aus der vorhandenen rechten Denkstruktur ein umfassendes und kohärentes rechtes Weltbild ausbildet, ist individuell verschieden. Es hängt von der individuellen Stärke einzelner emotionaler Komponenten ab, aber auch von der Geschichtlichkeit des Individuums, seinen Lebenserfahrungen, seiner familiären Prägung und Erziehung, dem persönlichen Interesse daran, überhaupt ein umfassendes Weltbild auszubilden und nicht zuletzt der nötigen Intelligenz, etwaige Widersprüchlichkeiten zu bemerken.

Darum folgt auch nicht zwangsläufig aus einer rechten Denkstruktur, in welcher Weise jeder Einzelne für sich von seiner Freiheit zur Wertsetzung und Sinnstiftung Gebrauch macht. Gerade diese Freiheit schließt jede Zwangsläufigkeit aus. Daß er rein normativ gesehen alles darf, bedeutet nicht, daß er tatsächlich alles oder irgend etwas Bestimmtes tun soll. Alles liegt in seiner eigenen Entscheidung. Wie auch linke Autonome und Anarchisten betont er diese normative Freiheit. Er wäre aber kein Rechter, machte er von seiner normativen Freiheit einen psychotischen Gebrauch, der sich gegen ihn selbst, gegen seine Familie, seinen Staat oder sein Land richtete. Er benutzt sie, um zu schützen und zu verteidigen, was ihm lieb und teuer ist.

Im Kern heißt rechts zu sein, für das zu kämpfen, was man ist.

Während man die rechte Denkstruktur definieren kann, weil ihre Elemente zwingend zusammengehören, ist das nicht bei allen typisch rechten Denkinhalten zwingend. Insoweit sind für einen strukturell rechts Denkenden und sein Weltbild aber inhaltlich typisch und häufig

> der Selbstbehauptungswille, die eigene persönliche und kulturelle und ethnische Identität zu wahren,
>
> auch in einer manchmal chaotisch scheinenden Welt zu bestehen und ihr seinen Gestaltungswillen entgegenzusetzen,
>
> die Wertschätzung und Liebe seiner Angehörigen,
>
> das unbedingte Einstehen für die, die er liebt und und unbedingt schützen will,
>
> weil sich auch in den eigenen Kindern ein Teil dessen wieder verkörpert, was er ist,
>
> seine generationenübergreifende Identifikation mit den Personengemeinschaften, in die er hineingeboren wurde oder denen er Treue versprochen hat,

Liebe zu seiner Heimat, seinem Volk, seinem Vaterland, seiner Muttersprache und Mundart,

Respekt vor historisch Gewordenem in seiner Mannigfaltigkeit,

staunende Zuwendung zu allem Schönen, Harmonischen und Geordneten und die

Wertschätzung der Vielfalt von Kulturen und Völkern.

Rechtsextremismus

Unsere staatlich bezahlte Politologie, Publizistik und in Teilen auch die Rechtsprechung ordnet sich dem von der Linken ausgerufenen Kampf gegen Rechts unter. Indirekt greift sie alles an, was sie rechts von der Linken verortet. Die Speerspitze dieses Angriffs bildet ihr Rechtsextremismusbegriff. Er hat sich wie ein Angriffskeil von links nach und nach durchs politische Spektrum gefressen: von einem angeblichen Extremismus der Mitte bis in die Union: Wer heute programmatisch auf dem Boden der Union des letzten Jahrhunderts steht, wird bereits angegriffen.

Der Begriff des Rechtsextremismus bedient sich wiederum der Methode, zwei Randerscheinungen aufzuspießen und von ihnen auf rechtes Denken zu verallgemeinern: das Kollektivistische und generell das Metaphysische. Beides hat sich für uns allerdings gar nicht als rechts herausgestellt und ist es auch nicht. Wir haben Rechte als geborene Individualisten kennengelernt, den historischen nationalen Sozialismus als Kollektivismus dem internationalistischen Sozialismus an die Seite gestellt und jede Form von Metaphysik verworfen. Die alten Rechten und Linken hatten noch vor 100 Jahren ihre jeweiligen Standpunkte in den Formen und Denkmustern ihrer Epoche äußern müssen, um verstanden zu werden und soziale Macht zu gewinnen. Nach dem Ende der großen religiösen Systeme waren viele Menschen auf der Suche nach etwas neuem Heiligen, und so heiligten alle ihre jeweilige Weltanschauung. Für Rechte des 20. Jahrhunderts stand im Mittelpunkt unsere Nation, für Liberale die dem Menschen „immanente, vorstaatliche" und damit ins Metaphysische verklärte Menschenwürde und der so interpretierte Humanismus und so fort. Die heutige Substanz eines Weltbildes darf aber nicht an den Fahnen und Monstranzen verflossener Epochen gemessen werden.

Die Diskusson darüber, was Rechtsextremismus überhaupt sein soll, wurde 1986 noch sehr sachlich geführt. Das Bundesinnenministerium verstand darunter „Tendenzen, die auf die Beeinträchtigung oder Beseitigung der freiheitlich-demokratischen Grundordnung, wie sie u.a. vom Bundesverfassungsgericht in den Begründungen zum Verbot der SRP definiert wurden, zielen."[243] Dieses hatte definiert: „So läßt sich die freiheitliche demokratische Grundordnung als eine Ordnung bestimmen, die unter Ausschluß jeglicher Gewalt- und Willkürherrschaft eine rechtsstaatliche Herrschaftsordnung auf der Grundlage der Selbstbestimmung des Volkes nach dem Willen der jeweiligen Mehrheit und der Freiheit und Gleichheit darstellt. Zu den grundlegenden Prinzipien dieser Ordnung sind mindestens zu rechnen. Die Achtung vor den im Grundgesetz konkretisierten Menschenrechten, vor allem vor dem Recht der Persönlichkeit auf Leben und freie Entfaltung, die Volkssouveränität, die Gewaltenteilung, die Verantwortlichkeit der Regierung, die Gesetzmäßigkeit der Verwaltung, die Unabhängigkeit der Gerichte, das Mehrparteienprinzip und die Chancengleichheit für alle politischen Parteien mit dem Recht auf verfassungsmäßige Bildung und Ausübung einer Opposition."[244] So steht es inzwischen auch in § 4 Absatz 2 des Bundesverfassungsschutzgesetzes.

Das dem Religiösen entlehnte Wort Menschenwürde taucht auch dort bezeichnenderweise nicht auf. In seiner NPD-Entscheidung vom 17.1.2017 hat das BVerfG aber den Rechtsbegriff der Menschenwürde zum „Ausgangspunkt findet die freiheitliche demokratische Grundordnung" erklärt.[245] Die Garantie der Menschenwürde umfasse insbesondere die Wahrung personaler Individualität, Identität und Integrität sowie die elementare Rechtsgleichheit. Dem liege eine Vorstellung vom Menschen zugrunde, die diesen als Person begreift, die in Freiheit über sich selbst bestimmen und ihr Schicksal eigenverantwortlich gestalten kann. Mit der Subjektqualität des Menschen sei ein sozialer Wert- und Achtungsanspruch verbunden, der es verbiete, den Menschen zum „bloßen Objekt" staatlichen Handelns zu degradieren. Damit geht das Gericht von demselben Ausgangspunkt aus wie er hier für das rechte Weltbild dargestellt wurde. Es wäre widersinnig, wollte unser Staat seine Bürger zu Objekten religiöser Indoktrinierung erniedrigen. Das aber ist die zwangsläufige Folge

---

243 Kalinowski S.17.

244 BVerfG Urteil vom 23.10.1952, E Bd.2 S.15 f., sog. SRP-Urteil.

245 BVerfG, Urteil vom 17. 1 2017 – 2 BvB 1/13 –, BVerfGE 144, 20-369 (LT 1-9), Rn. 538.

jedes Versuchs, „Menschenwürde“ zu einer metaphysischen Instanz mit dem Anspruch auf kniefällige Huldigung zu erheben. Der Staat hat die Würde seiner Bürger zu achten, besagt der Verfassungsbegriff der Menschenwürde. Er besagt nicht, er dürfe unter Berufung auf eine spirituell verstandene „Menschenwürde“ ihre Rechte begrenzen oder beschneiden.

Aus Sicht eines rechten Weltbildes spricht nichts gegen diese Verfassungsgrundsätze und umgekehrt aus Sicht der freiheitlichen demokratischen Grundordnung nichts gegen ein rechtes Weltbild. Insbesondere spricht nichts dagegen, alle jene gegen staatliche Übermacht gerichteten Abwehrrechte, auf die so selbständig Denkende wie Rechte unabdingbar angewiesen sind, für notwendig zu halten. Aus den Erfahrungen mit staatlichem Totalitarismus folgt zwingend, niemandem so viel Macht einzuräumen, daß er das Individuum sozial vernichten kann. Das können auch übermächtige gesellschaftliche Kräfte, wenn sie sich der Staatsorgane bemächtigt haben. Auch ihnen muß verwehrt sein, die Freiheit der Einzelnen zur Farce werden zu lassen, indem ihre religiösen oder ideologischen Phantasmata in die staatlichen Gesetze hineininterpretiert werden.

Gegenüber der juristischen Definition unserer Verfassungsgrundsätze führt der politologische Begriff des Rechtsextremismus allerdings ein Eigenleben. In ihn packen Linke[246] in zunehmendem Maße alles hinein, was ihnen nicht in den Kram paßt: in ihre sozialreligiöse Ideologie der Gleichheit nämlich. Die Idee eines real nicht existierenden „Menschen an sich“ wird in den Rang pseudoreligiöser Verklärung erhoben, und eine abstrakte Würde dieses Menschenabstraktums entspricht der einstigen „Würde Gottes“ im christlichen Menschenbild. Jeder Mensch habe ein wenig davon abbekommen, und darin bestehe aus fundamentalistischer Sicht die „menschliche Fundamentalgleichheit“. Wer sie nicht ehrt, gilt als Rechtsextremist und wird mit jemandem gleichgesetzt, der einen der Verfassungsgrundsätze der freiheitlichen demokratischen Grundordnung bekämpft.

246 Vgl. im einzelnen Kalinowski S.2 f.2.

Mißbraucht im parteipolitischen Machtgerangel macht die Extremismusforschung als Magd polemischer Bedürfnisse richtige Teilaussagen über ihre Gegner, ist aber unfähig, extremistische Denkstrukturen bei den Etablierten selbst zu finden, deren Brot sie ißt. Backes und Jesse teilen ihre Bösewichter traditionell in *rechte* und *linke* ein: „Linksextreme Doktrinen“ ziehen aus der Idee der menschlichen Fundamentalgleichheit die denkbar radikalen Konsequenzen, „indem sie die totale Befreiung des Menschen von allen gesellschaftlichen (politischen, ökonomischen, kulturellen) Zwängen postulieren und die Errichtung einer herrschaftslosen Ordnung Freier und Gleicher für prinzipiell realisierbar erachten.“ Damit sind sowohl der materielle Gehalt linken Denkens überhaupt als auch die ideologische, „extremistische“ Denkstruktur treffend beschrieben.

Der Rechtsextremismus hingegen sei „eine antiindividualistische, das demokratische Grundaxiom menschlicher Fundamentalgleichheit negierende Abwehrbewegung gegen die liberalen und demokratischen Kräfte und ihr Entwicklungsprodukt, den demokratischen Verfassungsstaat.“[247] Ein materieller Inhalt „rechtsextremen“ Denkens jenseits der Abwehr „linker“ Postulate ist damit noch ebensowenig beschrieben wie eine ideologische Denkstruktur. Darum führen Backes und Jesse fort: „An die Stelle eines auf das Prinzip gleicher politischer Rechte aller Mitglieder gegründeten Gemeinwesens soll eine politische Ordnung treten, in der die auf Herkunft, Leistung, nationaler, ethnischer oder rassischer Zugehörigkeit basierende fundamentale Ungleichheit der Menschen institutionalisiert ist.“

Damit war man, als noch ernsthaft versucht wurde, den Begriff inhaltlich zu füllen, vor allem auf Positionen gestoßen, die wir hier bereits als nicht rechts ausgegliedert haben: kollektivistische und metaphysische: ein „rassenbiologisch determiniertes kollektives Menschenbild“, „starres Wert- und Orientierungssystem“ und diverse „Ressentiments“. Mit dem hier skizzierten rechten Weltbild sind solche Vorstellungen unvereinbar.

Nun beruht rechtes Denken nicht auf dem metaphysischen Glauben an eine übersinnlich gedachte menschliche Fundamentalgleich-

247 Backes/Jesse (1989), S.43.

heit, erhebt aber ebensowenig eine „natürliche“ Ungleichheit zur metaphysisch begründeten Norm. Aus der empirischen Ungleichheit leiten Rechte keinerlei Sollen ab, keine Rechtfertigung irgendeiner Herrschaftsordnung, etwa bestimmte Menschen „sollten“ im Namen einer „natürlichen Ordnung“ über andere herrschen. Rechte glauben nichts, lachen allenfalls über die fixe Idee, ein „auserwähltes“ Volk könne mit einem Gott einen speziellen Bund schließen und glauben schon gar nicht an irgendeine natürliche Ordnung. Daß Menschen sehr ungleich sind, ist eine rein deskriptive, also beschreibende Feststellung und verbindet sich nicht mit einem normativen Sollen. Es gibt schlicht keine Anhaltspunkte für eine „natürliche Ordnung“ in den Naturwissenschaften, und auch nicht in den Sozialwissenschaften.

Darum sind solche vorsintflutlichen religiösen und sozialdarwinistischen Ideen keineswegs rechts. Im Gegenteil: Sie widersprechen fundamental dem rechten Wunsch nach Erhaltung der Freiheit und der Wertschätzung aller menschlichen Ethnien. Eine Rassenmetaphysik mit der Legitimation, die einen Menschen sollten wegen „Höherwertigkeit“ über Menschen „niederer“ Rasse herrschen, ist dem realistischen, naturwissenschaftlich fundierten rechten Denken fremd.

Rechte ziehen auch keineswegs aus der empirischen Ungleichheit der Menschen die Folgerung, diese widerlege ein demokratisches „Grundaxiom“. Demokratie hat nämlich keine Grundaxiome. Sie ist eine Regierungsform und beruht nicht auf einem Glaubenssystem mit nicht hinterfragbaren Axiomen. Tatsächlich ist sie eine höchst weltliche Veranstaltung, geboren aus dem pragmatischen Gedanken: Eine Herrschaft gegen den Willen der Mehrheit kann keinen dauerhaften inneren Frieden stiften und nicht stabil sein. Und weil Mehrheiten nun einmal eine Frage der Arithmetik sind, läßt sich nur bei gleichem Stimmrecht möglicherweise verhindern, daß eine Minderheit gegen den Willen der Mehrheit herrscht. Ein demokratischer Verfassungsstaat muß, rechtem Denken zufolge, mit diesseitigen Spielregeln auskommen und hat den „Glauben“ seiner Bürger an „Axiome“ aus dem Jenseits nicht nötig. Darum ist es für rechtes Denken aktuell nicht das Grundgesetz, an dem es Anstoß nimmt, sondern von Metaphysikern ins Gesetz hineininterpretierte Glaubenssätze.

Von geringem Erkenntniswert ist, was der Verfassungsschutzbericht des Bundes für 2022 (S.48) unter Rechtsextremismus versteht: „Im Rechtsextremismus entscheidet die Zugehörigkeit zu einer Ethnie, Nation oder „Rasse" über den Wert eines Menschen. In einer solchen ethnisch-rassistisch definierten „Volksgemeinschaft" werden die zentralen Werte der freiheitlichen demokratischen Grundordnung mißachtet. Nationalismus, gruppenbezogene Menschenfeindlichkeit wie Rassismus und Antisemitismus, Geschichtsrevisionismus sowie Demokratiefeindlichkeit prägen die rechtsextremistische Agitation." Dreh- und Angelpunkt soll hier eine Bewertung von „Ethnie, Nation oder Rasse" sein. Eine solche etwaige Bewertung wäre aber nicht rechts und kann darum auch nicht rechtsextremistisch sein. Rechtes Denken legt (strukturell) nämlich größten Wert darauf, daß es keine absolut geltenden Werte und darum keine allgemeingültigen Bewertungen geben kann und daß (inhaltlich) gerade die Vielfalt unterschiedlicher Kulturen wichtig ist. Und eine Volksgemeinschaft, wenn man darunter eine kollektivistische völlige Unterordnung der Person unter den Staat meint, ist nicht rechts, weil rechtes Denken antikollektivistisch ist und nach einem ausgewogenen Verhältnis zwischen den Ansprüchen der Einzelperson und den Erfordernissen der staatlichen Gemeinschaft sucht. Wenn auch die Forderung nach einer Volksgemeinschaft aber nicht rechts ist, kann sie erst recht nicht extrem rechts sein.

Aufgrund seiner generellen Skepsis gegen „höhere" Weisheiten und Absolutheitsansprüche ist rechtes Denken im Ergebnis gar nicht weit entfernt von einer Politologie, die in Vertretern solcher universalistischer Moralansprüche Extremisten erkennt. Uwe Backes, inzwischen der Nestor der Extremismusforschung, arbeitete „nach einer Analyse des linken, rechten und religiösen Extremismus heraus: erstens den exklusiven Erkenntnisanspruch (Glaube an ein „höheres" Wissen), zweitens den dogmatischen Absolutheitsanspruch (Behauptung der unbezweifelbaren Richtigkeit eigener Positionen), drittens das essentialistische Deutungsmonopol (alleinige Erfassung des „wahren" Wesens der Dinge), viertens die holistischen Steuerungsabsichten (angestrebte ganzheitliche Kontrolle der Gesellschaft), fünftens das deterministische Geschichtsbild (Wissen um den vorgegebenen historischen Weg), sechstens die identitäre Gesellschaftskonzeption (Forderung nach politischer Homogenität der Gesellschaft), siebtens den dualistischen Rigorismus (Denken in kompromißlosen Gegensatzpaaren wie Gut-Böse) und achtens die fundamentale Verwerfung des Bestehenden."[248]

Alle diese Merkmale enthalten einen metaphysischen Kern und werden von rechtem Denken grundsätzlich abgelehnt. Was von rechts mit der eingeführten philosophischen Begrifflichkeit als metaphysisch kritisiert wird, nennt der Politologe Backes extremistisch. Offenkundig wird das, wenn Backes „exklusive Erkenntnisansprüche" aufgrund „höheren Wissens" nennt, wenn er als extremistisch ein „Deutungsmonopol" eines „wahren Wesens der Dinge" bezeichnet, ein deterministisches Geschichtsbild und so fort. Rechtes Denken bildet das Gegenteil von alledem. Es betont, daß es da im Universum gerade nichts zu „deuten" gibt. Man kann die Dinge drehen und wenden, solange man will, es steckt kein „höherer Sinn" in ihnen. Genau die von Backes aufgezählten Merkmale sind es, vor denen rechtes Denken sich mit Grausen abwendet. Das schließt nicht aus, daß es Esoteriker gibt, die etwa an „holistische Steuerungsabsichten" verborgener Mächte glauben, die sich alle gegen uns verschworen haben sollen. Diese sind aber ebensowenig „rechts" wie irgendein paranoider Mörder, etwa der Täter der Hanauer Morde 2020, als er in seinem Wahn als Zugabe zu seinen „ausländerfeindlichen" Morden seine eigene Mutter gleich mit umbrachte.

Die Feministin Julia Rosenstock wiederum bezeichnet „rechtes Denken als analytischen Klammerbegriff für Formen eines Denkens, das sich von bürgerlich-konservativen Wertvorstellungen bedächtigen Erhaltens des Bewährten bis zur radikalrevolutionären Totalopposition gegen das Bestehende erstreckt und für das Gleichheitskritik einen wesentlichen, wenn auch im einzelnen sehr unterschiedlich

---

248 Armin Pfahl-Traughber, Linksextremismus in Deutschland, 2.Aufl. 2020, S.18 f.

ausgeprägten Charakterzug ausmacht."[249] Damit kommen wir zum Kern des Problems und dem Nukleus dessen, um das es eigentlch geht. Hinter dem Begriff der Gleichheitskritik versteckt sich nämlich die alle politischen Lager durchziehende Kluft zwischen Metaphysikern und Realisten. Die von Autoren wie Rosenstock proklamierte menschliche Gleichheit ist nämlich keineswegs als empirische, als reale Gleichheit gemeint.

Empirisch sind alle Menschen ungleich, ausgenommen eineiige Zwillinge bei ihrer Geburt. Über dieser Ungleichheit zucken Rechte die Achseln oder erfreuen sich ihrer. Wenn linksmotivierte, christliche oder andere Metaphysiker dagegen auf einer Menschengleichheit beharren, meinen sie gar nicht die empirisch vorfindbaren, wirklichen Menschen. Sie behaupten alle Menschen seien gleich in Bezug auf eine angebliche Eigenschaft. Diese nennen sie Menschenwürde und verstehen unter ihr wiederum nicht, ob eine Person sich würdig verhält, ob man sie entwürdigt oder ob sie womöglich erst ein Fötus ist, seiner selbst noch gar nicht bewußt.

Rechtes Denken bejaht den grundgesetzlichen Schutz der Menschenwürde vollauf, weil er dem Staat verbietet, sie einem Menschen zu nehmen und ihm aufgibt, sie zu schützen. Schutz der persönlichen Würde und Ehre sind rechte Herzensanliegen. Sie benötigen dazu aber keinen christlichen oder sonst metaphysischen Seelenglauben. Als historisch denkende Menschen wissen sie nur zu gut, daß Folterknechte einem Opfer den Rest seiner Würde nehmen konnten, wobei speziell die metaphysisch Inspirierten unter ihnen das auch noch mit gutem Gewissen vollbrachten, etwa um einen Teufel aus ihrem gequälten Opfer auszutreiben oder einen verstockten Ketzer zum Geständnis zu bringen. Über ein solches, wirklichkeitsnahes Verständnis menschlicher Würde geht aber fundamentalistische Dogmatik weit hinaus und versteigt sich bis in Quisquilien, ob ein Recht auf einen eigenen Kühlschrank oder Freikarten fürs Bordell unabdingbar seien, ein menschenwürdiges Dasein zu gewährleisten. „Die These, menschliche Würde oder Selbstentfaltung müsse unter den Bedingungen materieller Entbehrungen leiden," kann aber zum

249 ROSENSTOCK, S.24.

Beispiel „auf der Basis christlich-asketischer Grundsätze nicht ohne weiteres einleuchten und kommt in concreto der Auffassung gleich, der Einzelne solle zum Konsum von Waren fähig sein, um als ganzer Mensch gelten zu dürfen.“[250]

Wie im Mittelalter Franziskaner gegen Benediktiner stritten, ob Jesus arm war oder einen Geldbeutel besessen habe, ist es Merkmal aller metaphysischen Luftgebilde, daß sie irgendwo jeden Realitätsbezug verlieren. Die meisten politischen Lehren haben mit einem fundamentalistischen Narrensaum zu kämpfen, der ihre weltlichen Grundpositionen metaphysisch verbrämt. Er baut sein Weltbild um eine im Jenseits angesiedelte Idee herum auf. Dort macht sie sich scheinbar unangreifbar, kann doch niemand ihre Nichtexistenz beweisen. Ihr widersprechende Ideen hält er für nicht wahr. Dagegen stehen die eher naturwissenschaftlich inspirierten Weltbilder, die auf realistischen Annahmen gründen und ungläubig lachend vor den Phantastereien der Metaphysiker stehen. Diese entfernen sich in ihrer Dogmatik immer weiter von der Realität. Am Ende verlieren sie den Wirklichkeitsbezug völlig und sind extrem weit vom realen Leben entfernt – wahre Extremisten!

Vom Glaubenswahn unseres Mittelalters über den Klassen- und Rassenwahn des 20. Jahrhunderts zieht sich eine üble Spur solcher Gläubigen bis hin zum Klimawahn unserer Tage und ihrer „Heiligen der letzten Tage“ oder letzten Generation. Der Pferdefuß aller ihrer „Werte“ wird sichtbar, wenn jemand einen einzelnen Wert verabsolutiert und sich einbildet, gerade eine Eingebung aus dem Irgendwo empfangen zu haben, auf diesen Wert als Eckstein eine Kirche zu bauen. Dazu kann man leicht auch einzelne Phänomene verwenden, die viele Rechte besonders lieben. Wenn solche, auch bei Rechten beliebte Denkinhalte plötzlich wie metaphysische Glaubensgewißheiten angebetet werden, entsteht Rechtsextremismus.

Ein brauchbarer Extremismusbegriff müßte in der Lage sein, seine Kriterien auf sich selbst anzuwenden: Den eigenen Standpunkt muß er ebenso wertfrei beurteilen können wie einen fremden. Extremismusforschung mit einem inhaltlichen Vorverständnis, das den

250 Kondylis (1991), S.190.

eigenen Standpunkt und die eigenen Werte von vornherein aus der kritischen Betrachtung ausnimmt, besitzt allenfalls den Wert weltanschaulicher Selbstvergewisserung. Fruchtbar ist allein die Frage nach gemeinsamen Denkstrukturen[251], nicht nach vom Standpunkt des Betrachters abweichenden Denkinhalten, also nach Strukturen, auf deren Vorhandensein der Forschende sich selbst kritisch befragen und so die Nagelprobe wissenschaftlicher oder bloß polemischer Motivation ablegen muß. Darum wurden die für rechtes Denken konstituierenden Denkstrukturen hier strikt von Denkinhalten getrennt. Denkinhalte können im Laufe der Zeiten wechseln und sind nicht zwangsläufig allen Rechten gemeinsam.

Allen Extremisten gemeinsame Denkstrukturen sind der zur Intoleranz führende Normativismus als Glaube an transzendente oder uns immanente Sollensvorschriften, das Ableiten eines ideologischen Gedankengebäudes aus einer verabsolutierten Zentralnorm, die fanatische Unterordnung des eigenen Ichs und des Lebens anderer Menschen unter eine fixe Idee und der universalistische Geltungsanspruch eines Wertes, an dessen Wesen die ganze Welt genesen soll. Nur diese rein deskriptive Betrachtung ohne mitgebrachtes wertendes Vorurteil eignet sich dazu, eine „extremistische" Denkstruktur nicht nur beim jeweils Andersdenkenden zu entdecken. Diesem Irrtum unterliegt dagegen jeder, der seine subjektive Wertentscheidung objektiviert.

Extremismus ist überall, wo irgendein Wert verabsolutiert und zur alleinigen Grundlage einer in sich geschlossenen Ideologie gemacht wird. Das Ideologische besteht dann darin, daß Glaubensgewißheit an die Stelle skeptischer Zurückhaltung tritt. Nur diese Skepsis als strukturelles Merkmal rechten Denkens ist imstande, auch den eigenen Standpunkt zu analysieren, zu relativieren und gegebenenfalls neuer Erkenntnis anzupassen. Ein Extremist, der das nicht über sich bringt, glaubt allenfalls pseudorechts an bestimmte Denkinhalte, denkt aber nicht strukturell rechts.

---

251 Backes / Jesse (1989) S.33.

Literaturverzeichnis

Adler, Meinhard,

- Vergangenheitsbewältigung in Deutschland, Eine kulturpsychiatrische Studie über die „Faschismusverarbeitung", gesehen aus dem Blickwinkel der Zwei Kulturen, Frankfurt/M. 1990.
- Der Krieg, Eine Studie zu Aspekten der Erkenntnis eines Kulturphänomens, in: *psychomed* 3/1991, S.124-134.

Backes, Uwe und Eckhard Jesse, Politischer Extremismus in der Bundesrepublik Deutschland, Bonn 1989.

Bockwyt, Esther, „Woke. Psychologie eines Kulturkampfs", 2024, hier nach ihrem Interview vom 28.2.2024, https://www.nius.de/gesellschaft/autorin-esther-bockwyt-die-woke-bewegung-ist-eine-narzisstische-sekte/2cf86c65-83c4-4d02-ac37-03d3cfc96f06.

Böckenförde, Ernst-Wolfgang, Die verfassungstheoretische Unterscheidung von Staat und Gesellschaft als Bedingung der individuellen Freiheit, 1973.

Braun, Johann, Recht und Moral im pluralistischen Staat, in: Juristische Schulung (JuS) 1994, 727.

Brodkorb, Mathias, Gesinnungspolizei im Rechtsstaat, Der Verfassungsschutz als Erfüllungsgehilfe der Politik, 2024, ISBN 978-3-98737-016-8.

Bundesministerium des Innern und für Heimat,

- Deutsche Minderheiten in Europa und den Nachfolgestaaten der Sowjetunion,

  https://www.bmi.bund.de/DE/themen/heimat-integration/gesellschaftlicher-zusammenhalt/minderheiten/deutsche-minderheiten/deutsche-minderheiten-artikel.html,
- Deutsche Minderheiten stellen sich vor, Hrg. Bundesministerium des Innern und für Heimat, 4. Aufl. März 2023.

Capelle, Wilhelm, Die Vorsokratiker, Stuttgart 1968, bei Kröner,

Comte, Auguste, Die Soziologie – Die positive Philosophie im Auszug, Hrg. Friedrich Blaschke, Leipzig 1933.

Cusimano, Corey und Lombrozo, Tania, Morality justifies motivated reasoning in the folk ethics of belief, in Cognition 209 (2021) 104513, https://pdf.sciencedirectassets.com/271061/1-s2.0-S0010027720X00138/1-s2.0-S0010027720303322/main.pdf.

Dalio, Ray, Weltordnung im Wandel, Vom Aufstieg und Fall von Nationen, 2022, ISBN 978-3-95972-407-4.

Depenheuer, Otto, Solidarität im Verfassungsstaat, 2. Aufl. 2016.

Duttge, Gunnar, Der Embryo: Ein „Niemand“?, in: Zeitschrift für Rechtsphilosophie 5, 2007, 76.

Eibl-Eibesfeldt, Irenäus, Der Mensch, das riskierte Wesen, 2. Aufl. München 1988.

di Fabio, Udo, Die Kultur der Freiheit, 2005.

Fichte, Johann Gottlieb, Fichtes Reden an die deutsche Nation, Hrg. Eucken, 1915.

Förster, Peter / Friedrich, Walter, Politische Einstellungen und Grundpositionen Jugendlicher in Ostdeutschland, Aus Politik und Zeitgeschichte, Beilage zu ‚Das Parlament‘, 9/1992, https://www.bpb.de/system/files/apuz_files/1992-38/APuZ_1992_38.pdf.

Gehlen, Arnold, Moral und Hypermoral, 5. Aufl., Wiesbaden 1986.

Geiger, Gebhard, Das konservative Prinzip, 1978, ISBN 3-7844-1710-8.

Gorus, Oliver, Werteunion: Freiheit in Maaßen, 21.2.2024, https://freiheitsfunken.info/2024/02/21/21653-parteiendemokratie-werteunion-freiheit-in-maassen.

Haacke, Ulrich / Ziemann, Ernst, Geschichtsbuch für die deutsche Jugend, Volksschulausgabe Klasse 6-8, Leipzig 1943.

Habermas, Jürgen, Faktizität und Geltung, Frankfurt 1992.

Haidt, Jonathan, im Interview mit Marc Neumann, Sozialpsychologe Jonathan Haidt: ‘Es geht uns nicht um eine Diversität der Hautfarben, sondern der Standpunkte,, in: NZZ 16.3.2020, https://www.nzz.ch/feuilleton/jonathan-haidt-ueber-diversitaet-generation-z-tribalisierung-heterdox-academy-ld.1545992

Hartmann, Nicolai,

- Ethik, 1926

- Teleologisches Denken, 1951, 2. Aufl.Berlin 1966.

Heidlberger, Bruno, Konservative Kulturkritik und die Politik der Spaltung. Über Hypermoral und sprachliche Verwirrspiele. 18.2.2020, https://www.pw-portal.de/rechtspopulismus-und-medien/41047-konservative-kulturkritik-und-die-politik-der-spaltung-ueber-hypermoral-und-sprachliche-verwirrspiele.

Herdegen, Matthias, in: Maunz-Dürig-Herzog, Kommentar zum Grundgesetz, Lieferung 44, 2005, Kommentar zu Art. 1 I GG

Herzog, Roman, Allgemeine Staatslehre, 1971.

– derselbe in: Maunz-Dürig-Herzog, Kommentar zum Grundgesetz, 1994, Zitierweise: M-D-H.

Heschl, Adolf, Das intelligente Genom, 1998.

Hesse, Konrad, Bemerkungen zur heutigen Problematik und Tragweite der Unterscheidung von Staat und Gesellschaft, in: Die öffentliche Verwaltung (DöV), 1975, S. 437 ff.

von Hippel, Ernst, Staatsdenker der Antike, Düsseldorf 1957.

Hobbes, Thomas, Leviathan, 1651, Reclam 1970, Ausgabe 1980.

Hofer, Walther, Der Nationalsozialismus, Dokumente 1933-1945, herausgegeben und kommentiert von Walther Hofer, Frankfurt 1957.

Hübl, Philipp, Was Progressive und Konservative unterscheidet, sind ihre Gefühle, in: NZZ 29.5.2017, https://www.nzz.ch/feuilleton/politik-und-psychologie-mitgefuehl-oder-ekel-progressiv-oder-konservativ-ld.1297970.

Jesse, Eckhard, Der Feind steht rechts, Die vergleichende Extremismusforschung verliert im Kampf gegen rechts andere Extremismusformen aus dem Blick – und das wissenschaftliche Objektivitätsstreben, in: FAZ 20.3.2024.

Jung, Ernst Julius, Die Herrschaft der Minderwertigen, 2.Aufl.1930

Jünger, Ernst,

- Der Arbeiter, 1932, hier nach (1982).

- In Stahlgewittern, in: Sämtliche Werke.

Kalinowski, Harry H., Rechtsextremismus und Strafrechtspflege, 2. Aufl. 1986, Hrg. Bundesministeriumn der Justiz.

Karl Kautsky, Vorläufer des neueren Sozialismus, 1895.

Klein, Markus, Machiavellis Lageanalyse, in: Politische Lageanalyse, Festschrift für Hans-Joachim Arndt, 1993, S.129.

Kondylis, Panajotis,

- Macht und Entscheidung, Stuttgart 1984.
- Die Aufklärung im Rahmen des neuzeitlichen Rationalismus, München 1981 (1986).
- Montesquieu und der Geist der Gesetze, Berlin 1996.
- Konservativismus, Geschichtlicher Gehalt und Untergang, 1986.
- Die neuzeitliche Metaphysikkritik, Stuttgart 1990.
- Der Niedergang der bürgerlichen Denk- und Lebensform, Die liberale Moderne und die massendemokatische Postmoderne, 1991.
- Die Zukunft der Nation, in: FAZ 26.10.1994.
- Ohne Wahrheitsanspruch keine Toleranz, FAZ 21.12.1994.

Krockow, Christian Graf von, Die Entscheidung, Eine Untersuchung über Ernst Jünger, Carl Schmitt, Martin Heidegger, 1958, 2. unveränderte Aufl.1990.

Kunze, Klaus,

- Der totale Parteienstaat – Abschied vom idealen Staat: Der Weg aus der Krise des deutschen Parteiensystems. Deugro, Esslingen 1994, ISBN 3-924396-29-9.
- Mut zur Freiheit, hier zit. nach der 1. Aufl. 1995, ISBN 3-924396-43-4 (vergriffen), 2. Aufl. ISBN 3-933334-02-0.
- Wir Autonome, in: Junge Freiheit 5/1996, Nachdruck in: Eleusis, Mitte 1996.
- Das ewig Weibliche im Wandel der Epochen, Von der Vormundschaft zum Genderismus, Schnellbach 2019.

- Die sanfte Gehirnwäsche, Wie die öffentlich-rechtlichen Medien uns umformen, Hamburg 2020_1.
- Die solidarische Nation, Wie Soziales und Nationales ineinandergreifen, Schnellbach 2020_2.
- Staatsfeind Liberalismus, Von der totalitären Versuchung des Globalismus, Schnellbach 2022_1, ISBN 978-3-949780-03-5.
- Wie der Mensch sein eigener Gott wurde. Humanitarismus – die Religion der Gottlosen. Hrg. Die Deutschen Konservativen e.V., Hamburg 2022_2.

de Lagarde, Paul, Deutsche Schriften, 1884, zitiert nach Sammlung Diederichs, Deutsches Wesen, Hrg. Friedrich Daab, 1914.

La Mettrie, Julien Offray de, L'homme machine (1748), Der Mensch als Maschine, Hrg. Bernd Laska, 2. Aufl. Nürnberg 1988.

Landweer, Hilge,
- Gefühle in der Moralphilosophie – eine Bestandsaufnahme, in: ZDPE (Zeitschrift für die Didaktik der Philosophie und Ethik), 2/2021, S. 19–28.
- Verachtung – Ein verdecktes Distinktionsgefühl in neoliberal geprägten Gesellschaften, 2024, https://www.academia.edu/106292314/Verachtung_Ein_verdecktes_Distinktionsgef%C3%BChl_in_neoliberal_gepr%C3%A4gten_Gesellschaften.

Lorenz, Konrad,
- Die acht Todsünden der zivilisierten Menschheit, 1973, 9. Aufl. 1978.
- Die Rückseite des Spiegels, 1973, Sonderausgabe 1975.
- Vom Weltbild des Verhaltensforschers, 10. Aufl.1979.
- Das Wirkungsgefüge der Natur und das Schicksal des Menschen, 1978, Neuausgabe 1983.

Luhmann, Niklas, Die Realität der Massenmedien, 1996.

Machiavelli, Niccolò,
- Discorsi sopra la prima deca Tito Livio, 1532, Deutsche Gesamtausgabe, Hrg. Rudolf Zorn, 2. Aufl.1977.
- Il Principe, 1513/1532, Der Fürst, Hrg. Philipp Rippel, 1986.

Mai, Klaus-Rüdiger, Der kurze Sommer der Freiheit – Wie aus der DDR eine Diktatur wurde, Freiburg im Breisgau 2023.

Martini, Winfried, Das Ende aller Sicherheit, Stuttgart 1954.

Maschke, Günter, Sankt Jürgen und der triumphierende Drache, in: ders, Der Tod des Carl Schmitt, Wien 1987.

Michels, Robert, Soziologie des Parteiwesens, 1911, 4. Aufl. Stuttgart 1989.

Mirandola, Pico della, De dignitate hominis, 1496, Stuttgart 1997.

Mausfeld, Rainer, Die Angst der Machteliten vor dem Volk, Demokratie-Management durch Soft Power-Techniken, Vortrag IPPNW-Hamburg (Organisation Jette Limberg-Diers) Steiner-Haus Hamburg, 2. November 2016.

Moffett, Mark W., Was uns zusammenhält, Eine Naturgeschichte der Gesellschaft, 1. Auflage 2019.

Mohler, Armin,

- Tendenzwende für Fortgeschrittene, 1978.
- Der Nasenring, 1989_{1}.
- Die Konservative Revolution in Deutschland 1918-1932, 1989_{2} 3.Aufl.1989.

Monod, Jacques, Zufall und Notwendigkeit, Philosophische Fragen der modernen Biologie, Paris 1970, dtsch: 1971, 9. Aufl. München 1991.

de Montaigne, Michel, Essais, 1580, Hrg. Hans Magnus Enzensberger, Übersetzer Hans Stilett, Frankfurt 1998.

Nietzsche, Fiedrich,

- Jenseits von Gut und Böse, 1886, zit. nach der Ausgabe bei Goldmann, 5. Aufl. 1990.
- Der Antichrist, Ecce homo, bei Goldmann 6. Aufl. 1990.
- Zur Genealogie der Moral, hier nach: Friedrich Nietzsche, Werke in drei Bänden, 2. Band, 1977, Sonderausgabe 1982.

Orwell, George, Neunzehnhundertvierundachtzig, 1950, hier zitiert nach: 13. Aufl. Zürich 1964.

Pfahl-Traughber, Armin, Linksextremismus in Deutschland, 2. Aufl. 2020.

Platon, Phaidon, Politeia (Der Staat).

Pufendorf, Samuel von, De statu Imperii Germanici, 1667, Die Verfassung des Deutschen Reiches, Hrg. Horst Denzer, Frankfurt/M. 1994.

Riffler, Zara, Diskriminierungsfreiheit statt Meinungsfreiheit, in: Tichys Einblick 14.1.2020.

Rousseau, Jean-Jacques, Der Gesellschaftsvertrag, 1762, Hrg. Weinstock, 1974.

Rosenstock, Julika, Vom Anspruch auf Ungleichheit, Über die Kritik am Grundsatz bedingungsloser Menschengleichheit, gedruckt mit freundlicher Unterstützung des Zentrums für Antifeminismusforschung der Technischen Universität Berlin, gefördert durch die Heinrich-Böll-Stiftung, 2015.

von Salomon, Ernst, Die Geächteten, 1930, bei Bertelsmann.

Sander, Hans Dietrich, Die Auflösung aller Dinge, München 1988.

Schelsky, Helmut,

- Die Arbeit tun die anderen, Klassenkampf und Priesterherrschaft der Intellektuellen, 1975.

- Der selbständige und der betreute Mensch, 1978.

Scheuch, Erwin K., Massenmedien und Religion in der Freizeitgesellschaft, Essen 1971.

Scheuch, Ute, Erwin K. Scheuch im roten Jahrzehnt, 2008.

Schmitt, Carl,

- Die geistesgeschichtliche Lage des heutigen Parlamentarismus, 1923, 2. = 7. Aufl. 1926/1991.

- Der Begriff des Politischen, 1932, bei Duncker & Humblot, Berlin 1963.

Schoeck, Helmut, Kinderverstörung, Die mißbrauchte Kindheit – Umschulung auf eine andere Republik, 1987.

Schopenhauer, Arthur, Arthur Schopenhauers sämtliche Werke, Hrg. Rudolf Steiner, Stuttgart (Cotta) o.J.

Schrenck-Notzing, Charakterwäsche, Die amerikanische Besatzung in Deutschland und ihre Folgen, 1965.

Schwarz, Moritz, Polizeiopfer Schülerin Loretta: „Ich habe die stechenden Blicke aller auf mir gespürt“, in: Junge Freiheit 16.3.2024, https://jungefreiheit.de/debatte/interview/2024/exklusiv-interview-schuelerin-loretta-spricht-erstmals-selbst-polizeieinsatz-wegen-afd-sympahthie/.

Sölle, Dorothea, Gibt es einen schöpferischen Haß? in: Merkur Heft 284, Dezember 1971.

Spengler, Oswald, Der Untergang des Abendlandes, 1918 in zwei Bänden, hier zitert nach der einbändigen Ausgabe nach dem Druck von 1923, Anaconda-Verlag 2017.

Stirner, Max (alias Johann Caspar Schmidt), Der Einzige und sein Eigentum, 1845, Stuttgart 1972.

Strauß, Botho, Anschwellender Bocksgesang, in: Der Spiegel 6/1993.

Tannen, Deborah, Du kannst mich einfach nicht verstehen, München 1991.

Thukydides, Der Peloponnesische Krieg, Stuttgart 1966.

Vanhuysse, Pieter, Sozialpolitik persönlich nehmen: Wie die Big-Five-Persönlichkeitsmerkmale Wohlfahrtseinstellungen beeinflussen, 4.8.2022, https://difis.org/blog/?blog=17.

Weinkauff, Hermann, Der Naturrechtsgedanke in der Rechtsprechung des Bundesgerichtshofs, in: NJW 1960, 1689 ff.

Welzel, Hans, Naturrecht und materiale Gerechtigkeit, 1951, 4. Aufl. 1990.

Wolfschlag, Claus, Hitlers rechte Gegner, 1995.

Zeibig, Daniela, Andere Sprache, andere Gefühle, in: Spektrum vom 19.12.2019.

Zitelmann, Rainer,

- Hitler. Selbstverständnis eines Revolutionärs, 1989.
- ders. 1998, hier zitiert nach The European https://www.theeuropean.de/suche/artikel/war-hitler-rechts.

Über den Autor

1953	in Bahrendorf bei Magdeburg geboren, verheiratet, 4 Töchter und 2 Söhne, 9 Enkelkinder, 1 Urenkelin.
1972	Abitur am altsprachlichen Hölderlin-Gymnasium in Köln
1972-1975	Polizeibeamter in NRW, zuletzt Hauptwachtmeister im Polizeipräsidium Köln
1974	Sommersemester: Immatrikulation Universität Köln, Rechtswissenschaften
1976	Stipendiat der Konrad-Adenauer-Stiftung
1976-1977	Mitglied des Hochschulpolitischen Ausschusses der Deutschen Burschenschaft
1977	Mitgründer des *Ring Freiheitlicher Studenten* in Köln
1979	1. juristische Staatsprüfung in Köln, Referendariat in Köln.
1981	2. juristische Staatsprüfung in Köln; Zulassung als Rechtsanwalt beim Landgericht Göttingen
1984	Selbständiger Rechtsanwalt in Uslar
2014, 2015, 2016, 2018 und 2019	niedersächsischer Senioren-Landesmeister (der jeweiligen Altersgruppe) im Gerätturnen, 2017 Platz 2. Deutsche Seniorenmeisterschaften im Gerätturnen Platz 5, 2015 Platz 3, 2016 und 2017 Platz 8, 2018 Platz 3, 2019 Platz 5, 2021 Platz 6.
1970-1971	Herausgeber eines Science-Fiction-Fanmagazins
1977-1979	Korrespondent der Zeitung *student* in Köln
seit 1978	Diverse Beiträge in genealogischen und heimatkundlichen Fachzeitschriften
seit 1989	Diverse Beiträge für politische Zeitschriften

Buchveröffentlichungen u.a.:

1989 Ortssippenbuch Fürstenhagen, ISBN 3-933334-00-4.

1994 Der totale Parteienstaat ISBN 3-933334-01-2.

1995 Mut zur Freiheit, Rechtsphilosophie auf dem schmalen Grat zwischen Fundamentalismus und Nihilismus, ISBN 978-3-933334-02-2 (2)

1997 Fürstenhagen im Bramwald, ISBN 3-933334-03-9, 500 Seiten.

1998 Geheimsache Politprozesse, Systemwechsel durch Uminterpretation: Verfassungsschutz und Gerichtsbarkeit nach dem linken Marsch durch die Institutionen, ISBN 3-933334-05-5

1998 ff. Publikation diverser weiterer historischer und genealogischer Fachbücher

2013 Falterträume, Schmetterlinge in Fürstenhagen und am Bramwald, ISBN 978-3-933334-24-4

2019 Das ewig Weibliche im Wandel der Epochen, Von der Vormundschaft zum Genderismus, ISBN 978-3938176-71-9

2020 Identität oder Egalität, Vom Menschenrecht auf Ungleichheit, ISBN 978-938176-79-5.

2020 Die solidarische Nation, Wie Soziales und Nationales ineinandergreifen, ISBN 978-3-938176-85-6.

2020 Die sanfte Gehirnwäsche, Wie die öffentlich-rechtlichen Medien uns manipulieren, ISBN 978-3-910087-21-7.

2021 Unsere neue Unmündigkeit, Gleichgeschaltete Bürger zwischen Konformitätsdruck und -lust, Hrg. Die Deutschen Konservativen e.V., Hamburg.

2022 Staatsfeind Liberalismus, Von der totalitären Versuchung des Globalismus, Lindenbaum-Verlag, ISBN 978-3-949780-03-5.

2022 Wie der Mensch sein eigener Gott wurde. Humanitarismus – die Religion der Gottlosen. Hamburg, September 2022, Die Deutschen Konservativen e.V., 64 Seiten.

2024 Totalitarismus kommt auf leisen Sohlen, Vom Staats des Volkes zum Gesinnungsstaat, ISBN 978-3-98987-001-7, Herausgeber Die Deutschen Konservativen, Hamburg.

Klaus Kunze

Das ewig Weibliche

im Wandel der Epochen

Von der Vormundschaft zum Genderismus

ISBN 9783938176719
305 S., zahlreiche farbige Bilder, Paperback
24,80 Euro

Vertreter des Genderismus behaupten, die Geschlechtsidentität des Menschen sei nur eine soziale Kategorie, eine Variable, abhängig von kulturspezifischen und historisch wechselnden Vorstellungen. Klaus Kunze deckt bei seinem Gang durch die Epochen das Ideologische und Doktrinäre dieser Sichtweise auf. Dabei richtet er das Augenmerk auf das „ewig Weibliche", das sich in unterschiedlichen kulturellen Ausformungen seit der Zeit der Germanen über das Mittelalter, die Zeit der Aufklärung, die bürgerliche Epoche bis in die Moderne als Konstante erwiesen hat.

Klaus Kunze

Identität oder Egalität

Vom Menschenrecht auf Ungleichheit

ISBN 978-3-938176-79-5
168 Seiten, gebunden, fester Einband
18,00 Euro

„Identität oder Egalität" ist eine Kampfansage an die Egalitaristen unseres Landes, die neuen Apostel des Gleichheitswahns auf Regierungsbänken und in Parlamenten, auf den Lehrstühlen im staatsfinanzierten Hochschulbetrieb, in den Intendantensesseln der Medienanstalten, in Redaktionsstuben und auf Kirchenkanzeln. Der Jurist Klaus Kunze analysiert die Gleichheitsutopie als identitätszerstörende und die menschliche Würde mit Füßen tretende Hypermoral einer herrschsüchtigen Pseudoelite.